FELIX ADLON

HEDDA ADLON

FELIX ADLON
Mit Kerstin Kropac

HEDDA ADLON

Geliebt, gehasst, bewundert –
Das unkonventionelle Leben der Hotelkönigin

HEYNE

MIX
Papier | Fördert gute Waldnutzung
FSC® C014496

Penguin Random House Verlagsgruppe FSC® N001967

Originalausgabe 2024

Redaktion: Regina Carstensen
Umschlaggestaltung: wilhelm typo grafisch, Zollikon
Umschlagabbildungen: Portraitfoto: Privatarchiv,
Hotel Adlon: Bridgeman Images (SZ Photo / Scherl),
Hintergrund-Ornament: Shutterstock.com (Amovitania)
Satz: Satzwerk Huber, Germering
Druck und Bindung: GGP Media GmbH, Pößneck
Printed in Germany
ISBN: 978-3-453-21884-0

www.heyne.de

Für Pele

Inhalt

Konfuzius hat einmal gesagt:
Der Mensch hat dreierlei Wege, klug zu handeln:
Erstens durch Nachdenken – das ist der edelste.
Zweitens durch Nachahmen – das ist der leichteste.
Und drittens durch Erfahrung – das ist der bitterste.

Wir wollten den edelsten wählen – durch Nachdenken.
Wir fanden aber den bittersten – durch Erfahrung …

Hedda Adlon, 1955

Das »Miststück«?

Manchmal passieren einem Dinge, die man, wenn sie einem nicht selbst passiert wären, nie für möglich gehalten hätte. Während der Dreharbeiten zu dem Film *Mahler auf der Couch*, den ich zusammen mit meinen Eltern produziert habe, durfte ich die Liebe meines Lebens kennenlernen: Nina, mein Ninchen, Ninotchka, mein Alles. Für mich war es Liebe auf den ersten Blick. Nina hat vielleicht zwei- oder dreimal hinschauen müssen, aber gefunkt hat es auch bei ihr. Ich könnte sogar sagen: »Der Blitz ist eingeschlagen.« Wortwörtlich. Nach Drehschluss standen wir uns auf einem Balkon gegenüber, von dem aus wir den Attersee überblicken konnten. Ein heftiges Gewitter war aufgezogen – und genau in dem Moment, in dem ich den Mut fasste, diese unglaublich schöne, starke, begehrenswerte Frau zu küssen, schlug hinter ihr der Blitz in den See ein und umrahmte sie in herrlich silbernem Licht. Als ob er sagen würde: »Tu es!« Ihre blaugrünen Augen glänzten mich an. Ich war verloren.

Die Dreharbeiten führten mich weiter nach Wien, dann nach Leiden in den Niederlanden und schlussendlich nach Berlin, wo wir in den Havelstudios unsere letzten Szenen drehten. Obwohl Nina schon in Wien abgedreht war – sie spielte und sang die Rolle der eifersüchtigen Ex-Geliebten des Komponisten Gustav Mahler, Anna von Mildenburg –, kam sie nach Berlin. Wir wollten noch ein paar gemeinsame Tage verleben, bevor ich zurück in meine damalige Heimat Los Angeles fliegen musste.

Ich ließ mein Ninchen vom Flughafen abholen und wartete dann vor dem Eingang des Hotel Adlon auf sie, wo ich während der letzten Drehtage wohnte. Der Wagen fuhr vor, der Doorman öffnete ihr die Tür, und als ich ihr meine Hand zum Ausstieg reichte – wie soll ich es sagen? –, fühlte ich mich ganz, heil, ruhig … Erfüllt wie nie zuvor.

Ich führte Nina in die Halle, wo ich meinen Lieblingstisch für uns reserviert hatte. Auf der Empore mit Blick über die Lobby und den Elefantenbrunnen. Bevor wir uns setzen konnten, kam mein guter Freund Franz Höckner, der damals beste Barmanager weit und breit, strahlend auf uns zu. Er – Salzburger durch und durch – war eigentlich mehr der Maître d'hôtel oder – wie er es gerne nannte – der »Wirt« des Hauses. Er wusste von nichts, da ich mit den Dreharbeiten so stark eingebunden war, dass wir noch keine Zeit gefunden hatten, uns wie gewöhnlich auf ein oder zwei Gläschen zusammenzusetzen.

Franz sah Nina an, dann mich, dann wieder Nina. Und bevor ich ihm meine neue Liebe vorstellen konnte, sagte er mit einem Funkeln in den Augen: »Frau Adlon, willkommen! Schön, dass Sie da sind!« Auch er hatte es sofort erkannt. Es war offensichtlich. Es hatte nur das »endlich wieder« in seiner Begrüßung gefehlt …

Die nächsten zwei Wochen gingen leider viel zu schnell vorbei. In der Früh schaute mir Nina aus dem Zimmerfenster zu, wie ich mit dem Fahrrad durch das Brandenburger Tor in Richtung Studio radelte, nur um eine Stunde später einen Anruf von mir zu erhalten, sie möge doch bitte so rasch wie möglich zu mir ans Filmset kommen. Ich hielt es ohne sie einfach nicht mehr aus.

Es dauerte keine drei Tage, und die gesamte Hotelbelegschaft nannte Nina »Frau Adlon«. Man muss wissen: Uns gehörte der »Kasten«, wie ich das Adlon gerne nenne, nicht.

Unsere Familie wurde enteignet. Dreimal. Dennoch haben wir eine besondere Verbindung zu dem Haus. Ich erzählte Nina von Lorenz und Louis, Vater und Sohn, meinen Vorfahren, die das Hotel bauten und es durch Himmel und Hölle führten. Von meiner Urgroßmutter Tilli, Louis' erster Frau, die lieber »Gattin von« war, als aktiv im Hotel mitzuarbeiten. Und ich berichtete ihr von Hedda. Beziehungsweise das wenige, das ich damals von ihr wusste.

Denn lange war Hedda so etwas wie ein Phantom für uns. Mehrfach hatte ich sie gegoogelt und nichts über sie herausgefunden. Es gab nur ein paar Fotos, die sie mit Louis zeigten. Und die unschönen Geschichten, die man sich in unserer Familie über sie erzählte. Sie war für uns nur »das Miststück!«, das erst meinen Urgroßvater und dann das Hotel an sich gerissen hatte, das Louis dazu gebracht hatte, seine Frau und seine fünf Kinder zu verlassen, das jüngste war gerade fünf Monate alt. Wenn ich ehrlich sein soll, war sie in unserer Familie derart verhasst, dass sich keiner von uns näher mit ihr beschäftigen wollte.

Bis ich Nina zu unserem Familiengrab auf dem alten Domfriedhof St. Hedwig mitnahm. Dort liegen Lorenz, Louis, Tante Anna, Lorenz' Ehefrauen Susanne und Fanny und sogar Heddas Bruder begraben. Nina ging um das Grab herum.

»Und Hedda? Wo ist Hedda?«, fragte sie.

Ich zuckte gleichgültig mit den Schultern. »Keine Ahnung.«

»Aber sie war doch Louis' große Liebe!«

Nun wurde mir etwas mulmig. »Ja. Das war sie«, gab ich zu und dachte daran, wie Louis ihr zum ersten Mal begegnet war. Auch für ihn war es die große Liebe auf den ersten Blick. Und auch Hedda musste angeblich nicht zweimal hinschauen. Und nun lag mein Urgroßvater hier. Ohne sie. Andererseits: Was hatte sie meiner Urgroßmutter und meiner Großmutter angetan! Ninchen beobachtete mich und las all diese Gedanken in meinem Gesicht.

»Mein Felice!« Sie schaute mich eindringlich an. »Ich habe das Gefühl, dass du und deine Familie ein falsches Bild von Hedda habt.«

Ich straffte die Schultern. Und begann zu recherchieren. So wandelte sich allmählich unser Bild. Von einer Persona non grata wurde Hedda zu einer der wichtigsten Figuren unserer Familiengeschichte. Sie hat das Hotel nicht nur durch schwierige Zeiten gelenkt. Ohne sie würde das Adlon heute höchstwahrscheinlich nicht existieren.

1

Neu Fahrland, 25. April 1945

»Seit Tagen bewegst du dich nur noch von einem Fenster zum nächsten«, stellte Louis fest, als er sich im Wintergarten seinen Lieblings-Art-déco-Stuhl zurechtrückte, um dort – wie gewohnt – in der Nähe seiner Frau den Morgenkaffee zu trinken. Er hob die Tasse. »Riecht fast wie echter Kaffee.«

»Was hast du gesagt, Liebster?«, fragte Hedda, ohne auch nur einen kurzen Moment ihren Blick vom Garten abzuwenden.

»Der Kaffee. Köstlich …«

»Fräulein Herrmanns hat gestern frische Löwenzahnwurzeln im Garten ausgestochen und geröstet. Wir hatten noch eine Handvoll echter Bohnen, die hat sie untergemischt.«

Louis nahm einen weiteren Schluck im Stehen. »Schmeckt man.«

Hedda bewegte sich zur anderen Seite des Wintergartens und seufzte: »Ich habe ein schreckliches Bauchgefühl, Louis.«

Louis trat hinter Hedda und umarmte sie zärtlich: »Auf dein Bauchgefühl ist für gewöhnlich Verlass.«

Tatsächlich hatte sie Louis junior, dem Bruder meiner Oma, der für uns immer Onkel Louis gewesen war, später mehrfach geschildert, wie sie an diesem Morgen des 25. April 1945 eine düstere Vorahnung gequält hatte, weshalb sie den ganzen Morgen abwechselnd aus den Fenstern des

Wintergartens geschaut hatte – bis zum hinter dem Garten liegenden Lehnitzsee – oder zum gegenüberliegenden Fenster gelaufen war, von dem aus sie über die breite Vorfahrt in Richtung Straße spähen konnte – bis zur heutigen Bundesstraße 2, die bereits damals Potsdam mit dem Berliner Westen verband. Sie hatte die nervöse Anspannung eines Opferlamms gespürt, das auf die Ankunft seines Schlachters wartete. Und dass der nicht mehr allzu weit entfernt sein konnte, verrieten an diesem Morgen die immer lauter werdenden Artilleriefeuer.

Während Louis sich gesetzt hatte und gedankenversunken einen Würfel Zucker in seinen Kaffee rührte, suchten Heddas Augen immer wieder den Garten, den angrenzenden See oder den Himmel über Potsdam nach Auffälligkeiten ab. Aber dieser Morgen lag so harmlos, ja so friedlich vor ihr, als wäre er das Versprechen für einen besonders schönen Frühlingstag.

In den alten, den unbeschwerten Zeiten hätte Hedda dieses vorfreudige Kribbeln gespürt und Louis überredet, alles liegen zu lassen und die Pferde für einen Ausritt durch die Brandenburger Wälder zu satteln. Sie liebte es, wenn nach den ersten warmen Frühlingstagen die Natur allmählich wieder zu neuem Leben erwachte, es überall summte und brummte und bunte Blumen ihre Köpfe aus der Erde streckten. Aber an diesem Aprilmorgen muss ihr dieses freudige Aufblühen beinahe unverschämt vorgekommen sein. Die geliebten Pferde waren längst von der SS beschlagnahmt worden. Und nur ein paar Kilometer entfernt starben Menschen in den letzten unsinnigen Kämpfen des Zweiten Weltkriegs. Viele Menschen fragten sich in diesen Stunden: *Wie kann Natur so schön sein, wenn so viel Schlimmes passiert – und noch viel Schrecklicheres bevorsteht?*

Hedda, die es von Kindesbeinen an gewohnt war, die Dinge in die Hand zu nehmen, anstatt sie auf sich zukommen zu lassen, hielt das angespannte Verharren, zu dem sie verdammt war, kaum aus. Obwohl – in Anbetracht der unmittelbaren Feindesnähe – die allgemeine Empfehlung lautete, man solle sich möglichst im Keller verstecken, weigerte sie sich, dort passiv auf das Eintreffen der Russen zu warten. Stattdessen pirschte sie durch die Wohnräume ihrer prächtigen Villa und versuchte, zumindest ein wenig Kontrolle über diese Situation zu behalten, indem sie möglichst viel von dem mitbekam, was um sie herum geschah. Einmal öffnete sie sogar die Terrassentür, um nach draußen zu treten, weil sie das Gefühl hatte, drinnen zu ersticken. Wahrscheinlich hoffte sie auch, im Freien ein bisschen besser hören und einschätzen zu können, wie nah die Gefechtslinie mittlerweile war.

Später erinnerte sie sich daran, wie unbeschwert die Vögel zwischen den Schüssen und Einschlägen gezwitschert, wie gut sich der kühle Wind und die Sonne auf ihrer Haut angefühlt hatten, die an diesem Morgen schon erstaunlich viel Kraft besaß. Einen wahnwitzigen Moment lang hatte Hedda sogar überlegt, hinunter an den See zu laufen, der gerade glitzerte, als würde er Silber-Konfetti versprühen. Sie wusste, dass Spaziergänge ihrer Seele guttaten. Außerdem hätte sie gerne noch einmal nach ihrem Versteck am Seeufer geschaut, wo sie ein paar besonders geliebte Schmuckstücke sowie einige Flaschen Wein und Zigarren als Währung für die kommenden Notzeiten deponiert hatte.

Doch sie entschied – auch wegen Louis –, lieber in der Nähe des Hauses und bei ihrem Mann zu bleiben. Spätestens in ein paar Tagen würden sie sicher wieder runter ans Ufer gehen können. Zu ihrer Lieblingsbank mit Blick über den See, wo sie gemeinsam mit Louis schon so oft bis in die

Nacht gesessen und das ein oder andere Gläschen Rotwein getrunken hatte. Hedda sehnte sich nach den guten, unbekümmerten Zeiten, die sie an diesem Ort erlebt hatte. Ich hatte mir später, als ich selber auf dieser Terrasse stand, ausgemalt, wie Hedda als junge Frau mit ihren beiden älteren Schwestern Barfuß-Wettrennen über die Wiese hinunter zum See gemacht hatte. Es heißt, die drei Töchter des erfolgreichen Spirituosenhändlers Joseph Seithen hätten es geliebt, sich am Ufer zusammen in das Holzboot zu quetschen, das eigentlich der Mutter, einer passionierten Anglerin, gehörte, und stundenlang über Gott und die Welt zu quatschen. Manchmal sogar bei Regen und donnerndem Gewitter. Dann waren die Schwestern in die viel zu große und plumpe Ölkleidung der Fischer geschlüpft und hatten gekichert, wenn ihre besorgte Mutter sie ins Haus rief. An warmen Sommerabenden waren sie oft baden gegangen und hatten sich gegenseitig so gruselige Geschichten von Wassermonstern und riesigen Raubfischen erzählt, bis sie es nicht mehr aushielten und kreischend aus dem Wasser hüpften. Neu Fahrland, dieses Idyll vor den Toren Potsdams, war immer Heddas Wohlfühlort gewesen. Und trotzdem lag seit dem Umbau in den Zwanzigerjahren eine finstere Vorahnung auf diesem Haus. Hedda schrieb in ihrem Buch *Hotel Adlon*:

Aus Wiesen wurde ein Park, ein Bootshaus kam dazu mit einem großen Anlegesteg, und eine Motoryacht und diverse Boote aller Gattungen schwammen nun auf dem See. Kurz, wir schufen einen repräsentativen, hochmodernen und sehr komfortablen Landsitz aus diesem einen Haus in Neufahrland. Aber in der Nacht, bevor die Spitzhacke ihr Werk in dem alten Hause beginnen sollte, konnte ich nicht einschlafen. Ich hatte Herzklopfen und litt, wie nie in meinem Leben, unter fürchterlichen Angstvorstellungen. Ich hatte das Gefühl, als riefe ich ein Un-

glück auf uns beide herab. Ich kämpfte mit mir und war drauf und dran, zu Louis Adlon zu gehen, ihn zu wecken und ihn zu bitten, alles rückgängig zu machen. Aber das brachte ich dann doch nicht übers Herz, denn er hatte sich in seinen Plan geradezu verliebt. Wir fuhren am Morgen hinaus. Ich wandte mich ab, als das erste Geräusch vom Einschlagen einer Mauer aus dem Hause drang. Tagelang ließen mich die Vorstellungen nicht los, dass ich etwas unternommen und zugelassen hatte, was uns beide Unglück bringen könnte. Doch mit Louis Adlon vermochte ich nicht darüber zu reden. Was hätte ich ihm sagen sollen? Ich konnte doch nicht gestehen, dass alles nur eine Ahnung war, eine subjektive Empfindung. Objektive Gründe waren nicht vorzubringen. Also ließ ich es sein … Und somit wurde Neufahrland zu unser beider Schicksal.

Ich bekomme beim Lesen dieser Stelle jedes Mal Gänsehaut. Vor allem, wenn ich mir vorstelle, dass an diesem 25. April 1945 die Zeit gekommen war, in der sich Heddas dunkle Vorahnung erfüllte. Zum ersten Mal in ihrem Leben hätte sie sich nichts mehr gewünscht, als irgendwo anders zu sein. Möglichst weit weg. Im Ausland. Oder zumindest im Westen oder Süden des Landes – wohin sich ihre beiden Schwestern Franziska und Agnes längst abgesetzt hatten. Vergeblich hatten sie versucht, Louis und Hedda zum Mitkommen zu überreden. Neu Fahrland muss sich in diesen letzten Kriegstagen für Hedda wie eine Falle angefühlt haben.

»Wir hätten in die Schweiz fahren sollen«, sagte sie und sah zum ersten Mal, seitdem Louis im Wintergarten Platz genommen hatte, ihren Mann besorgt an. »So eine Schnapsidee, Potsdam für sicher zu halten. Eine militärische Garnisonstadt! Überall Soldaten! Was haben wir uns bloß dabei gedacht?«

Louis betrachtete seine Frau wie immer liebevoll. »Ach, Lotusblüte, mein Sonnenschein! Es wird schon nicht so schlimm werden! Was wollen die mit uns? Wir haben uns nichts zuschulden kommen lassen. Wir führen nur ein Hotel«, versuchte er, sie zu beruhigen, und streckte ihr seine Hand entgegen, um sie zum Reinkommen zu bewegen.

»Du wirst dich noch erkälten!«, sagte er. Womit er eigentlich meinte: »In der Nähe wird scharf geschossen. Wenn du dich schon nicht in den Keller setzen willst, so bleibe wenigstens im Haus.« Doch Hedda drehte ihm wortlos den Rücken zu und starrte wieder in Richtung See. Durch die Tränen in ihren Augen verschwamm der Himmel. Sie konnte sich nicht gegen diese Gedanken wehren, die seit ihrem Erwachen wieder und wieder in ihren Kopf hämmerten und ihr jedes Mal den Atem raubten: Obwohl es ein Bilderbuch-Frühlingstag war – wolkenlos, hell und strahlend – wusste sie, dass sie sich nicht darauf verlassen konnte, dass dieser Tag freundlich blieb. Spätestens seit Kriegsbeginn wusste jeder, dass der Tod oft ohne Vorankündigung kam. Dafür umso brutaler. Auch an freundlichen und zum Leben einladenden Tagen wie diesem ...

Heddas Hände umklammerten die steinerne Brüstung der Veranda, an die auch ich mich schon gelehnt hatte, während ich mit Nina überlegte, wie Hedda sich in diesem Moment gefühlt haben musste. Sicher hat sie sich gefragt, ob es möglicherweise ihre Angst war, die ihr bloß eine dunkle Vorahnung oder ein ungutes Bauchgefühl vorgaukelte. Schließlich fürchtete sie das Eintreffen der russischen Soldaten genau so sehr wie die meisten Deutschen – mal abgesehen von meinem Urgroßvater Louis. Den Erzählungen nach muss er ein Mensch gewesen sein, der immer an das Gute glaubte, auf das Beste hoffte und sich grundsätzlich nie aus der Ruhe bringen ließ. Nicht einmal von anrückenden Russen. Während seine deutlich angespanntere und auch gerne mal zum Drama neigende Ehefrau bis zuletzt noch gebetet hatte, dass die westlichen Alliierten schneller vorankämen und noch vor den Russen Berlin und Neu Fahrland erreichten. Stundenlang hatte sie unter ihrer dicken Bettdecke die BBC-Nachrichten im Radio verfolgt. Einiges hatte sie auch auf der Straße aufgeschnappt:

»Die amerikanischen Soldaten haben Aachen eingenommen.«

»Sie sind in Krefeld einmarschiert.«

»Eisenach ist verloren!«

»Zella-Mehlis ist eingenommen!«

Außerdem: Gotha, Nordhausen, Hildesheim, Kassel, Bielefeld ... Im April 1945 galten bereits viele deutsche Städte als besetzt. Und leider hieß es bald auch: »Die Truppen der I. Ukrainischen Front haben das nur zehn Kilometer entfernt liegende Babelsberg eingenommen. Mit drei Panzern sind sie nachts um eins in die Innenstadt gerollt.« Damit standen die russischen Soldaten so gut wie vor der Haustür, und Hedda musste einsehen: Die westlichen Alliierten würden es auf gar keinen Fall mehr rechtzeitig schaffen. Dafür waren die Russen bereits zu nah. Und zu schnell.

An diesem Morgen des 25. April 1945, an dem Louis im Wintergarten seinen Kaffee trank und Hedda auf der winzigen Veranda der Villa über den See blickte, war es der russischen Armee erstmals gelungen, den Ring um Berlin zu schließen, womit auch die Eroberung der von den Nationalsozialisten zur Festung erklärten Hauptstadt Berlin unmittelbar bevorstand. Und nur 160 Kilometer entfernt sollten sich am Nachmittag desselben Tages auf den Trümmern der Torgauer Elbbrücke zum ersten Mal US-Soldaten und Rotarmisten die Hände schütteln – das entsprechende Foto gilt als Symbolbild für das Ende des nationalsozialistischen Deutschlands.

Man kann sich heute kaum vorstellen, wie groß die innere Zerrissenheit der Menschen in diesen Tagen gewesen sein muss. Ich weiß, dass die Aussicht auf ein Ende des Nationalsozialismus bei Louis und Hedda – wie bei vielen Deutschen – durchaus für Erleichterung gesorgt hat. In ihrem Buch schrieb Hedda: *… wir alle befanden uns in einem bitteren Zwiespalt der Hoffnungen und Empfindungen. Sollte man auf ein schnelles Ende hoffen? Auch unter den Aspekten eines Sieges der Roten Armee? Oder sollte man wünschen, dass Land und Stadt vor diesem Sieg bewahrt blieben? Das aber würde den Sieg eines Regimes bedeuten, dem keinesfalls unsere Sympathien gehörten …*

Sie hassten die Nazis. Die Unterdrückung. Und das Morden. Hedda dachte kopfschüttelnd daran, wie lange Louis und sie die Befreiung von den Nationalsozialisten für vollkommen unmöglich gehalten hatten. Ihr fiel das Gerücht ein, Reichsminister Hermann Göring hätte einst getönt, er wolle Meier heißen, wenn auch nur ein einziger Bomber über Deutschland auftauchen würde. Obwohl er es wahrscheinlich nie so gesagt hatte, hatte es sich gehalten und verbreitet – und viele hatten den Oberbefehlshaber der Luftwaffe hinter der vorgehaltenen Hand den »Meier« genannt. Und nun, genau an diesem 25. April, war auch das mit dem »Meier« Geschichte. Der Rundfunk verkündete, Göring sei wegen angeblicher Herzprobleme von allen Ämtern zurückgetreten. In Wahrheit hatte Hitler seinen ehemaligen Gefährten wegen Hochverrats festnehmen lassen, weil der ihm zwei Tage zuvor in einem Telegramm angekündigt hatte, er wolle *zum Wohle von Volk und Vaterland handeln* und die Führung des Reichs übernehmen. Einen solchen Affront wollte Hitler, obwohl er sich in seinem Führerbunker verkrochen hatte, nicht durchgehen lassen. Eine Petitesse. Denn eigentlich hatten er, sein Reich und Millionen Deutsche gerade ganz andere Probleme ...

Es war mehr als offensichtlich, dass die NS-Herrschaft längst am Ende war. Millionen Deutsche – nicht zu vergessen auch die unzähligen anderen – waren wegen des Scheiterns der größenwahnsinnigen Weltmachtfantasien gestorben – oder auf der Flucht. Denn der übermächtige Gegner aus dem Osten hatte seinerseits mit großen Offensiven begonnen. Sobald die Rote Armee im Herbst 1944 die deutsche Reichsgrenze überschritten hatte, hatte eine panische Massenflucht eingesetzt. Und das, obwohl die NS-Machthaber den Menschen aus Ostpreußen, Schlesien und Pommern zunächst unter Androhung drastischer Strafen verboten hatten, ihre Heimat zu verlassen. Das hatte zur Folge, dass die meisten erst im Januar 1945 und damit viel zu spät und unter chaotischen Bedingungen aufgebrochen waren. Mitten in einem harten Winter. Mit Pferdewagen oder zu Fuß mussten sie sich auf zum Teil hüfthoch verschneiten Nebenstrecken in Richtung Westen kämpfen, weil die Hauptstraßen für das Militär frei gehalten werden mussten. Auf ihrem Weg wurden die Flüchtenden von russischen Einheiten überrollt, überfallen und ausgeplündert. Immer wieder gerieten sie zwischen die Fronten und unter Beschuss. Viele erfroren bei den extrem kalten Temperaturen von bis zu minus zwanzig Grad Celsius.

Hedda hatte die abgekämpften und ausgemergelten Gestalten, die es bis nach Neu Fahrland geschafft hatten, manchmal vom Obergeschoss ihrer Villa beobachtet: Die Alten und Kinder mit trostlosen Blicken – mehr tot als lebendig – auf Karren, die selten von Pferden, häufiger von den kräftigeren Jungen gezogen wurden. Noch Jahre später stiegen ihr die Tränen in die Augen, wenn sie die Kinder beschrieb, dick eingemummelt, wahrscheinlich mit allen Kleidungsstücken, die sie besaßen. Ihre Nasen verrotzt, die Augen verheult. Es war davon auszugehen, dass es viele der Kleinsten gar nicht bis nach Neu Fahrland geschafft hatten. Unzählige waren unterwegs gestorben, und nur notdürftig konnten sie beerdigt werden, wenn es der gefrorene Boden überhaupt zuließ. Ein Leid, das man den erschöpften Müttern ansah, ihren tiefdunklen Augenringen, die selbst aus der Entfernung zu erkennen waren.

Louis hatte nie verstanden, warum Hedda jeden Tag diese traurigen Prozessionen verfolgte. Es war wohl ihr Versuch, zu begreifen, was diesem Land angetan worden war. Louis und Hedda hatten die meiste Zeit des Krieges im Adlon verbracht. Da war der Krieg auch spürbar gewesen. Die Angst, sterben zu können, war ein ständiger Begleiter. Trotzdem hatten sie noch ein Leben gehabt. Ein Bett. Etwas zu essen. Diese Menschen auf der Flucht hatten alles verloren. Und es waren unzählige ... Zuletzt waren die Straßen rund um Potsdam Tag und Nacht voll mit Flüchtlingstrecks gewesen. Selbst auf den entlegenen Wald- und Feldwegen ging es mitunter zu wie früher an Sonntagen auf der Flaniermeile Unter den Linden.

Manchmal sah Hedda auch größere Gruppen, die von bewaffneten SS-Leuten mit ihren aufgeregt bellenden Hunden begleitet wurden: Menschen auf den sogenannten Todesmärschen. Vor dem Eintreffen der feindlichen Truppen hatten die Nazis noch eilig versucht, in den frontnahen Gebieten die KZs und deren Außenlager zu räumen. Wer auf diesen teils wochenlangen Wanderungen entkräftet zusammenbrach, wurde an Ort und Stelle erschossen. Einige Neu Fahrländer erinnerten sich später in stillem Entsetzen an die vorbeiziehenden Karawanen. Es müssen Bilder des Grauens gewesen sein: Bis auf die Knochen abgemagerte Menschen, die sich mühsam vorwärtsquälten, barfuß, manche hatten sich Lappen um die wunden Füße gewickelt. Mindestens einmal übernachteten sie in der Scheune eines ortsansässigen Bauern.

Und je näher die Rote Armee aus dem Osten heranrückte, desto dichter wurde der Menschenstrom. In den vergangenen Wochen hatten sich ihm zunehmend Menschen aus Louis' und Heddas Familien-, Freundes- und Bekanntenkreis sowie der Nachbarschaft angeschlossen. So waren Mitglieder der Familie aus dem Haus Schaumburg-Lippe, die in einer der benachbarten Villen gelebt hatten, zu Verwandten geflohen. Ebenso einige Ladenbesitzer aus der Umgebung, bei denen Louis und Hedda zum Teil schon seit Jahren gute Kunden waren, hatten kurz entschlossen ihre Geschäfte abgesperrt und nur das Lebensnotwendigste auf Bollerwagen gepackt. Im Wissen, dass sie damit alles aufgaben, was sie sich aufgebaut hatten. Denn sobald jemand aus der Tür war, begann – am helllichten Tag und völlig ungeniert – das Plündern von allem, was sich davontragen ließ. »Sonst holt's doch eh der Russe!«, rechtfertigten sich die Langfinger. Und den Menschen auf der Flucht war Anstand ohnehin egal. Für sie ging es schon lange nur noch um das Überleben.

In den letzten Kriegstagen sah man weiterhin vermehrt deutsche Soldaten, die sich von der Front abgesetzt hatten und nun versuchten, sich nach Hause durchzuschlagen. Meist vereinzelt. Manchmal rasten aber auch große Militärwagen, voll mit Männern in Uniformen, auf der großen Verbindungsstraße an der Villa Adlon vorbei. Einige stoppten zwischendurch, um auf ihrer Strecke noch möglichst viele Brücken in die Luft zu jagen. Das sollte den Durchmarsch der Russen erschweren, verlangsamen. Den großen Eichen am Fahrbahnrand wurden eilig Sprenggürtel verpasst, sodass sie auf den Straßen die Weiterfahrt russischer Panzer verhinderten. Unglücklicherweise fielen viele Bäume jedoch in die falsche Richtung und beschädigten vor allem die umliegenden Häuser. Immerhin konnten die Sprengungen einiger Brücken von mutigen Anwohnern verhindert werden – so war es trotz vieler Trümmer weiterhin möglich, von Neu Fahrland aus Potsdam zu erreichen.

Beinahe täglich standen erschöpfte Menschen vor der Tür der Villa Adlon und baten um Essen und Trinken. Manche erzählten bei einem Glas Wein – Louis und Hedda sollen dieses Getränk großzügig ausgeschenkt haben, schließlich würde ihr Weinkeller demnächst den Russen in die Hände fallen – von willkürlichen Erschießungen durch die Rotarmisten, von Vergewaltigungen junger Mädchen, noch Kindern, Schwangeren und älteren Frauen. Hedda war gerade 56, noch dazu eine attraktive Frau. Louis und ihr müssen bei diesen Schilderungen einiges durch den Kopf gegangen sein. Deutsche Soldaten wiederum berichteten teils unter Tränen von den Gräueltaten, die auch von ihrer Seite aus während des Feldzugs im Osten verübt worden waren. So von Juden, die sie vor Massengräbern erschossen hatten, von Dörfern, die sie zerstört hatten, von vergewaltigten Frauen und getöteten Kindern. Und dass der Ostfeldzug von Beginn an als Vernichtungskrieg geplant war. »Es hieß, der annektierte ›Raum‹ solle germanisiert, der Bolschewismus besiegt werden«, versuchten sie, zu rechtfertigen, was nicht zu rechtfertigen war. Wehrmacht und SS hatten auf ihrem Durchmarsch Städte, Dörfer und Felder abgefackelt, tote Zivilisten gleichgültig in Kauf genommen. »Verbrannte Erde« lautete das Ziel ... Bis Ende April 1945 soll Hitlers Krieg gegen Russland mindestens 25 Millionen Menschen sowjetischer Nationalität das Leben gekostet haben, die meisten davon Zivilisten.

»Und jeder sowjetische Soldat, der jetzt nach Berlin marschiert, hat all diese Verbrechen an seinen Landsleuten mit eigenen Augen gesehen. Kann man es diesen Menschen verdenken, dass sie sich an uns rächen werden? Bringen Sie sich in Sicherheit, solange es noch möglich ist«, warnten die meisten, ehe sie wieder aufbrachen. Doch Louis und Hedda blieben, weil sie hofften, dass es schon nicht so schlimm werden würde und sie vor allem in der Nähe ihres Hotels bleiben wollten – was Hedda sich bis zu ihrem Lebensende bis zur Erschöpfung vorwarf. *Immer für die Welt, die Tradition, die Pflicht, die Arbeit, die Gäste, die Angestellten, etc., etc., etc. … Und wann kamen wir? Am Ende.*

Hedda muss spätestens seit dem Jahreswechsel 1944/1945 ihren Mann immer wieder gedrängt haben, sich in der Schweiz bei Freunden in Sicherheit zu bringen. Aber Louis hatte davon nichts wissen wollen. Für ihn stand fest, dass er auf jeden Fall in der Nähe seines Hotels bleiben würde, dem großen Erbe seines Vaters, des Hotelgründers Lorenz Adlon. Seit der Eröffnung im Oktober 1907 war ihm eingetrichtert worden, dass diesem Haus alles unterzuordnen war. Das Hotel hatte all die Liebe und Aufmerksamkeit bekommen, die Louis sich zeitlebens von seinem Vater gewünscht hatte. Dieses Haus *war* sein Vater. Davon konnte Louis sich nicht abwenden.

Und Hedda? Die blieb treu an seiner Seite. Lediglich einige Gemälde, Kunstwerke und andere Gegenstände, die ihr besonders am Herzen lagen, hatte sie zu Jahresbeginn – ihrem Bauchgefühl folgend – mit dem Auto zu Freunden nach Bayern geschickt. Im Nachhinein erinnerte sie sich wie sie bei der Abfahrt dem Fahrer lange nachgesehen hatte mit dem Gefühl, dass es besser gewesen wäre, ebenfalls in diesem Wagen zu sitzen. Louis hatte Hedda, die Deutschamerikanerin war, zwar angeboten, einzusteigen und in den Westen aufzubrechen, meinte aber, dass er nicht mitkönne.

»Ich muss bleiben, beim Hotel, bei den Angestellten. Aber ich komme natürlich nach, mein Sonnenschein, sobald sich die Lage wieder ein wenig beruhigt hat. Großes Ehrenwort.«

»Genau. Und wer kümmert sich dann um dich, mein Louischen?«, lehnte Hedda ab.

Niemals wäre sie ohne Louis irgendwohin gegangen! In ihren Briefen bezeichnete sie ihn stets als den edelsten und vornehmsten Menschen, als die »Krone des Ganzen«. Er war ohne Zweifel die große Liebe ihres Lebens, ihr Seelenmensch, ohne den sie nicht sein wollte.

Dennoch beneidete sie die vielen Menschen, die rechtzeitig aufgebrochen waren, weil sie lieber den Amerikanern, Franzosen oder Briten in die Hände fallen wollten als den berüchtigten Rotarmisten. Die von Joseph Goebbels geschürte antibolschewistische Propaganda zeigte gerade in den letzten Kriegstagen ihre volle Wirkung. Jeder hatte Angst vor den als monströs, primitiv und triebhaft dargestellten sowjetischen Soldaten. Zu lebendig waren die Eindrücke aus dem ostpreußischen Nemmersdorf, das im Herbst 1944 kurzzeitig von den Russen eingenommen und dann von den Deutschen zurückerobert worden war. Es gab Berichte über geschändete, an Scheunentore genagelte Frauen und Bilder grausam entstellter Leichen. Die russischen Soldaten wurden als »Bestien« und »Mordbanditen« bezeichnet, das war nicht vergessen.

Mittlerweile wird davon ausgegangen, dass das Reichsministerium für Volksaufklärung und Propaganda die Situation in Nemmersdorf ganz gezielt noch schrecklicher dargestellt hatte, als sie – zweifelsohne – war. So sollen nachträglich den toten Frauen die Röcke nach oben gezogen worden sein, um den Eindruck zu vermitteln, sie seien alle vergewaltigt worden. Diese zum Teil manipulierten Fotos hatten sich auch Hedda ins Gedächtnis gebrannt. Alle befürchteten, dass die Rote Armee die eroberten Gebiete in einen riesigen Friedhof verwandeln würde. Und völlig unbegründet schien diese Angst nicht zu sein – auch führende Nationalsozialisten rechneten fest mit Vergeltung. Goebbels schrieb in sein Tagebuch: »Wir haben sowieso so viel auf dem Kerbholz, dass wir siegen müssen, weil sonst unser ganzes Volk, wir an der Spitze, mit allem, was uns lieb ist, ausradiert werden.« Vielen Zivilisten war das Ausmaß der deutschen Verbrechen nicht bewusst – sonst hätte das ihre Angst sicher vergrößert und noch mehr Menschen zur Flucht oder in den Selbstmord getrieben.

Hedda sagte einmal, dass ihre Furcht noch größer wurde, als der Flüchtlingsstrom vor der Villa Adlon plötzlich abbrach und nur noch selten jemand vor der Tür stand, um nach Essen oder Trinken zu fragen. Eine geradezu gespenstische Leere herrschte auf einmal auf den Straßen. Nur die Bewohner von Neu Fahrland huschten noch vorsichtig von Haustür zu Haustür, um sich darüber auszutauschen, dass der Feind nun sehr nah sein müsse. Zu nah, um jetzt noch vor ihm zu flüchten. Erschütternde Berichte über Menschen machten die Runde, die sich gegen die Flucht und für den Freitod entschieden hatten. Erinnerte sich Hedda richtig, erschoss in der unmittelbaren Nachbarschaft ein Vater erst seine Familie und dann sich selbst. Von einer Bauerstochter und ihrem Mann hörte man, sie hätten sich und dem gemeinsamen Baby die Pulsadern aufgeschnitten – der Säugling verblutete. Die Eltern wurden rechtzeitig gefunden und konnten gerettet werden. Ein Textilunternehmer, der nicht weit entfernt lebte und über den man sagte, er hätte mit den Nazis sehr gute Geschäfte gemacht, soll mit seiner Frau und den fünf Kindern in die Mitte des Krampnitzsees gerudert sein, wo er das Boot zum Kentern brachte. Bis auf seinen fünfjährigen Sohn ertranken alle. Der Pfarrer sprach von insgesamt fast 40 Toten in der kleinen Gemeinde.

Jede und jeder wusste von einigen Ärzten und Apothekern aus der Umgebung, dass sie Giftkapseln ausgaben. Auch viele Nachbarn hatten sich damit eingedeckt und keinen Hehl daraus gemacht, sie einsetzen zu wollen, falls sie in russische Gefangenschaft gerieten. Diese Selbsttötungen erschienen Hedda wie eine Seuche, die sich rasend schnell ausgebreitet, allerdings auch schon zu Jahresbeginn angekündigt hatte. Sogar im Hotel Adlon hatte es einen regen Zyankali-Handel gegeben. Beim letzten Konzert der Berliner Philharmoniker am 16. April 1945 – das »Deutsche Requiem« von Johannes Brahms wurde gegeben – sollen Hitlerjungen sogar mit ganzen Körben voller Kapseln am Ausgang des noch bespielbaren Beethovensaals gestanden und sie an die Besucher verteilt haben. Obwohl bekannt war, dass dieses Gift einen qualvollen Tod durch inneres Ersticken bedeutete, deckten sich die Leute damit ein, als wäre Zyankali das neue Grundnahrungsmittel.

Zwischenzeitlich war auch Hedda diesem Hype erlegen und hatte darüber nachgedacht, zwei Kapseln zu besorgen – eine für Louis und eine für sich selbst. Aber ihr Mann hatte sie immer wieder beruhigt: »Heddalein, die Russen sind ein kultiviertes und gastfreundliches Volk. Keine Barbaren.« Er glaubte fest daran, dass ein friedliches Miteinander zwischen allen Völkern möglich und vor allem richtig war. So wie er es von Kindesbeinen an in den Restaurants und Hotels seines Vaters erlebt und vorgelebt bekommen hatte.

Hedda wünschte sich nichts mehr, als dass er damit recht behalten würde. Trotzdem gelang es ihr nicht, ihre Unruhe abzuschütteln. Manchmal erwischte sie sich sogar bei dem düsteren Gedanken, ob es nicht besser gewesen wäre, wenn bei einem der Berliner Luftangriffe oder der Bombennacht von Potsdam auch sie getroffen worden wären. Dann wären Louis und sie zumindest gemeinsam gestorben ... Erstaunlicherweise schien die Bombennacht von Potsdam am 14. April 1945 bei Hedda tiefere Spuren hinterlassen zu haben als die massiven Angriffe auf Berlin, denen sie in den Monaten zuvor regelmäßig ausgesetzt war. Allerdings war der Luftangriff auf Potsdam auch der letzte, den sie erlebt hatte. Außerdem hatte sie ihn nicht im sicheren Adlon-Bunker, sondern im Kellerraum der Villa verbracht. Und – das war vielleicht das Schlimmste – er kam für sie vollkommen unerwartet.

Auch der 14. April war ein sonniger, freundlicher Frühlingstag gewesen. Als am Abend gegen 22:15 Uhr der Luftschutzalarm ertönte, waren viele ruhig geblieben, weil sie glaubten, die feindlichen Bomberstaffeln würden wieder – wie viele Hundert Male zuvor – nur lange weiße Kondensstreifen über Potsdam ziehen und Berlin ansteuern. Dass es zu vereinzelten Bombenabwürfen kommen könnte – damit hatte man gerechnet. Während des gesamten Krieges waren es bislang etwa 50 gewesen. Aber ein gezielter Angriff? Das erschien den meisten Menschen undenkbar! Umso größer war der Schock, als es tatsächlich Potsdam traf.

Mit der Operation »Crayfish« (»Flusskrebs«) begann für die Potsdamer Bevölkerung nur 25 Minuten nach dem ersten Aufheulen der Sirenen die schrecklichste Nacht seit Kriegsbeginn. Ungefähr 500 Flugzeuge der britischen Royal Air Force warfen über 1700 Tonnen Bomben ab. Etwa 1600 Menschen kamen ums Leben, knapp 900 Häuser mit rund 2800 Wohnungen wurden innerhalb von etwa 20 Minuten komplett zerstört. Anschließend nahmen die britischen Flieger wieder ihre Formation ein und flogen über das brennende Potsdam davon. Die Innenstadt lag komplett in Trümmern, 97 Prozent der Häuser waren zerstört oder zumindest beschädigt. Überall loderten Flammen aus den Ruinen. Eine Katastrophe.

Der glutrote Schein über der Stadt war von der Villa am Lehnitzsee aus gut zu sehen gewesen. Hedda und Louis hatten dieses grausige Schauspiel voller Betroffenheit beobachtet, während sie sämtliche Lichter ausgeschaltet ließen, um keinen feindlichen Flieger auf sich aufmerksam zu machen. Es hieß ja: »Der Feind sieht dein Licht.« Das hatten die Deutschen in den vergangenen Monaten mehr als verinnerlicht. Was Louis und Hedda an diesem Angriff besonders erschütterte: Er gab ihnen zu verstehen, dass es im Krieg keine sicheren Orte gab. Niemals hätte Hedda oder irgendein Mensch aus der Gegend von Neu Fahrland mit einem Angriff auf Potsdam gerechnet. Und nun bewiesen die dunklen Rauchschwaden, die man auch in den Tagen danach noch über der Stadt sehen konnte, dass alle sich getäuscht hatten, dass man jederzeit und überall mit dem Schlimmsten rechnen musste.

Nach dem Bombenangriff hatten Hedda und Louis kurz überlegt, ob sie nicht doch wieder nach Berlin zurückkehren sollten. Für das Adlon sprach, dass sein Bunker als einer der sichersten des Landes galt. Dagegen, dass ihr Hotel am Pariser Platz lag, also in unmittelbarer Nähe des Regierungs- und Verlagsviertels, im Sperrbezirk. Mitten im Zentrum der alliierten Angriffe. Dort war es seit dem Jahreswechsel 1944/1945 immer wieder zu regelrechten Bombenstürmen gekommen, nach denen ganze Straßenzüge einschließlich ihrer Bewohner unter Schutt und Staub begraben worden waren. Dass ihr Hotel noch stand, erschienen Hedda und Louis ohnehin wie ein Wunder. Allerdings war an einen normalen Hotelbetrieb schon lange nicht mehr zu denken. Spätestens seit die Nationalsozialisten im Frühjahr 1945 im Keller eine Hauptkommandostelle eingerichtet und das Haus dem Kriegsrecht unterstellt hatten, war es mehr eine militärische Einrichtung als eine gastliche Herberge. Deshalb hatten Louis und Hedda schon seit Längerem die Nächte in ihrem Landhaus in Neu Fahrland verbracht und waren erst am Morgen nach Berlin gefahren, um nach dem Rechten zu sehen. Das war Louis wichtig gewesen, davon hatte er sich lange Zeit partout nicht abbringen lassen wollen. Obwohl Hedda später in ihrem Buch *Hotel Adlon* schrieb: *Nötig wäre es nicht gewesen, denn das Adlon schien in jenen Tagen nicht mehr uns selbst zu gehören.*

Nach einigen hochemotionalen Diskussionen hatten Louis und Hedda sich schließlich schweren Herzens dazu durchgerungen, nur in Neu Fahrland, in vermeintlich größerer Sicherheit, aber in Nähe des Adlon, auf das Kriegsende zu warten. Doch je näher es rückte, desto mehr schwand die Hoffnung, es wohlbehalten zu überstehen.

Als in der Nähe der Villa in Neu Fahrland ein überraschend lauter Kanonenschuss donnerte, stellte Louis seine Teetasse mit einem leisen Klirren auf den Unterteller. Hedda zuckte zusammen und flüchtete mit schnellen Schritten ins Haus. »Vielleicht stellst du dich jetzt lieber nicht mehr ans Fenster. Es klingt so, als wären sie bald da«, meinte Louis in gewohnt ruhigem Tonfall, während er sich erhob. Wieder Schüsse. Ein Knall. Erstaunlicherweise gab es noch immer ein paar Deutsche, die sich dem Feind entgegenstellten, obwohl doch auch sie mittlerweile verstanden haben mussten, dass der Krieg längst verloren war. Hedda hatte gehört, dass es vor allem Jungen im Teenageralter waren, die, mit Granaten bewaffnet, versuchten, die russischen Soldaten aufzuhalten. Hitlers letztes Aufgebot. Sie seufzte. Ihr taten diese Kinder, die sie letztlich noch waren, leid. Sie waren im Alter ihrer Pagen im Hotel. Bemitleidenswerte Opfer. Aber für die Russen waren sie nun Feind und Täter. So wie alle Deutschen. Hedda konnte ihre Tränen kaum zurückhalten. Angst übermannte sie. Louis trat von hinten an seine Frau heran und nahm sie in den Arm.

»Meine Lotusblüte, mach dir keine Sorgen, wir schaffen das. So wie's aussieht, haben wir die Nazis bald überlebt. Es wird uns nichts geschehen.«

Hedda zog ihre Augenbrauen hoch. Manchmal erschien ihr der Optimismus ihres Mannes weltfremd, fast ein bisschen naiv. Sie drehte sich zu ihm um. Er sah sie aus seinen klaren blauen Augen zärtlich an. Und Hedda spürte: Louis sagte das nicht, um sie zu beruhigen. Er glaubte daran, dass ihnen nichts passieren würde. Er glaubte, man würde gut mit ihnen umgehen, weil auch sie gut mit allen Menschen umgegangen waren. *Der gute, beste und edle Louis hat niemandem was zuleide getan – auch ich habe nie einem Tier geschweige denn einem Menschen etwas zuleide getan. Wo ist der gerechte Herrgott?*, sollte sie sich später immer wieder fragen. Hedda fehlte Louis' Zuversicht. Und auch der Pragmatismus der Frau ihres Gärtners, die seit ein paar Wochen mit im Haushalt der Villa lebte, nachdem ihr eigenes Heim durch eine Bombe zerstört worden war. Sie meinte: »Die werden schon nicht alle totschießen. Irgendwer muss das Land ja auch wiederaufbauen.« Hedda nickte. Nicht alle. Aber einige vermutlich schon. Mal ganz abgesehen von den vielen anderen Dingen, die sie Menschen antun konnten.

Sie atmete tief durch. Hedda wusste von Louis, dass er selbst in heiklen Situationen, in denen alle den Kopf zu verlieren drohten, besonnen und freundlich blieb. In den 24 gemeinsamen Jahren hatte sie häufig darüber gestaunt, dass sich seine ruhige Zugewandtheit sogar auf andere übertrug. Die anspruchsvollsten und jähzornigsten Hotelgäste waren im Gespräch mit ihm lammfromm geworden. *Er wusste um die Würde des Menschen, respektierte alle und jeden*, sagte sie über ihn. Hedda sah zu ihm auf. Sie hatte immer verstanden, warum Persönlichkeiten wie amerikanische Präsidenten, indische Maharadschas oder Schauspieler wie Charlie Chaplin ihren Mann als ihren guten Freund bezeichneten. Auch jetzt wirkte er vollkommen unerschütterlich. Außerdem sprach er fließend Russisch. Er würde sich mit den Soldaten verständigen können. Hoffentlich half das!

Da ertönten plötzlich laute Stimmen vor der Tür. Fäuste trommelten ungeduldig gegen das Holz. Irgendwo klirrte eine Glasscheibe. Sie waren da.

2

Hamburg und New York, August 1913 bis 1915

Hedda zupfte nervös an der Tüllschleife ihres neuen Huts. Die 24-Jährige hatte ihn sich extra für ihre Überfahrt nach New York gekauft. Aber schon kurz nachdem sie in Hamburg von den St.-Pauli-Landungsbrücken aus gestartet war, zweifelte sie an der Sinnhaftigkeit dieser Investition. Nicht nur, dass bei jedem Windstoß die Schleife aus der Form geriet. Hedda hatte auch ständig Sorge, der Wind könnte den Hut mit sich reißen und ins Wasser tragen. Dabei waren sie noch immer erst auf der Elbe! Hedda wollte sich gar nicht ausmalen, wie es mitten auf dem Atlantik sein würde. Vorsichtig tastete sie nach ihrer Frisur. Aus ihrem Dutt hatten sich schon wieder ein paar störrische Haare gelöst. Ich stelle mir vor, wie sie leise – und bestimmt nicht ganz damenhaft – in sich hinein fluchte. »So ein Mist! Jetzt halte doch, du Jeck!« Schließlich wollte sie alles richtig machen – als frisch vermählte Frau Burger auf ihrem Weg nach New York.

Wie sehr muss es bei diesem Gedanken in Heddas Magen gekribbelt haben! Sie hatte zwar bereits einige Reiseerfahrung, aber bislang war sie nie weiter als bis nach Frankreich oder Großbritannien gekommen. Wobei sie ihre Frankreich-Besuche ohnehin kaum als Reise zählte, weil das große Nachbarland sich für sie eher wie eine zweite Heimat anfühlte, nachdem sie dort einige Jahre in einem Mädcheninternat verbracht hatte. Nie zuvor war sie mit einem Schiff eine so weite Strecke gefahren. Einmal quer über den Atlantik! Allein! Neun Tage sollte die Überfahrt mit dem Schnelldampfer *Amerika* dauern. Bei diesem Gedanken wurde das Magengrummeln gewiss sofort noch ein bisschen stärker. Es war vermutlich eine Mischung aus Aufregung, Vorfreude, aber auch Trauer. Trauer, weil sie in Berlin und Potsdam ihre Familie zurückließ. Vor allem an ihrer Mutter und ihren Schwestern Agnes und Franziska hing Hedda sehr. Sie war eben ein Familienmensch ... Gleichzeitig freute sie sich aber auch darauf, mit Iwan in New York ein neues Leben zu beginnen. Ich muss lächeln, weil ich mir sicher bin, dass bei der abenteuer- und lebenslustigen Hedda schlussendlich die Freude überwog. Sie hielt also ihren Hut fest, schloss die Augen und ließ den Wind durch ihre Haare tanzen.

Erst im vergangenen Sommer hatte Hedda den sieben Jahre älteren Iwan Burger in Frankreich kennengelernt. Er war dort auf Geschäftsreise gewesen. Sie hatte eine Freundin aus dem Internat besucht. Bei einer Tanzveranstaltung hatte er ihr hartnäckig den Hof gemacht. Und Hedda hatte sich Hals über Kopf in diesen zwar nicht standesgemäßen, aber offensichtlich sehr ehrgeizigen jungen Mann verliebt. Er war anders als die Heiratskandidaten, die Hedda aus der Berliner Gesellschaft kannte. Diese bestanden überwiegend aus verwöhnten Adels- oder Kaufmannssöhnen, mit denen sie – anders als ihre Schwestern – nichts anzufangen wusste. Franziska und Agnes hatten ihr zwar immer wieder eingebläut, sich *nach vorne und nach oben* zu orientieren, aber das entsprach nicht Heddas Vorstellungen. Iwan dagegen schon. Er war freundlich zu jedermann, auch zum Personal, großzügig, neugierig, voller Abenteuerlust und Tatendrang. Schon als 17-Jähriger hatte er 1901 seine in Hamburg lebende Familie verlassen, um dem Militärdienst zu entgehen. Damals bestand im deutschen Kaiserreich für alle

Männer eine Wehrpflicht – das Recht auf Verweigerung existierte nicht. Bei der Kavallerie und der reitenden Feldartillerie dauerte der Dienst drei Jahre, bei den übrigen Truppen zwei Jahre. In dieser Zeit genossen die jungen Männer zwar eine gewisse soziale Sicherheit, was gerade die Ärmeren zu schätzen wussten, da viele zum ersten Mal in ihrem Leben zuverlässig satt wurden. Gleichzeitig herrschten aber auch größte Disziplin und der Zwang zur Unterordnung, und viele litten unter den Schikanen, denen sie im Dienst häufig ausgesetzt waren. Der freigeistige Iwan hatte es daher vorgezogen, sich dem Dienst zu entziehen und stattdessen sein Glück in Amerika zu suchen. Mit Erfolg! Bereits kurz nach seiner Ankunft in New York begann er mit dem Aufbau einer Konservenfabrik. Bei ihrem Kennenlernen erzählte er Hedda so lebhaft und begeistert von seinem Geschäft mit den Dosensardinen, -erbsen, -tomaten und -karotten, dass er sie sofort an ihren geliebten Vater erinnerte. Dieser junge Mann mit den ungarischen Wurzeln hatte dieselbe positive Energie, diese Macher-Mentalität, den Optimismus des leider viel zu früh verstorbenen Spirituosenhändlers Joseph Seithen. Vielleicht hatte Hedda sich deshalb von ihm so sehr angezogen gefühlt. Weil sie hoffte, dass er die Lücke schließen würde, die ihr Vater vor vier Jahren so schmerzhaft hinterlassen hatte. Auch wenn die letzten Jahre mit ihm eher schwierig gewesen waren, hatte Hedda ihren Vater vor allem als lustigen, lebensbejahenden Menschen in Erinnerung, der sie – *seine kleine Prinzessin* – auf Händen getragen hatte.

Hedda dachte gerne an ihren Vater. Er war für sie das Ideal eines perfekten Mannes gewesen: anpackend, optimistisch und auch nach vielen Jahren noch schwer verliebt in seine Frau, Heddas wunderschöne Mutter. Er hatte sie mit Komplimenten, Blumen und kleinen Überraschungen überschüttet. Sie war seine Göttin gewesen. Ansonsten hatte Papa Seithen jedes Klischee eines Rheinländers erfüllt: Je mehr Menschen er um sich hatte, desto mehr blühte er auf, desto lauter und lustiger wurde er. Mühelos konnte er große Tischgesellschaften unterhalten, was ihn eigentlich zu einem perfekten Gastwirt gemacht hätte. Aber aus irgendeinem Grund hatte es ihn sozusagen auf die andere Seite verschlagen, auf die des Spirituosenhändlers. Es fiel ihm leicht, auf Fremde zuzugehen und sie von seinen Schnäpsen zu überzeugen. Obwohl er mit dem Militär und der strengen Hierarchie, die in Kasernen herrschte, überhaupt nichts anfangen konnte, erinnerte sich Hedda daran, dass er Soldaten immer besonders freundlich grüßte. »Das, liebe Kinder, sind meine besten Kunden«, erklärte er Hedda und ihren Geschwistern bei jeder Begegnung. »Und Kunden sind immer König!« Tatsächlich lagen in der Nähe sehr viele Kasernen, deren Casinos Joseph Seithen belieferte. Hedda erinnerte sich an ganze Wäschekörbe voller Geld, wenn der Vater am Wochenende seine Einnahmen zählte.

Sie lebten in Koblenz in einem schönen Patrizierhaus mit einem riesigen Garten: Papa Seithen, Mutter Agnes, deren tizianrotes Haar Hedda zu gerne geerbt hätte, und sechs aufgeweckte Kinder. Hedda war die Zweitjüngste, danach wurde nur noch Fritz geboren, Heddas Lieblingsbruder. Als Kinder waren sie unzertrennlich, weil Hedda wohl genauso gerne raufte, kletterte und angelte wie er. Ihre Schwester Agnes war nur ein Jahr älter als Hedda. Franziska immerhin sieben, weshalb sie sich immer ein wenig aufspielte. Dennoch traten die Schwestern spätestens ab der Pubertät meist gemeinsam auf – als *trio infernal*, wie ihr frankophiler Vater häufig spottete. Und wenn ich mir spätere Fotos der drei Grazien anschaue, weiß ich genau, was Papa Seithen mit dem »höllischen Trio« gemeint hatte ...

An den Sonntagen spannte die Familie die zwei Pferde vor die Kutsche – und dann fuhren sie gemeinsam spazieren. Und alle Nachbarskinder durften mit, ungeachtet ihrer Herkunft. Heddas Vater sagte immer: »Vor Gott sind alle Menschen gleich. Es kommt nicht auf ihren Namen, sondern auf ihr Herz an.« Und danach erzog er auch seine Kinder. Tolerant und weltoffen und vor allem: mit dem Gefühl, dass alles möglich war, was man sich vornahm. Und dann verließ ausgerechnet ihn aller Mut.

Weil Joseph Seithen – viel zu großzügig und gutmütig – für einen Freund eine Bürgschaft unterzeichnet hatte, verlor er fast sein ganzes Geld, als Hedda etwa 13 oder 14 Jahre alt war. Die Familie musste daraufhin ihr Haus im Rheinland aufgeben, und sie beschloss nach Berlin umzuziehen, um dort neu zu starten. Der älteste Sohn – er hieß Joseph wie sein Vater – wanderte nach Niederländisch-Indien aus, das heutige Indonesien, wo damals gerade händeringend Soldaten gesucht wurden, um die kolonialistischen Handelsziele der Niederländer notfalls auch kriegerisch durchzusetzen. Der zweitälteste Sohn – noch ein Joseph – suchte sich in Berlin einen Job im Baugewerbe, heiratete kurz darauf eine Frau aus Schlesien, die Berta hieß, und bekam mit ihr ein kleines Mädchen, von dem Hedda sagte, es sei so schön wie Schneewittchen gewesen. Papa Seithen eröffnete einen kleinen Korkenvertrieb, der allerdings nie erfolgreich lief. Die Familie musste zusehen, wie ihr lebenslustiger Vater sich immer weiter zurückzog und allmählich körperlich und geistig abbaute. Zu sehr schämte er sich dafür, seine Familie in diese Situation gebracht zu haben. Jeden Tag nach Schulschluss beeilten sich Fritz und Hedda, nach Hause zu kommen, um ihrem Vater zu helfen. Sie stempelten und verpackten Korken, bis sie am Abend von der Mutter ins Bett geschickt wurden. Davor gab es meist noch ein Stück rohes

Rindfleisch *zum Auszuzeln*, damit der Seithen-Nachwuchs auch schön groß und kräftig wurde.

Dann ereilte die Familie das nächste Unglück. Der zweitälteste Bruder war am Bau des Berliner Doms beteiligt – Kaiser Wilhelms II. Antwort auf den Petersdom in Rom. Voller Stolz verfolgten die Berliner die Bauarbeiten der imposanten evangelischen Kirche in Berlins Mitte, die gleichzeitig die Familiengruft der Hohenzollern werden sollte. Joseph hatte immer wieder begeistert von den Bauarbeiten erzählt. Im November 1905 waren sie so gut wie abgeschlossen, Joseph Seithen junior hatte mit Kollegen gerade die acht Bronzeengel angebracht, da rutschte beim Herunterklettern einem der Männer der schwere Schellhammer aus der Hand. Er krachte direkt auf Josephs Kopf. Später diagnostizierte ein Chirurg eine Gehirnerweichung als Folge des Unfalls und wies Joseph in eine Nervenklinik ein. Weil der sich aber weigerte, lockte die Familie ihn schließlich unter dem Vorwand, dort Korken auszuliefern, an diesen Ort. »Geht ihr nur rein, ich bin nicht verrückt!«, sagte er noch am Tor. Aber die Wärter warteten schon auf ihn und zogen ihn mit sich. Nun mussten die Eltern sich auch noch um Josephs Berta und ihr kleines Trudchen kümmern. Die Situation wurde immer schwieriger. Als die älteste Tochter Agnes einen Baron heiratete und die zweitälteste, Franziska, einen reichen Lebemann, bedeutete das für die ganze Familie eine riesige finanzielle Erleichterung. Doch das Aufatmen währte nur kurz, denn es folgte das schlimme Jahr 1908: Erst starb Papa Seithen und kurz darauf – noch in der Klinik – auch Heddas ältester Bruder Joseph. Mit nur 30 Jahren.

Mit dem Geld ihrer Schwestern wurde Hedda nun auf ein französisches Internat geschickt. Das war so bei den Seithens: Heiratest du eine, hast du die ganze Familie am Hals. Und so kamen die reichen Herren auch nicht darum herum, für

Mutter Seithen ein schmuckes Landhaus in Nedlitz zu kaufen, in dem die Geschwister fortan immer wieder zusammenkamen. Es war eine eingeschworene Gemeinschaft. Man kann sagen: Hedda wuchs in einem Kokon aus Liebe und Zusammenhalt auf, in den sie am liebsten auch Iwan aufgenommen hätte. Aber der traute sich nicht nach Deutschland, weil er nicht sicher war, ob man ihn dort nicht sofort verhaften und in die nächstgelegene Kaserne schleppen würde. Und außerdem waren weder Iwans Eltern noch Heddas Familie von ihrer Verbindung begeistert.

Heddas Mutter hatte sich für ihre jüngste und hübscheste Tochter eine deutlich bessere Partie gewünscht. Noch dazu war Iwan Jude. Nicht dass Heddas Familie etwas gegen Juden gehabt hätte. Aber die besorgte Mutter wollte ihr Nesthäkchen nicht mit dem Judenhass konfrontiert wissen, der seit Jahren ständig zunahm. Zwar galt per Gesetz seit 1871 die Gleichberechtigung von Jüdinnen und Juden im gesamten Gebiet des Kaiserreichs; darin wurden ihnen Freiheit, Eigentum und Schutz garantiert. Dennoch unterband man ihre vollkommene Gleichberechtigung, indem man ihnen beispielsweise den Zugang zu Hof- und Regierungsämtern verwehrte. Sie hatten keine Chance auf eine militärische oder akademische Karriere. Und auch im privaten Umfeld erlebten sie weiterhin Diskriminierung und Ablehnung. Überall entstanden antisemitische Parteien und Vereine, die gegen die rechtliche und soziale Gleichstellung der Juden ankämpften. Einige warnten davor, dass die Juden die Weltherrschaft anstreben würden. Mancherorts wurde sogar der uralte Vorwurf laut, sie würden in geheimen Zeremonien Menschen töten. Dadurch waren die Juden zu einem ständigen Kampf um Anerkennung und Gerechtigkeit gezwungen. Ein Gefühl von Ruhe und Sicherheit kam bei ihnen niemals auf. Selbst von Kaiser Wilhelm II., der intensive Kontakte zu führenden Persönlichkeiten des jüdischen Lebens pflegte, mussten sie erfahren, dass er anlässlich eines Besuchs in Großbritannien gegenüber dem damaligen Außenminister Sir Edward Grey geäußert hatte: »Es gibt viel zu viele Juden in meinem Land. Sie müssen ausgemerzt werden.« Allerdings war der Judenhass kein rein deutsches Problem. Er entlud sich auf der ganzen Welt. Um die Jahrhundertwende herum besonders massiv in Russland, was dazu führte, dass die meisten Menschen, die über Hamburg nach Amerika auswanderten, jüdischen Glaubens waren. Sie träumten davon, auf der anderen Atlantikseite endlich in Frieden und Freiheit leben zu können.

Auch Iwans Eltern hatten den Plan, irgendwann ihrem Sohn nach Amerika zu folgen. Sie hatten gehofft, dass ihr Sohn sich – nachdem er beruflich Fuß gefasst hatte – für eine Frau aus der jüdischen Gemeinde in New York entscheiden würde. Genau genommen hatten sie sogar schon eine junge Dame ins Visier genommen. Aber dann wirbelte Hedda dazwischen und schmiedete mit Iwan ihre eigenen Pläne. Unmittelbar nach ihrem Kennenlernen beschlossen sie zu heiraten – in einer kleinen Zeremonie in Großbritannien. Bevor er wieder nach New York aufbrach, um dort seine Geschäfte fortzuführen, und Hedda in Berlin ihren großen Umzug vorbereitete. Dass Iwan zu diesem Zeitpunkt bereits recht erfolgreich – und obendrein sehr großzügig – gewesen sein muss, beweist Heddas Reiseroute.

Die meisten Auswanderer, die über den Hamburger Hafen, den zu der Zeit bedeutendsten Ausreiseort Europas, in die Welt aufbrechen wollten, mussten in den eigens dafür gebauten Auswandererhallen auf der Elbinsel Veddel auf ihre Abfahrt warten. Manchmal sogar mehrere Wochen. Dabei muss man sich diese Hallen wie eine kleine Stadt vorstellen. Der Hamburger Reeder und Kaiser-Freund Albert Ballin hatte sie ab 1901 vor den Toren Hamburgs bauen lassen, um die Hansestadt vor den nicht enden wollenden Auswanderermassen und eingeschleppten Seuchen wie der Cholera zu schützen.

Nachdem die Menschen an einem eigenen Bahnhof angekommen waren, ging es erst einmal zur Registrierung. Danach mussten sie auf der *unreinen Seite* baden, sich von einem Arzt untersuchen und Kleidung und Gepäck desinfizieren lassen. Erst dann durften sie weiter auf die streng abgegrenzte *reine Seite*, ein weitläufiges und begrüntes Gelände mit mehr als 30 Gebäuden für etwa 5000 Ausreisewillige. Hier gab es – nach Religionen und Nationen getrennt – riesige Gemeinschaftsschlafsäle für Männer, Frauen und Familien, zwei kleinere Hotels, große Wasch- und Speisesäle mit jüdischem und christlichem Essen, Desinfektionsräume, eine evangelische und eine katholische Kirche, einen jüdischen Betsaal sowie mehrere Spielplätze für die Kleinsten – laut dem Reichskommissar für das Auswandererwesen war die Anlage eine »Musteranstalt ersten Ranges«. Ihr Modell hatte 1900 auf der Weltausstellung in Paris sogar den begehrten Großen Preis gewonnen. Dennoch empfanden viele Auswanderwillige »das größte Gasthaus der Welt« eher wie ein Gefängnis.

Da die Reederei Menschen, die aus gesundheitlichen Gründen nicht in Amerika einreisen durften, auf eigene Kosten zurücktransportierten musste, fanden in den Auswandererhallen regelmäßig strenge Gesundheitskontrollen statt. In der Hausordnung steht: »Der Gesundheitszustand der Passagiere wird ständig durch einen geprüften Doktor überwacht. Der Doktor macht zwischen 10.30 und 11 Uhr die Runde, deren Beginn den Reisenden durch ein Trompetensignal angezeigt wird. Die Reisenden werden gebeten, sich beim Ertönen des Signals an ihren Platz im Schlafsaal ihres

Wohnhauses zu begeben.« Bei Verdacht auf eine ansteckende Krankheit landeten die Ausreisewilligen postwendend auf der sogenannten Beobachtungsstation. Unmittelbar vor der Einschiffung erfolgte noch einmal ein abschließender Gesundheitstest, ehe kleinere Schiffe für bis zu 300 Personen, sogenannte Tender, die Menschen nach Stade oder Cuxhaven brachten, wo sie dann endlich in die großen Überseedampfer steigen konnten.

Insgesamt sollen zwischen 1850 und 1934 mehr als fünf Millionen Menschen von Hamburg aus in die Welt aufgebrochen sein. Alle mit der Hoffnung, Armut und Hunger, Verfolgung und Ausgrenzung oder – wie Iwan – dem drohenden Militärdienst entfliehen zu können. 1913, also in dem Jahr, in dem auch Hedda sich auf den Weg nach Amerika machte, begaben sich 192 733 Auswanderer auf die Reise – mehr als je zuvor.

Obwohl eines der beiden Hotels auf der Veddel, das Hotel Süd, unter den wohlhabenderen Passagieren einen exzellenten Ruf genoss, hatte Iwan für seine Frau eine Übernachtung im vornehmen Hotel Atlantic gebucht – weit weg von der Enge der Auswandererhallen. Das strahlend weiße Grand Hotel, das heute Udo Lindenberg zu seinem ständigen Wohnsitz erkoren hat, lag weithin sichtbar an der Hamburger Außenalster. Es war erst vier Jahre zuvor eröffnet worden. Die meisten Erste-Klasse-Passagiere der Hamburg-Amerika-Linie (Hapag) stiegen hier ab. Stolz hatte Hedda von dort eine Postkarte an ihre Mutter geschickt. Eine so schlechte Partie konnte ihr Iwan also gar nicht sein, wenn er sie in eines der besten Hotels Deutschlands einlud! (Auch wenn es damals nicht mit dem Berliner Adlon mithalten konnte.) An der Überfahrt hatte Iwan dann allerdings ein wenig gespart und »nur« die zweite Klasse gebucht, was bedeutete, dass Hedda sich eine Kabine mit einer wildfremden Frau teilen musste – womit sie allerdings immer noch zur privilegierten Minderheit gehörte. Die erste Klasse bot 386 Passagieren Platz, die zweite 150, die dritte 222 und die vierte 1750 Menschen.

Als Hedda in Cuxhaven an der Elbmündung den kleinen Hapag-Tender verließ, um in die *Amerika* umzusteigen, die sie nach New York bringen sollte, schnappte sie staunend nach Luft. Dieser Schnelldampfer war riesig! Über 200 Meter lang, mit zwei Schornsteinen und vier Masten. Noch nie zuvor hatte sie solch ein großes Schiff gesehen. Wie ein Berg ragte es vor ihr auf, als sie zwischen vielen aufgeregten Menschen zum Einstieg am Kai stand. Bei ihrem Stapellauf vor acht Jahren war die *Amerika* das zweitgrößte Schiff der Welt gewesen – und das erste mit einem Personenaufzug. Bei ihrem Anblick vergaß Hedda die anfängliche Enttäuschung, dass Iwan für die Überfahrt nicht die *Imperator* gebucht hatte. Hedda hatte in verschiedenen Zeitschriften über den neuen Ozeanriesen gelesen, der ebenso luxuriös sein sollte wie die *Titanic*, die vor anderthalb Jahren auf derselben Route gesunken war – aber eben sehr viel sicherer. Für jeden der 4600 Passagiere sollte es einen Platz im Rettungsboot geben. Hedda hätte ihrer Mutter und ihren Schwestern zu gerne aus nächster Nähe von diesem Traumschiff berichtet, das erst im Mai von Kaiser Wilhelm II. getauft worden war und seitdem mit seinen 268 Meter Länge als das größte und modernste Schiff der Welt galt. Es hieß, es sei mehr Grandhotel als Transportmittel, mit einem Marmorhallenbad, das über drei Decks reichte, und dem berühmten Auguste Escoffier als Chefkoch. Aber als sie jetzt vor der *Amerika* stand, erschien es ihr plötzlich vollkommen unerheblich, wie ihr Dampfer hieß. Ein anderes Schiff hätte sie kaum mehr beeindrucken können als dieses.

Die Passagiere gingen in feinster Sonntagskleidung an Bord. Wer wissen wollte, was in der Mode gerade angesagt war, musste sich hier nur umsehen: riesige Hüte zu schmalen, bodenlangen Kleidern; einige besonders fortschrittliche Damen verzichteten sogar auf das unbequeme Korsett, wie Hedda neidisch feststellte. Das hatte sie sich noch nicht getraut. Sie setzte es auf ihre innere To-do-Liste für New York.

Überall schnauften die Schiffsmitarbeiter unter dem Gewicht der Gepäckstücke, die mehr Möbel als Koffer zu sein schienen. Kinder rannten aufgeregt umher. Und Hedda wunderte sich über die vielen Walter-, Wilhelm-, Karl-, Gertrud-, Herta- und Hildegard-Rufe. Gab es denn keine anderen Kindernamen? Mit einer Hand am Hut, um dessen Verlust sie weiterhin fürchtete, ließ sie sich in dem Trubel den Weg zu ihrer Kajüte weisen. Sie fragte, wo die vielen Reisenden der vierten Klasse untergebracht waren, und erfuhr, dass die Passagiere des sogenannten Zwischendecks bereits zugestiegen seien. Hedda hatte von den schlimmen Zuständen gehört, die dort herrschen sollten. Es hieß, dass es keine Fenster gäbe. Die Notdurft würde hinter einer Wand in Eimer verrichtet werden und dementsprechend unerträglich wäre der Gestank. Die Menschen schliefen nach Geschlechtern getrennt in eng nebeneinander gestellten Doppelstockbetten, die sich mitunter zwei Reisende teilen mussten. Krankheiten würden sich rasend schnell ausbreiten. Und manchmal käme es sogar vor, dass Ratten die schlafenden Menschen anknabberten. Ausgang an die frische Luft hatten diese Menschen nur selten und zu festgelegten Zeiten. Hedda wusste nicht, wie viel von diesen schauerlichen Geschichten wahr und wie viel erfunden war, aber sie war heilfroh und dankbar, es nicht am eigenen Leib erfahren zu müssen. Und zu sehen bekam sie es auch nicht. Offenbar war die Reederei darum bemüht, jeden Kontakt zwischen den Passagieren der ersten und zweiten Klasse und den unteren Kategorien zu vermeiden …

Beinahe ehrfürchtig betrat Hedda ihre Kajüte. Es war ein länglicher Raum von höchstens acht Quadratmetern mit einer hellen Holzvertäfelung und einem weichen roten Teppich. Links waren zwei schmale Holzbetten übereinander in die Wand montiert, rechts stand eine Couch, gegenüber der Tür befand sich ein kleiner Waschtisch mit Spiegel. Unter dem unteren Bett war Platz für die Koffer. Davor stand ein kleiner Nachttopf. Hedda bedankte sich beim Kofferträger und legte ihren Hut auf das untere Bett. Sie hoffte, dass ihre Zimmergenossin keine 90-jährige Dame war. Hedda hatte nämlich keine Ahnung, wie sie auf das obere Bett gelangen sollte. Aber einer älteren Mitfahrerin konnte sie die Kletterei selbstverständlich noch viel weniger zumuten. Warum hatten sie keine Leiter angebracht? Stattdessen gab es einen Vorhang, der oben an der Decke hing und vor beide Betten gezogen werden konnte. Auch hier hätte sich Hedda einen eigenen Vorhang für jedes Bett gewünscht. Warum hatte niemand daran gedacht?

Als eine junge, sympathische Frau die Kabine betrat und sich mithilfe eines Schemels wie ein Äffchen auf das obere Bett schwang, war Hedda erleichtert. Vorfreudig erzählte ihre Kabinengenossin, dass sie bereits mehrfach mit der *Amerika* nach New York gereist sei und daher die Abläufe gut kenne. Als die Sirene laut ertönte, erklärte sie Hedda, dass dieses Signal bedeute, dass nun alle Passagiere an Bord seien. Beim dritten Ruf des Horns setzten die Maschinen ein, und vom Deck hörte man die Schiffskapelle das bekannte Volkslied spielen: »Muss i denn, muss i denn zum Städtele hinaus …«

»Kommen Sie!«, rief die junge Frau. »Die Abfahrt muss man sich ansehen!«

Leider hatten offenbar sehr viele Menschen diesen Gedanken, weshalb überall an der Reling ein dichtes Gedränge herrschte. Hedda dachte an die armen Menschen, die im Schiffsbauch eingesperrt waren. Ohne frische Luft – schon bei dem Gedanken wurde ihr übel. »*Wenn i komm', wenn i komm', wenn i wiederum komm'* ...«, spielte die Kapelle weiter, und Heddas Blick fiel auf die Menschen am Kai, die den Abfahrenden zuwinkten. Nun gab es kein Zurück mehr. Sie fuhr auf die andere Seite der Welt – weit weg von ihrer Familie und allem, was ihr vertraut war. Zwar hatte sie sich monatelang in fiebriger Erwartung auf diesen Tag vorbereitet, aber jetzt war ihr doch ein bisschen mulmig zumute. Sie dachte an ihren Bruder, der schon vor Jahren nach Niederländisch-Indien ausgewandert war und sich dort in eine Kreolin verliebt hatte. Daraufhin war er aus der Armee desertiert und kurzzeitig sogar im Gefängnis gelandet. Das war ein viel größeres Abenteuer als ihre Reise ins moderne New York!

Voller Wehmut dachte Hedda an die langen Briefe, die Joseph jedes Jahr zu Weihnachten nach Nedlitz schickte, wo sie bislang alle, wann immer es möglich war, zusammengekommen waren. Dann hatten sie gemeinsam die Bilder von der exotischen Landschaft und seinen sechs bildhübschen Kindern bestaunt, die mit Affen spielten und Kokosnüsse von den Bäumen holten. Nun waren von den ehemals sechs Seithen-Kindern nur noch drei in der Nähe der Mutter. Hedda nahm sich fest vor, ihnen häufiger als nur an den Feiertagen zu schreiben und an Weihnachten vielleicht sogar nach Hause zu reisen. Wenn Iwans Geschäfte das zuließen ...

Beim Weg über das Deck entdeckte sie ein deutsch-amerikanisches Postamt, einen Blumen- und einen Buchladen. Es gab aber auch einen Damensalon, eine Turnhalle, ein Hallenbad, drei Speisesalons und einen Spielplatz für die vielen Wilhelms und Hertas. Besonders faszinierten Hedda der luxuriös ausgestattete Wintergarten und das berühmte Ritz-Carlton-Restaurant, in dem jeden Abend eine bekannte Wiener Kapelle die neuesten Konzertstücke spielte. Leider würde Hedda es sich nicht leisten können, dort regelmäßig zu speisen. Aber sie hatte gehört, dass auch in den anderen Salons das Essen hervorragend sein sollte.

Nachdem die *Amerika* in Southampton noch eine stattliche Anzahl britischer und in Cherbourg einige französische Passagiere aufgenommen hatte, ging es hinaus aufs offene Meer, wo Hedda zum ersten Mal dieses eigentümliche Gefühl von Verlorenheit und Abgeschnittenheit spürte. Ab und zu erspähte sie ein entgegenkommendes Schiff, das jedes Mal mit dem lauten, alles durchdringenden Nebelhorn begrüßt wurde. Ansonsten gab es nur Meer, Wellen, manchmal Sturm und Regen, aber tagelang kein Land in Sicht. Um sich zu zerstreuen und weil ihr der schöne Raum und die gute Musik gefielen, nahm Hedda gelegentlich an den Ein-Dollar-Soupers im Ritz-Carlton teil, die um 22 Uhr begannen. Die allein reisenden Herren wurden schnell auf die sinnliche, brünette Deutsche mit den strahlend blauen Augen aufmerksam, die so souverän und schlagfertig auf Englisch und Französisch mit ihnen parlierte. Hedda soll männliche Aufmerksamkeit gewohnt gewesen sein – und sie zeitlebens genossen haben.

Als beklemmend behielt sie einen nebligen Abend in Erinnerung, an dem die *Amerika* die Stelle passierte, an der die *Titanic* gesunken war. Und als wäre es nicht ohnehin schon unheimlich genug, tutete an diesem Abend auch noch ständig das Nebelhorn. Kein Mensch kam umhin, an die 1500 Toten zu denken, die an ebendieser Stelle gestorben waren. Es hieß, die *Amerika* hätte damals versucht, die Eisberge nach Washington zu melden. Da ihr Funk aber nicht genug Reichweite hatte, soll ausgerechnet ein Funker der *Tita-*

nic diese Warnung weitergeleitet haben. Doch anscheinend hatte die eigene Kommandobrücke diese wichtige Information nicht erreicht – Stunden später rammte die *Titanic* einen Eisberg und ging unter. Gerade hatte Hedda gelesen, dass der Mecklenburger Physiker Alexander Behm daraufhin versucht hatte, eine Möglichkeit zu entwickeln, Eisberge mithilfe von Schallwellen zu lokalisieren, um solche Unfälle künftig zu verhindern. Doch leider schien sein System bei den Eisbergen nicht zu funktionieren, da dafür das Signal zu schwach war. Immerhin ließ sich die Meerestiefe nun mit seinem Echolot bestimmen. Vermutlich eine grandiose Erfindung, aber keine, die Hedda im Nordatlantik das mulmige Gefühl nehmen konnte …

Umso größer war ihre Freude, als nach acht Tagen auf dem Meer endlich das Ende der Reise anstand und mit einem großen Galadinner gefeiert wurde. Sämtliche Salon-Stewards trugen – mit Lampions geschmückt – die Eisbomben in den Saal, während die Passagiere klatschten und die Schiffskapelle feierlich spielte. Am nächsten Tag glitt die *Amerika* dann majestätisch an der Freiheitsstatue vorbei in den Hafen von New York, wo Iwan schon sehnsüchtig auf seine Frau wartete. Hedda musste auf dem Schiff nur noch die oberflächliche ärztliche Kontrolle und Passinspektion über sich ergehen lassen und die Zollpapiere ausfüllen – dann durfte sie endlich an Land gehen. Ein Vorgehen, von dem die Passagiere des Zwischendecks nur träumen konnten. Die mussten nach ihrer unkomfortablen und anstrengenden Reise noch an Bord auf Typhus und Cholera untersucht werden, ehe sie sozusagen ins Vorzimmer Amerikas gelassen wurden: auf die kleine Insel Ellis Island. Dort waren sie der neuen Heimat zwar schon ganz nah – dennoch konnten sie nicht sicher sein, sie jemals betreten zu dürfen. Die Angst, zurückgeschickt zu werden, war ihr ständiger

Begleiter, während die Menschen im dichten Gedränge von einer Kontrollstation zur nächsten geschubst wurden. Bis zu 12 000 Immigranten konnten an einem Tag durch dieses System geschleust werden – kritisch beäugt von amerikanischen Ärzten, die jeden Schritt der Ankömmlinge verfolgten.

Um den gigantischen Einwandererstrom der vergangenen Jahre ein wenig einzudämmen, hatten die Mitarbeiter von Ellis Island den Auftrag erhalten, kranke und schwache Menschen konsequent auszusortieren. Nicht jeder sollte nach Amerika einreisen dürfen! So wurden zum Beispiel die Augen auf die damals weitverbreitete und hochansteckende Infektion Trachom untersucht – noch heute eine der häufigsten Ursachen für Erblindung. Damals der häufigste Grund für eine Ausweisung. Außerdem mussten die Immigranten einen gesundheitlichen sowie einen rechtlichen Fragebogen ausfüllen. Wer auf der steilen Treppe zum Registrierraum strauchelte, geriet sofort unter Verdacht und wurde mit einem Kreidezeichen auf der Jacke zur weiteren Untersuchung gekennzeichnet. *S* stand für Senilität. *C* für ein Augenproblem. *P* für ein Lungenleiden und *X* für psychische Erkrankungen. Manche Familien mussten Tage und Wochen im angeschlossenen Krankenhaus der Insel im Hudson ausharren, bis eine Entscheidung gefällt wurde.

Etwa 240 000 Menschen wurden insgesamt als unheilbar ausgemustert und zurück in die alte Heimat geschickt – Kinder ohne ihre Eltern, Frauen ohne ihre Männer. Unzählige Familien wurden auf Ellis Island getrennt. Und das, nachdem sie all ihr Geld für die Überfahrt ausgegeben und eine mehr als beschwerliche Reise auf sich genommen hatten. Im Volksmund nannte man Ellis Island daher auch die »Insel der Tränen«.

Die traurige Wahrheit ist, dass sich für viele Immigranten, die diese Prozedur erfolgreich überstanden hatten und nun voller Hoffnung durch die Tür mit der Aufschrift »Push to New York« traten, der Traum von einem besseren Leben nicht erfüllte – stattdessen setzten sie in der neuen Heimat ihr tristes Dasein in Elend und Armut fort. Aber es gibt auch Beispiele von Menschen, denen es gelang, ihren amerikanischen Traum zu leben – wie der berühmte *Tarzan*-Darsteller Johnny Weissmüller, der Filmstar, Frauenheld und spätere Adlon-Stammgast Rudolph Valentino, der Gründer des Kosmetik-Imperiums Max Factor und – wenn auch in einem etwas bescheideneren Rahmen – Heddas erster Ehemann Iwan Burger.

Die hemdsärmelige Hedda wollte, kaum in New York angekommen, in die Firma ihres Mannes einsteigen. So kannte sie es von zu Hause. Sie wollte an Entscheidungen beteiligt werden, im kleinen Ladengeschäft aushelfen, Büroarbeiten übernehmen, eben etwas beitragen zum Erfolg des Unternehmens. Doch Iwan schüttelte entrüstet den Kopf. Er hatte ganz andere Vorstellungen von einer Ehe und wünschte sich von seiner Frau vor allem, dass sie sich um das Heim kümmerte und den hoffentlich bald geborenen Nachwuchs. Allenfalls auf seinen Geschäftsreisen nach Europa, durch Amerika und Kanada sollte Hedda ihn begleiten.

Dabei zeigte sich, dass sie ihm nicht nur mit ihren Französischkenntnissen eine große Hilfe war. Hedda bewies auch, dass sie ein außergewöhnliches Talent dafür besaß, jeden Geschäftspartner um den Finger zu wickeln. Sie war lustig, wenn es galt, die Stimmung zu heben. Klar, wenn verhandelt wurde. Verbindlich, wen es darum ging, ein vertrauensvolles Verhältnis aufzubauen. Und obwohl Iwan ihre Fähigkeiten vermutlich erkannte, verbannte er sie nach den Reisen jedes Mal zurück in ihre gemeinsame Wohnung. Und Hedda? Die fügte sich. Schließlich wollte sie, dass ihre Ehe funktionierte. Wie sie es bei ihren Eltern erlebt hatte.

Daher kümmerte sie sich zuerst einmal darum, aus der großen Wohnung in Harlem ein repräsentatives Heim zu machen, in dem man Bekannte und Geschäftspartner empfangen und beeindrucken konnte. Ihr neues Zuhause lag fußläufig zum Harlem River und zum Central Park. Heute befindet sich die Straße in einer eher weniger guten Wohngegend. Damals galt das Gebiet im Norden Manhattans als bourgeois – wer hier lebte, gehörte zu denen, die es geschafft hatten. Die ansässige jüdische Community war die drittgrößte der ganzen Welt. 1917 – zu Hochzeiten — sollen dort 175 000 jüdische Einwanderer gelebt haben. Das entspricht ungefähr der Einwohnerzahl von Hamm oder Mülheim an der Ruhr.

Auch Heddas und Iwans Bekanntenkreis bestand überwiegend aus jüdischen Einwanderern. Viele hatten in der Textilindustrie ihr Geld gemacht und beschäftigten in ihren Fabriken ausschließlich jüdische Arbeiter aus den ärmeren Vierteln New Yorks. Die aufgeschlossene Hedda wunderte sich über den ausgeprägten Standesdünkel, der auch in Amerika herrschte: So wollten die wohlhabenden Juden zum Beispiel nichts mit ihren Glaubensbrüdern zu tun haben, die in Armut lebten. Gleichzeitig grenzten sich die Christen der Oberschicht konsequent von den reichen Juden ab. Von wegen Freiheit und Gleichheit! Enttäuscht musste Hedda feststellen, dass auch der Antisemitismus in den Vereinigten Staaten nicht weniger verbreitet war als in Europa. An vielen Privatschulen und Universitäten, in Vereinen, Vereinigungen und vornehmen Bäderhotels waren Juden unerwünscht. Schilder mit der Aufschrift »No dogs! No jews!« (»Keine Hunde! Keine Juden!«) hingen nicht nur in den feinen Hotels, sondern auch in den Fenstern vieler Wohnungsvermieter. Worte, die Hedda jedes Mal wie Schläge trafen. Kein Wunder, dass Iwan und die anderen jüdischen Bewohner von Harlem am liebsten unter sich blieben. Aber wie würden die gemeinsamen Kinder, von denen Iwan und sie träumten, diese Ablehnung empfinden? Allmählich verstand Hedda, was ihre Mutter gemeint hatte …

Und auch sonst merkte sie schnell, dass New York keine Insel der Glückseligkeit war, wie viele Menschen in Europa glaubten. Dennoch war es der aufregendste Ort, den sie je kennengelernt hatte. Da Iwan sie nicht im Geschäft haben wollte, nutzte Hedda in den ersten Monaten jede Minute, um ihre neue Heimat zu erkunden. Sie staunte über die vielen Autos auf den Straßen und träumte davon, selbst einmal hinter einem Steuer zu sitzen. Sie fuhr im neu gebauten Woolworth Building, dem höchsten Gebäude der Welt, bis in die 57. Etage und war fasziniert davon, wie klein die Menschen von hier oben wirkten. In der 5th Avenue betrachtete sie die schönen Kleider und den edlen Schmuck in den Auslagen der teuren Geschäfte, und manchmal gönnte sie sich im damals schon legendären Waldorf Astoria einen Kaffee, während sie das lebhafte Treiben in der Lobby des Luxushotels beobachtete.

Iwan war großzügig. Hedda musste nie Rechenschaft darüber ablegen, wo sie sich herumgetrieben oder was sie mit seinem Geld gemacht hatte. Diesbezüglich ließ ihr Mann ihr alle Freiheiten. Dennoch spürte sie eine innere Leere und aufkeimende Unruhe, die sie zunehmend belasteten. Jedes Mal, wenn Iwan sie auf Reisen mitnahm, blühte Hedda auf. Aber sobald sie wieder in New York ankamen, quälte sie eine unerträgliche Langeweile. Es reichte ihr nicht, die Ehefrau eines erfolgreichen Konservendosenfabrikanten zu sein, die für das gemütliche Zuhause zuständig war. Sie hätte sich allerdings auch nicht vorstellen können, sich irgendwo als Schreibkraft oder Kinderfrau anstellen zu lassen.

»Du musst dir Freundinnen suchen«, meinte Iwan. Aber es gelang Hedda nicht, zu den jüdischen Ehefrauen aus ihrem Viertel einen freundschaftlichen Kontakt herzustellen. Zumal die meisten keine anderen Interessen zu haben schienen als Kochen, Haushaltsführung, Kinder und den jüdischen Glauben. Hedda dagegen las für ihr Leben gern, sie ging in jede neu eröffnete Kunstausstellung, liebte die Oper, interessierte sich für Sprachen und im Haushalt allenfalls für eine geschmackvolle Inneneinrichtung. Sehnsüchtig wartete sie jeden Abend darauf, dass Iwan endlich von der Arbeit nach Hause kam. Und sie musste lange warten. Ihr Mann schuftete an sechs Tagen in der Woche von früh bis spät in der Fabrik und reagierte dann oft genervt und abweisend, wenn Hedda sich noch mit ihm unterhalten wollte. Leider wollte es ebenso mit der geplanten Schwangerschaft nicht klappen, was nicht nur zu schnippischen Bemerkungen in den Briefen der Schwiegereltern, sondern allmählich auch zu Spannungen zwischen Hedda und ihrem Ehemann führte.

Als zusätzliche Belastung empfand Hedda die Meldungen, die sie neuerdings aus Europa erreichten. Damit beginnend, dass Österreich-Ungarn am 28. Juli 1914 den Serben den Krieg erklärt hatte. Kurz darauf kämpfte Deutschland gegen Frankreich und Großbritannien. *Ihr* Deutschland gegen *ihr* Frankreich. Und gegen *ihr* Großbritannien, wo sie doch gerade erst geheiratet hatte. Was war bloß los in der Welt?

Hedda war mittlerweile zwar offiziell Amerikanerin, aber in ihrem Herzen war sie Deutsche. Und Französin. Eine Weltbürgerin. Obwohl es zu dieser Zeit noch keine Luftangriffe gab, die für die Zivilbevölkerung hätten gefährlich werden können, machte sie sich nun ständig Sorgen. Um ihre Mutter, ihre Schwestern, ihre Freundinnen in Frankreich, während vor ihrer Haustür das Leben ganz normal weiterging. Es war eine geradezu absurde Situation.

Um sich ein bisschen zu zerstreuen und beim Warten auf ihren Ehemann nicht vor Langeweile umzukommen, begann Hedda, Gesangsunterricht zu nehmen. Hedda liebte Wagner und die leichteren italienischen Opern. Ihre Familie hatte ihr seit jeher eine angenehme Stimme attestiert. Und nun ermutigte sie auch ihre Gesangslehrerin, das offenbar vorhandene Talent auszubauen, was Hedda mit so viel Begeisterung tat, dass sich ihr Leben bald nicht mehr darum drehte, wann Iwan endlich nach Hause kam, sondern vielmehr um ihre neue Karriere. Schon nach kurzer Zeit feierte sie ihre ersten Erfolge bei größeren Auftritten. Die Zeitschrift *Pacific Coast Musical Review* schrieb am 13. Februar 1915 über eine Matinee in San Francisco: »Frau Seithen-Burger hat in Europa künstlerische Erfolge errungen, indem sie an den führenden deutschen Opernhäusern gesungen hat, unter anderem in Berlin und Bremen. Sie ist eine exzellente Vertreterin der Opern- und der lyrischen Schule und verfügt über eine große, klangvolle Stimme und eine sehr ausdrucksstarke Phrasierungsweise. Ihr Repertoire ist sowohl im Bereich der Konzertlieder als auch der Opern sehr umfangreich.«

Dafür, dass sie an den genannten großen deutschen Opernhäusern gesungen hat, lassen sich keinerlei Belege finden. Ich vermute, dass Hedda ihren Lebenslauf ein wenig geschönt hat, um sich den Zutritt zu den großen Bühnen Amerikas etwas zu erleichtern. Wer sollte ihre Aussagen überprüfen? Google gab es ja noch nicht ... Aber sie schien tatsächlich so viel Talent zu besitzen, dass eine Zukunft als Opernsängerin durchaus vorstellbar erschien – wie auch eine wenig später erschienene Besprechung in der *Pacific Coast Musical Review* vermuten lässt: »Unter all diesen Studenten und semiprofessionellen Sängern gab es eine, die durch ihre Haltung und die Leichtigkeit ihrer Stimmkraft den Eindruck erweckte, professionell zu sein. Wir beziehen uns auf Frau Seithen-Burger. Sie verfügt über eine großartige dramatische Sopranstimme von offensichtlicher Flexibilität und ungewöhnlichem Umfang. Sie machte auch den Eindruck, eine Sängerin mit außergewöhnlichem Temperament zu sein. Aber es wäre ihr gegenüber kaum fair, zu behaupten, sie sei die Beste. Wir glauben, dass sie unter einer nervlichen Belastung litt, die zweifellos für viele Abweichungen von der Spitze der Gesangskunst verantwortlich war. Wir empfehlen Frau Burger, häufiger vor kritischem Publikum aufzutreten und sich so zu bemühen, den Schrecken der Nervosität zu entkommen, die zweifellos gelegentlich die größten Möglichkeiten ihrer Kunst verdeckt. Wir würden sie gerne mehrere Male hören, bevor wir unsere endgültige Meinung äußern.«

Während Hedda nun also mit sehr viel Elan und noch mehr Ehrgeiz an ihrer Gesangskarriere feilte, schrieb sie sich zusätzlich an der Uni ein, um Sprachen, Geografie, Geschichte der Völker und deren Musik zu studieren. Ein weiterer Beweis ihrer Eigenwilligkeit. Immerhin durften in Deutschland Frauen erst seit 1900 studieren – und das auch nur in Baden. In Preußen hatte es bis zum Wintersemester 1908/1909 gedauert, bis sich Frauen erstmalig immatrikulieren konnten. Die Universitäten der Vereinigten Staaten hatten sich weiblichen Studentinnen zwar deutlich früher geöffnet, trotzdem waren Frauen noch immer in der Minderheit. Und in Iwans und Heddas Umfeld gehörten die Damen ohnehin vor allem ins Haus. Doch genau daraus brach Hedda nun immer mehr aus. *Es war eine lehrreiche und auch teilweise schöne Zeit*, schrieb Hedda später in ihren Briefen. *Ich studierte nebenbei an der Columbia Universität mit meiner kleinen nun leider auch dahingegangenen Peggy Northrup, nachmaligen Baronin von Soiron – durch den Krieg ging die Ehe in die Brüche. Auch im City College war ich mit*

Peg und wir schwärmten beide zugleich für unseren italienischen Lehrer, es tat aber unserer Freundschaft keinen Abbruch. Der Freundschaft nicht. Wohl aber ihrer noch sehr jungen Ehe ...

3

Neu Fahrland, 25. April 1945

Mit einem lauten Schlag flog die Eingangstür auf und fünf russische Soldaten in erdbraunen Uniformen polterten in die Eingangshalle der Villa Adlon. Es war eine wilde, ungewaschene Horde. Ihr Blick war gehetzt, ihre Gewehre hielten sie im Anschlag. Obwohl die Hausbewohner gleich nach dem Aufstehen – trotz des offiziellen Verbots – weiße Laken vor dem Haus gespannt hatten, wie es kurz zuvor auf Flugblättern von Kriegsgegnern empfohlen worden war, schienen die Männer sich nicht sicher zu sein, was für ein Empfang sie erwarten würde. Vermutlich hatten sie von den tödlichen Hinterhalten gehört, in die Rotarmisten vielerorts geraten waren – trotz weißer Fahnen.

Louis und Hedda hoben die Hände.

»Kamerad?«, rief der einzige Soldat mit europäischem Aussehen.

Louis und Hedda nickten.

»Soldaten?«, wollte er nun wissen.

Diesmal schüttelten Hedda und Louis ihre Köpfe. Dann bat Louis auf Russisch: »Meine Herren, nehmen Sie bitte Ihre Waffen runter! Hier erwartet Sie keine Gegenwehr. Wir werden alle kooperieren.«

Er begegnete den Eindringlingen mit derselben Höflichkeit, mit denen er sein ganzes Leben lang Hotelgäste begrüßt hatte. Nur wer ihn gut kannte – wie Hedda –, konnte die Nervosität in seiner Stimme hören. Die Soldaten ließen sich davon nicht beeindrucken und hielten weiter ihre Gewehre bereit, während sie ihren Blick durch die pompöse Villa streifen ließen. Später hat sich Hedda häufig gefragt, wie dieser Wohlstand auf die Soldaten gewirkt haben muss, deren Heimat schon vor Jahren – zumindest in Teilen – von der Wehrmacht zerstört worden war, die seit Monaten unter widrigsten Bedingungen gehaust und den Tod unzähliger Kameraden erlebt hatten. Und dann kamen sie nach Deutschland, wo man es sich – zumindest dem Anschein nach – hatte gut gehen lassen. Vermutlich hat das ihre Wut noch gesteigert.

Der Russe, der Louis am nächsten stand, brüllte nun auf Deutsch: »Uhren, Uhren!«

Dabei fiel Hedda auf, dass bereits sein ganzer Unterarm mit Uhren geschmückt war – genau wie die seiner Kampfgefährten. Außerdem trugen sie alle mehrere Ringe an ihren Fingern, sogar Eheringe, und – absurderweise – mehrere deutsche Orden auf ihren Uniformen. Bei einem baumelte sogar ein SS-Ehrendolch am Gürtel. Dies war ganz offensichtlich nicht ihr erstes Haus ...

Vorsichtig nahm Louis seine Hände nach unten und fischte die silberne Taschenuhr, die ihm vor Jahren ein Hotelgast geschenkt hatte, aus seinem Jackett. Hedda war froh, dass sie die Taschenuhr seines Vaters, des Hotelgründers Lorenz Adlon, die er normalerweise trug, mit dem Auto zu ihrer Schwester – und damit vermeintlich in Sicherheit – geschickt hatten. Und sie bereute, dass sie die gold-türkisfarbenen Manschettenknöpfe mit der Aufschrift »Adlon oblige«, die Lorenz einst vom letzten deutschen Kaiser Wilhelm II. zur Hoteleröffnung geschenkt bekommen hatte, nicht dazugelegt hatte. Stattdessen hatte sie die spitzen Schmuckstücke in ihren BH geschoben. Ein sichereres Versteck war ihr nicht eingefallen.

Erwartungsgemäß waren die Russen nicht zufrieden. »Uhren! Uhren!«, brüllten sie weiter. Einer begann Louis grob abzutasten und entdeckte in dessen zweiter Jacketttasche das goldene Zigarettenetui, das Louis, obwohl er konsequenter Nichtraucher war, immer bei sich trug, um seinen Gesprächspartnerinnen und Gesprächspartnern jederzeit eine Zigarette anbieten zu können. Grinsend nahm der Soldat das Etui an sich. Dann wandte er sich Hedda zu, die ihn wütend anfunkelte und sofort laut zeterte, als er sie anfassen wollte. Sie zog die Ärmel ihres Pullovers hoch, zeigte ihre leeren Handgelenke, ihren Hals, ihre leeren Rock- und Jackentaschen. Das hielt den Russen allerdings nicht davon ab, sie ebenfalls – wenn auch etwas zurückhaltender – abzuklopfen, wobei er die wertvollen Manschettenknöpfe glücklicherweise nicht bemerkte. Alles andere von Wert hatte Hedda ja vorsorglich abgelegt und versteckt.

Der Soldat zuckte mit den Schultern. Während er, seine Waffe weiterhin auf Louis und Hedda gerichtet, mit einer Hand eine Zigarette aus dem Etui fischte, sie sich in den Mund steckte und Louis auf Russisch nach Feuer fragte, begannen die vier anderen mit der Durchsuchung des Hauses. Zuerst stürmten sie in den Keller, wo sich in diesen Tagen die meisten Deutschen versteckt hielten. Es ertönten ein paar kurze Schreie, dann betraten die verbliebenen Hausangestellten mit erhobenen Händen und sichtbar verängstigt die Eingangshalle. Der Russe, der bei Louis und Hedda stand, zeigte auf den Adler, der, auf einem Apfel sitzend, über dem Marmorkamin prangte.

»Nazi?«, fragte er, woraufhin Louis und Hedda heftig die Köpfe schüttelten. »Keine Nazis!«, sagten sie.

Dann polterte es über ihnen. Die anderen Soldaten hatten offenkundig die oberen Räumlichkeiten betreten. Hedda atmete tief ein und aus. Sie hasste respektloses Verhalten. Sie hasste das Gefühl von Ausgeliefertsein. Und sie hasste Unordnung. Louis sah sie eindringlich an. Er kannte seine hitzköpfige, zu Wutausbrüchen neigende Frau. Er wusste, wie schwer es ihr fiel, in diesem Moment ruhig zu bleiben und alles über sich ergehen zu lassen. Immer wieder hatte er ihr den Spruch von Konfuzius ans Herz gelegt: »Wer Ruhe findet, ist sicher. Wer sicher ist, kann überlegen. Wer überlegt, kann verbessern.« Und noch viel häufiger hatte sie von ihm gehört: »Schweigen ist ein wahrer Freund, der niemals verrät.« Also überlegte sie. Und schwieg.

Plötzlich ertönte aus der Küche lautes Geschepper. Es klang, als würden die Soldaten einfach alles, was sich in den Schränken und auf den Regalen befand, auf den Boden werfen. Hedda verstand nicht, was diese Zerstörungswut sollte. Hatten so viele Deutsche ihren Schmuck in der Milchkanne oder Suppenschüssel versteckt, dass dieser Vandalismus notwendig war? Sie dachte an das alte Porzellan ihrer verstorbenen Mutter ... Wieder suchte Louis Heddas Blick, als wollte er sie erinnern: »Das hatten wir besprochen. Nichts riskieren! Alles ist ersetzbar. Nur das Leben nicht.«

Als die Russen die Villa Adlon nach einer gefühlten Ewigkeit endlich wieder verließen, war die Erleichterung unvorstellbar groß. Auch wenn die Forderung der Soldaten, ab sofort die Türen nicht mehr abzuschließen, nichts Gutes verhieß, atmeten erst einmal alle auf. So schlimm war es gar nicht gewesen. Sie waren recht glimpflich davongekommen. Hedda sah den Männern durch das Fenster nach. Vor dem Haus parkten mehrere Militärfahrzeuge. Ein paar Soldaten lungerten auf der Vorfahrt herum, rauchten Louis' Zigaretten und aßen Schokolade, die sie in einem der anderen geplünderten Häuser gefunden haben mussten. Zumindest stammte sie nicht aus diesem Haushalt, da Louis und Hedda schon längst alle Süßigkeiten an flüchtende Kinder verteilt hatten.

Wie die Straßenräuber, dachte Hedda. Von wegen: kultiviertes Volk ... Ihr kam ein Spruch in den Sinn, der in den vergangenen Wochen die Runde gemacht hatte: »Genießt den Krieg, denn der Friede wird fürchterlich!« Damit war allerdings nicht nur die Willkür der feindlichen Soldaten gemeint, sondern auch alle erwartbaren anderen Folgen dieses unsäglichen Krieges. Man darf nicht vergessen: Der letzte Weltkrieg war keine 30 Jahre her. Vielen Menschen waren Hunger und Not und die unzähligen verstümmelten, arbeits- und hoffnungslosen Deutschen in der krisenhaften Zeit danach noch allzu lebhaft in Erinnerung. Hedda seufzte laut: »Zwei Kriege sind zu viel für ein Menschenleben.« Dann schwärmte sie zusammen mit den Hausangestellten aus, um zu kontrollieren, welche Schäden die Soldaten in der Villa angerichtet hatten.

Ihnen bot sich ein erschreckendes Bild. In allen Zimmern waren sämtliche Schränke geöffnet worden. Vermutlich hatten die Rotarmisten nach verstecktem Schmuck, Alkohol und Uniformen gesucht. Uniformen waren in den letzten Tagen überall in Deutschland noch eilig verbrannt worden. Ebenso Hakenkreuz-Fahnen, Hitler-Bilder und entsprechende Bücher, eben alles, was auf eine militärische Tätigkeit oder Nazi-Anhängerschaft hindeuten konnte. *Mein Kampf* soll im Frühjahr 1945 so manchen Suppentopf erhitzt haben. Auch Hedda und Louis hatten ihre Angestellten schon vor Tagen angewiesen, sämtliche persönlichen Gegenstände, die auf eine Parteizugehörigkeit oder Nazi-Begeisterung hinweisen könnten, zu entsorgen. Aus Vorsicht. Und aus Überzeugung. Zumindest diesbezüglich glaubten sie, von den Russen nichts zu befürchten zu haben.

Auf den ersten Blick schien in der oberen Etage kein größerer Schaden entstanden zu sein. »Es ist alles durcheinander, aber nichts ist kaputt!«, befand auch die Haushälterin. Sie gingen hinunter in die Küche, wo ihnen erst einmal die Luft wegblieb, als sie den Raum betraten. Hier hatten die Soldaten am ärgsten gewütet. Es herrschte ein vollkommenes Chaos. Alle Schubladen waren herausgerissen, sämtliche Schranktüren geöffnet. Auf dem Boden mischte sich das Mehl mit Glas- und Porzellanscherben, eingekochtem Fleisch, Fisch, Obst und Gemüse. Die Haushälterin hob vorsichtig ein Marmeladenglas auf, das die Wüterei wie durch ein Wunder unbeschädigt überstanden hatte. »Banausen!«, schimpfte sie fast unentwegt.

Da viele Deutsche bereits im Ersten Weltkrieg erfahren hatten, wie quälend Hunger sein konnte, war es den meisten unverständlich, wie man Lebensmittel sinnlos vernichten konnte. Die Haushälterin schaute deshalb sehr genau hin, welches Mehl, welche Haferflocken, welche Konserven sich eventuell noch retten ließen. Schließlich scheuchte sie alle aus dem Raum, um mit dem Aufräumen beginnen zu können. Louis legte Hedda seinen Arm um die Schulter und führte sie zurück in den Wintergarten. »Das war es noch nicht«, schluchzte Hedda leise – halb aus Wut, halb aus Verzweiflung. »Sie werden auf jeden Fall wiederkommen!«

Und tatsächlich dauerte es nicht lange, bis ein weiterer Trupp russischer Soldaten das Haus stürmte. Offenbar hatte sich herumgesprochen, dass es in der Villa noch viel zu holen gab. Diesmal bedienten sich die Eindringlinge nicht nur in der Küche, sondern großzügig im ganzen Haus. Hedda und die anderen standen erneut wortlos in der Eingangshalle und sahen zu, wie diesmal Bettzeug, warme Kleidung und kistenweise Wein fortgeschleppt wurden. Es war eine gute Idee, einen kleinen Vorrat am See zu verstecken, dachte Hedda. Schließlich hatte Alkohol sich in Krisenzeiten schon häufig als sicheres Zahlungsmittel erwiesen. Vermutlich würde es diesmal nicht anders sein. So würden sie in der nächsten Zeit hoffentlich nicht allzu sehr hungern müssen.

Ein Soldat, der leicht angetrunken wirkte und erstaunlich gut Deutsch sprach, blieb vor Louis stehen und stieß ihm, der hier für ihn offensichtlich der Hausherr war, wütend mit der Hand gegen die Brust. Er sagte, dass die Deutschen es in seiner Heimat sehr böse getrieben hätten und er alle Angehörigen durch die monströsen Deutschen verloren hätte. Selbst seine 80-jährigen Großeltern und die kleinen Kinder seiner Schwester seien von deutschen Soldaten erschossen worden. Er spuckte seine Worte fast aus. Louis wurde blass und sah ehrlich betroffen aus. Er beteuerte, wie leid ihm das täte.

»Glauben Sie uns bitte«, sagte er. »Die Menschen in diesem Haus haben sich nichts zuschulden kommen lassen.«

Was als Beschwichtigung gemeint war, versetzte den russischen Soldaten erst richtig in Rage.

»Nichts zuschulden kommen lassen?«, brüllte er. Und dann sprach er von Auschwitz, diesem Ort in Polen. Die 60. Armee der I. Ukrainischen Front hätte dort vor ziemlich genau drei Monaten ein Gefangenenlager befreit, in dem die Deutschen systematisch Menschen umgebracht hätten. Der weiße Schnee sei voller Asche, die Krematorien, in denen die bemitleidenswerten Opfer verbrannt worden waren, seien noch heiß gewesen. Die wenigen, die bei der Befreiung noch lebten, seien verängstigt und abgemagert wie Skelette gewesen. Sie hätten trotz der Kälte keine Schuhe getragen. Deutsche seien Monster. Monster! Bei den letzten Worten stieß er Louis noch heftiger vor die Brust, sodass er, immerhin ein 70-jähriger, älterer Herr, der keine körperlichen Auseinandersetzungen gewohnt war, beinahe das Gleichgewicht verlor. Heddas Herz raste. Doch ihr Mann sah sie eindringlich an. »Ruhig bleiben!«, schien sein Blick zu sagen. »Nicht zusätzlich provozieren! Darauf warten, dass sie wieder gehen.« Dann nahm ein anderer Rotarmist seinen wütenden Kameraden am Arm und schob ihn nach draußen.

Als Louis die Tür hinter den Soldaten schloss, zitterte er. Alle waren sprachlos vor Entsetzen. Über diesen spürbaren Hass auf die Deutschen. Und über die Ungeheuerlichkeit dieser Behauptungen. Hatten die Deutschen an der Ostfront tatsächlich solche Verbrechen begangen? Hatten die Deutschen wirklich Lager eingerichtet, in denen Menschen systematisch getötet worden waren? Gerüchteweise hatte man so etwas immer mal wieder gehört. Aber konnte man sich das vorstellen? Wollte man sich das überhaupt vorstellen?

Hedda dachte an die vielen jüdischen Bekannten und Mitarbeiter, die während der Nazi-Herrschaft plötzlich verschwunden waren. Sie hatte immer gehofft, dass sie sich ins Ausland abgesetzt hatten. Oder – im schlimmsten vorstellbaren Fall – in einem Arbeitslager schuften mussten. Von einer sehr netten jüdischen Familie aus der Nachbarschaft wusste man, dass die Großeltern *abgeholt* worden waren, woraufhin sich die Eltern mit ihren Kindern im Lehnitzsee ertränkt hatten, um einer *Abholung* zu entgehen. Weil sie wussten, dass sie sonst in diese schrecklichen Lager gebracht worden wären? War ihr alter Koch aus dem Adlon dort gelandet? Er war irgendwann nicht mehr zum Dienst erschienen, und Louis und Hedda hatten gehofft, dass er untergetaucht wäre, bis irgendjemand erzählte, dass er festgenommen worden war. Hedda fielen die deutschen Soldaten ein, die auf ihrer Flucht in Richtung Westen Geschichten von zerstörten Dörfern und getöteten Russen erzählt hatten. Wenn all das stimmte – das mit den Vernichtungslagern und den Morden –, dann war es nicht verwunderlich, dass die Russen ihre Wut kaum zügeln konnten. Sie dachte an die Berichte über deutsche Männer, die nach dem Einmarsch der Russen erschossen worden waren, weil sie sich schützend vor ihre Frauen gestellt hatten. Sie dachte an die Frauen, die erschlagen wurden, wenn sie sich weigerten, mit russischen Soldaten zu gehen – vor den Augen ihrer Kinder. Lange war sich Hedda nicht sicher gewesen, ob solche Erzählungen wirklich stimmten. Oder ob sie nicht wie bei »Stille Post« von einer Person zur nächsten weiter ausgeschmückt und dramatisiert worden waren. In diesem Moment ließ Hedda diesen schneidenden Gedanken zum ersten Mal zu, dass all diese Geschichten wahr sein könnten. Die über das grausame Morden der Deutschen und die über die Gräueltaten der Roten Armee. Bislang waren sie lediglich davon verschont geblieben, weil sie, weit genug von der Front entfernt, in einer Art Parallelwelt im Adlon gelebt hatten. Doch nun steckten sie plötzlich mitten in der Hölle.

Hedda schauderte, als ihr das Ausmaß der Gefahr bewusst wurde, in der Louis, sie und alle anderen hier sich befanden. Sie bewegten sich auf sehr, sehr dünnem Eis. Wieder fragte sie sich, ob ihr ungutes Bauchgefühl ihre Angst war oder ob dieser 25. April 1945 tatsächlich noch ein schreckliches Ende nehmen würde – so wie bei vielen anderen Menschen. Sie konnte es natürlich nur ahnen. Aber inzwischen weiß man, dass Unzählige in diesen Tagen Opfer extremer körperlicher Gewalt wurden. Es gibt nur Schätzungen, da keine verlässlichen Zahlen vorliegen, aber Historiker gehen davon aus, dass zum Kriegsende knapp 900 000 deutsche Frauen von den Besatzern vergewaltigt wurden – etwa 100 000 allein in Berlin. Allerdings waren die Täter nicht ausschließlich russische Soldaten. Auch in den amerikanisch, französisch und britisch besetzten Gebieten kam es trotz offizieller Verbote massenhaft zu Vergewaltigungen. Besonders erschütternd finde ich die Berichte von jungen Mädchen, die neben ihren Müttern von den Russen *genommen* wurden. Viele gleich mehrfach hintereinander. Manche sprechen von Scheunen voller junger deutscher Frauen, vor denen die sowjetischen Soldaten in langen Schlangen warteten. Die Angst und die Schmerzen dieser Frauen müssen unfassbar gewesen sein.

Auch gegenüber Männern kam es zu brutalen Gewaltausbrüchen, regelrechten Massakern. In Treuenbrietzen, knapp 40 Kilometer südwestlich von Potsdam gelegen, sollen Soldaten der I. Ukrainischen Front am 23. April 1945 bis zu 1000 Menschen willkürlich auf der Straße erschossen haben. Auslöser war wohl der Tod eines russischen Offiziers – wobei die genauen Umstände und Opferzahlen bis heute nicht geklärt sind. Das ganze Land war in diesen Tagen im Ausnahmezustand. Es herrschten Chaos und Gewalt.

Da Telefone nicht mehr zuverlässig funktionierten und man sich gerade in diesen unübersichtlichen ersten Stunden nicht vor die Tür wagte, fragten sich die Bewohner der Villa Adlon, wie es den Verwandten, Freunden und Bekannten erging. Nicht einmal von den nächsten Nachbarn erfuhr man etwas. Nur wenige Meter weiter stand die Villa von Diringshofen – ebenfalls ein großes Anwesen am Lehnitzsee, das der Tochter und dem Sohn des Dressur- und Geländereiters Friedrich Sigismund gehörte, einem preußischen Prinzen. Dass die prinzlichen Kinder geflohen waren, wusste man. Aber was war mit den Angestellten? In der Siemens-Villa – ebenfalls nur einen kurzen Spaziergang entfernt – sollen in den letzten Kriegstagen zwei Vorstandsmitglieder von Siemens untergekommen sein. Wie stand es um sie? Und wie erlebten die treuen und loyalen Angestellten im Adlon, die versprochen hatten, sich um das Hotel zu kümmern und jeden Brand zu löschen, die bevorstehende Einnahme von Berlin? Stand das Adlon überhaupt noch? Hedda stiegen Tränen in die Augen. Louis nahm ihre Hand. »Das sind Wellen, Heddalein. Sie kommen und gehen«, sagte er.

Kurze Zeit später brach dann die dritte und heftigste Welle über sie herein. Die Hausgemeinschaft hatte gerade wieder einigermaßen Ordnung geschaffen und war ein bisschen zur Ruhe gekommen, als erneut ein Trupp russischer Soldaten in die Villa einfiel. Diesmal waren alle Männer angetrunken – und deutlich aggressiver. Sie fuchtelten mit ihren Waffen herum und forderten, dass sofort alle Radios abgegeben werden sollten. Außerdem sämtliche Schreibmaschinen und Fotoapparate. Die Hausangestellten rannten sofort los, um alles Verlangte zusammenzusuchen. Sie hatten das Gefühl, dass bei diesen Männern die Finger sehr locker am Abzug saßen und sie nur auf einen minimalen Vorwand lauerten, ihrer Wut endlich freien Lauf zu lassen. Einem der Soldaten fiel der Adler über dem Kamin auf und stupste seinen Nebenmann an. Voller Entsetzen ahnte Hedda, was in ihren Köpfen vorging. Ein Adler an so prominenter Stelle. Wie konnten die russischen Soldaten auch wissen, dass es sich um ein Familienwappen handelte. Mit einem lauten Schrei stieß einer der Soldaten mit dem Hinterschaft seines Gewehrs mit solcher Wucht gegen den Kopf des Steinadlers, dass der Schnabel abbrach.

Er zeigte auf Louis und brüllte: »Nazi!«

»Nein!«, rief Hedda und stellte sich schützend vor Louis. »Hotel! Hotel Adlon! Louis Adlon!«

Aber die Russen schoben sie zur Seite. Der Befehlshaber der Truppe baute sich vor Louis auf und forderte bedrohlich und ruhig: »Dokumenta.« Louis stand wie gelähmt vor ihm. Dann schrie er: »Dokumenta! Dokumenta!«

Die Frau eines Hausangestellten, die erst in den letzten Kriegstagen in die Villa gezogen war, trat vor die Russen und versuchte zu deeskalieren: »Nix Dokumenta!« Sie deutete auf Louis und sprach laut und überdeutlich mit zitternder Stimme: »Das ... ist ... Louis ... Adlon. Hotel Adlon ...«

Der Russe zuckte mit den Schultern.

»Herr Generaldirektor Adlon«, versuchte es die Angestellte erneut. Wahrscheinlich hatte sie gehofft, dass die Russen daraufhin respektvoller mit ihnen umgehen würden. Immerhin war Louis in Deutschland hoch angesehen und zählte sozusagen zur Top-Prominenz. Für ihn zu arbeiten, galt in ihren Kreisen als Auszeichnung, weshalb sie die Situation vermutlich falsch eingeschätzt und erwartet hatte, dass die Soldaten nun ehrfürchtig aus dem Haus schleichen und sich andere Opfer suchen würden. Doch: *Es war das Entsetzlichste, was sie tun konnte!* – wie Hedda es bis zu ihrem Tod im Jahr 1967 immer wieder beteuerte.

Die Russen sollen daraufhin einen kurzen Moment gestutzt haben. Das Wort »General« huschte durch die Truppe. Dann stürzten sie sich auf Louis und zerrten ihn mit sich aus dem Haus. Louis versuchte, den Irrtum noch an Ort und Stelle aufzuklären, aber keiner der Soldaten hörte ihm auch nur für einen kurzen Moment zu. Alle Wut und Anspannung, aller Hass schienen sich in diesem einen Augenblick zu entladen. Hedda klammerte sich verzweifelt an ihren Mann, schrie und weinte, während die Hausangestellten wie zu Säulen erstarrt waren. Louis versuchte, seine Frau zu beruhigen. »Heddalein, mach dir keine Sorgen, es wird alles gut. Spätestens heute Abend bin ich zurück«, rief er ihr noch zu, während die Russen ihn brutal mit sich rissen.

Louis und Hedda hatten keine Chance. Die Soldaten schubsten Louis in ein Militärfahrzeug und brausten mit ihm davon. Hedda stand schockstarr auf dem weißen Kies vor der Villa und sah dem Fahrzeug hinterher, wie es rechts in die große Verbindungsstraße abbog und dann aus ihrer Sichtweite verschwand. Zum ersten Mal nahm sie das Gefühl wahr, das sie von diesem Tag an bis an ihr Lebensende begleiten würde: *Ohne meinen geliebten Louis hat das Leben keinen Sinn für mich.*

Die Frau des Gärtners fand als Erste ihre Sprache wieder. »Immerhin haben sie ihn nicht erschossen«, meinte sie trocken – und wertete das tatsächlich als positives Signal. Schließlich hatte man von zahlreichen Spontan-Hinrichtungen gehört. Hedda sagte kein Wort. Es war, als hätte man ihr das Herz herausgerissen. Kurz überlegte sie, dem Wagen einfach zu folgen. Aber die Haushälterin hielt sie zurück.

»Frau Adlon, das macht keinen Sinn. Das Auto ist viel schneller als Sie!«

Hedda fragte: »Wohin bringen sie ihn? Und warum?«

Die Haushälterin, die selbst mit den Tränen kämpfte, zuckte mit den Schultern.

Hedda dachte an die Aussage der Frau: »Der Herr Generaldirektor ...«

»Halten sie Louis etwa für einen General der Armee?«, fragte sie die Haushälterin. Die Soldaten hatten eindeutig auf das Wort *General* reagiert. Womöglich hatten sie geglaubt, Louis sei ein Militärführer, ein Mörder, ihr ärgster Feind. Wahrscheinlich hatten sie keine Ahnung, dass die Deutschen ihren Führungskräften gerne solche Titel überstülpten. Zumindest erfuhr Hedda später, dass die sowjetischen Soldaten in diesen Tagen auch Theater-*General*intendanten und *General*direktoren der Reichsbahn in die gefürchteten russischen Verhörkeller verschleppt hatten, wo sie tagelanger Folter und Qual ausgesetzt waren, weil sie nicht zugeben konnten, was man gerne von ihnen hören wollte: dass sie Kriegstreiber, Nazis und erklärte Feinde der Sowjetunion waren.

»Wenn sie *das* glauben, wird sich der Irrtum sicher bald aufklären und Ihr Mann schnell wieder entlassen werden«, entgegnete die Haushälterin.

Hedda schüttelte ein Weinkrampf. Louis war nicht mehr der Jüngste. Zwar gesund, aber insgesamt viel zu zart. Empfindsam. Eher ein zerbrechliches Wesen als ein harter Knochen. Hedda wünschte, sie hätten statt ihn lieber sie mitgenommen. Louis hatte ihr oft genug gesagt, dass man sie wahrscheinlich in der Mitte der Sahara oder im Herzen Grönlands mit einem Fallschirm aus einem Flugzeug werfen könnte – und sie käme wohlbehalten nach Hause zurück. Ihr wurde übel. Dann brach sie zusammen.

Die Haushälterin führte Hedda ins Haus. Die ganze Gemeinschaft stand unter Schock. Man beschloss, die Nacht lieber gemeinsam im Keller zu verbringen. Es schien ihnen in der Gruppe sicherer zu sein – zumal die Furcht vor weiteren Besuchen der Besatzer durch das Erlebte noch gewachsen war. Hedda protestierte zuerst, weil sie lieber im Wintergarten bleiben und dort auf Louis warten wollte. Zudem weigerte sie sich, mit der Frau des Angestellten, die durch ihre unbedachte Äußerung Louis überhaupt erst in diese bedrohliche Lage gebracht hatte, in einem Raum zu schlafen. Doch mit viel gutem Zureden gelang es der Haushälterin schließlich, Hedda in den Keller zu komplimentieren. Louis war nicht geholfen, wenn die Russen auch sie noch wegschleppten ... Und man befürchtete, dass die Besuche der Besatzer mit steigendem Alkoholkonsum unangenehmer werden könnten.

So hockten sie im Keller und hörten, wie in der Ferne noch geschossen wurde. Anscheinend versuchten die schlecht ausgerüsteten Volkssturm-Bataillone weiterhin Potsdam zu halten, während in den Vororten wie Neu Fahrland oder Babelsberg die russischen Soldaten bereits ungestört ein und aus gingen. Mehrfach polterten am Abend Männer in den Keller und leuchteten den Hausbewohnern mit ihren Taschenlampen ins Gesicht, bevor sie in der Villa auf die Suche nach unentdeckten Weinschätzen gingen. Hedda richtete sich jedes Mal hoffnungsvoll auf, wenn sie Schritte über sich hörte, doch zu ihrem großen Unglück kehrte Louis in dieser Nacht nicht zurück. Wann immer ein Soldat den Keller betrat, fragte Hedda ihn nach ihrem Mann. Die meisten verstanden nicht, was sie wollte. Und die, die Deutsch, Französisch oder Englisch sprachen, konnten oder wollten ihr keine Auskunft geben. Es war eine unruhige Nacht, in der alle kaum in den Schlaf fanden. Als es dämmerte, fühlte sich Hedda, als hätte ihr jemand Messer in den Bauch gerammt. Warum war Louis noch nicht zurückgekehrt? Hätte man ihn nicht längst entlassen haben müssen? Mit seinen Russischkenntnissen konnte es doch nicht so schwer sein, diesen Menschen zu erklären, dass er mit dem Militär nichts zu tun hatte.

Am Morgen ging sie als Erste nach oben. Hier hatten die Russen in der Nacht noch schlimmer gewütet als am Vortag. Diesmal hatten sie auch Lampen und Gemälde von den Wänden gerissen, Fotos zerknüllt, einige Teppiche und antike Möbelstücke, die Louis und sie in den vergangenen Jahren in ganz Europa liebevoll zusammengesucht hatten, waren verschwunden – darunter die Art-déco-Stühle, für die sie damals extra nach Belgien gereist waren. Womöglich waren sie als Feuerholz verwendet worden. Was sonst sollten die Russen mit ihnen auf ihrem Marsch nach Berlin anfangen?

Aber wie unwichtig das alles war! Hedda wünschte sich nichts mehr, als dass Louis endlich wieder zur Tür hereinspazieren würde. Sie überlegte, wo er wohl sein könnte. Vielleicht hatten die Soldaten ihren Mann nach Krampnitz verschleppt? Das war die nächstgelegene deutsche Kaserne. Sie war sicher längst von russischen Truppen besetzt. Wo sonst sollten die ihre vielen Soldaten und Fahrzeuge unterbringen? Und irgendwo mussten sie ja auch ihre Gefangenen einsperren. Wenn sie Louis dort verhört hatten, sollte er es problemlos zu Fuß zurück nach Hause schaffen. Wie häufig war er diesen Weg gelaufen, wenn er noch schnell einen Eilbrief in der dortigen Poststelle abgeben wollte ...

Aber vielleicht ging es ihm nicht gut? Vielleicht schaffte er den Weg nicht und saß irgendwo am Straßenrand? Sie könnte den Weg einmal ablaufen und nach ihm schauen. Andererseits konnte sie nicht sicher sein, dass sie ihn wirklich nach Krampnitz gebracht hatten. Womöglich hatten die Russen Nedlitz besetzt? Die Rote Kaserne, so genannt, weil sie aus rotem Backstein gebaut war, war etwas weiter entfernt, ungefähr drei Kilometer. Allerdings in die andere Richtung, bei Potsdam, wo anscheinend weiterhin Kämpfe stattfanden. Aber das Auto war eindeutig nach rechts abgebogen, wo Krampnitz lag ...

Hedda spähte aus dem Fenster, vor dem gestern noch die Rotarmisten gestanden hatten. Jetzt war die Zufahrt menschenleer, aber über die große Verbindungsstraße nach Berlin preschten quasi im Sekundentakt russische Militärfahrzeuge. Menschen waren wieder in alle Richtungen unterwegs. Frauen mit Körben, Kanistern, überladenen Kinderwagen und Fahrrädern. Hedda lief in den Wintergarten. Auch von hier aus wirkte zwar alles in Aufruhr und Bewegung – aber nicht bedrohlich. Ihr Blick fiel auf die Stelle, an der Louis gestern noch gesessen und seinen Kaffee getrunken hatte. Sie wünschte, sie könnte die Zeit zurückdrehen.

Mittlerweile hatten sich ebenso die anderen Hausbewohner aus dem Keller getraut. Sie schlichen durch das Haus und konnten nicht fassen, was die Soldaten aus der schönen Villa gemacht hatten. Die Eindringlinge hatten alles zerstört, was ihnen in die Finger gekommen war. Nur vereinzelt stand noch etwas an seinem Platz. Hedda stieg über die Trümmer ihres Zuhauses hinweg nach oben ins Ankleidezimmer, wo sie mehrere Schlüpfer, Strümpfe, Hosen und Kleider übereinander anzog, bis ihre ohnehin eher füllige Körperform an eine Litfaßsäule erinnerte. Dann verteilte sie schwarze Schminke im Gesicht, um einen möglichst schmutzigen und abgebrannten Eindruck zu hinterlassen. Sie setzte eine Brille und einen Hut auf, schnappte sich ihre bequemsten Schuhe und sah noch einmal aus dem Fenster. Ihr Entschluss stand fest: Sie würde ihren Louis suchen. Und sie würde ihn finden und den Russen erklären, dass seine Festnahme ein Irrtum war. Auf keinen Fall würde sie hier weiter tatenlos herumsitzen und warten. Zumal sie im Adlon mehr als einmal bewiesen hatte, dass sie eine geschickte Verhandlungsführerin war. Wann immer es mit Angestellten oder Lieferanten unangenehm geworden war, hatten alle nach Hedda gerufen. Sie selbst hatte immer ein wenig damit geprahlt: *Verhandeln will gelernt sein – und die Leutchen haben eine feine Nase dafür, wen sie einseifen können und wen nicht … Ich verlange Recht und weiter nichts. Aber energisch muss man sein und wissen, was man will und wie man es am richtigen Ende anfasst. Das muss auch gekonnt sein.* Sie konnte es – davon war Hedda überzeugt. Und *einseifen* ließ sie sich erst recht nicht.

Als ihre Haushälterin ins Zimmer trat, erkannte die sofort, was ihre Chefin vorhatte. »Um Gottes willen! Gehen Sie nicht!«, rief sie. »Das ist viel zu gefährlich!« Hedda machte eine abwehrende Handbewegung, woraufhin die Haushälterin die Taktik änderte. »Aber was, wenn Ihr Mann in der Zwischenzeit zurückkehrt? Dann sind Sie nicht da!«

Hedda nahm ihre Hände. »Ich muss ihn suchen«, sagte sie entschlossen.

»Aber die Russen!«, insistierte die Haushälterin.

»Die kommen auch ins Haus, also kann ich genauso gut zu ihnen auf die Straße gehen«, bügelte Hedda jeden weiteren Einwand ab, rückte ihren Hut zurecht und marschierte entschlossen an der Haushälterin vorbei auf die Treppe zu.

»Vielleicht nehmen Sie vorsichtshalber eine Rasierklinge mit?«, rief ihr die Frau eines Angestellten hinterher, die das Gespräch vom Gang aus mitverfolgt hatte.

»Was soll ich denn mit einer Rasierklinge?« Hedda schüttelte den Kopf.

»Im Moment haben viele Frauen eine Rasierklinge bei sich«, erklärte die Angestellte und zog eine aus ihrer Schürze. »Oder haben Sie Zyankali?«

Hedda verzog das Gesicht. »Das brauche ich alles nicht«, sagte sie. Was sie dagegen dringend brauchte, war eine Möglichkeit, die Wachleute ihres Mannes zu bestechen. Deshalb führte ihr erster Weg hinunter zum See, wo sie sich möglichst unauffällig ein paar Zigaretten, eine Flasche Wein und ihre Schmuckstücke aus dem Versteck holte, die sie unter ihre Kleider, zu den Manschettenknöpfen in ihren Büstenhalter und in die große Manteltasche stopfte. Hoffentlich, hoffentlich reichte das – für einen Tausch gegen ihren Louis.

4

New York, Mai 1915 bis Dezember 1920

6381 Kilometer liegen zwischen New York und Berlin – auch heute eine weite Strecke. Seit dem Sommer 1914 war sie für Hedda zu einer unüberwindbaren Hürde geworden. Wie gerne hätte sie mit ihren Schwestern Agnes und Franziska über die Probleme mit Iwan gesprochen, die immer unüberwindbarer erschienen! Über ihre zunehmende Entfremdung. Ihre unterschiedlichen Vorstellungen vom Leben. Über die sehr verschiedenen Ziele. Aber bis ein Brief ihre alte Heimat erreichte, dauerte es Wochen. Und noch einmal so lange, bis endlich eine Antwort kam. Bis dahin beschäftigten Hedda meist schon wieder ganz andere Sorgen …

Je länger sie in New York lebte, desto mehr vermisste sie die Nähe ihrer Familie. Ihr fehlten die durchquatschten Nächte am Ufer des Lehnitzsees mit ihren Schwestern, die gemeinsamen Feiern in Nedlitz und Berlin. Die Mutter, die mit ihrem kleinen Boot zum Angeln fuhr, um die stolze Beute dann von ihrer Haushälterin Hedwig, einer Seele von Mensch, zubereiten zu lassen. Es war der leckerste Fisch, den Hedda jemals gegessen hatte. Sie vermisste auch ihren jüngsten Bruder Fritz, der ein pfiffiger Kaufmann geworden war – wie ihr Vater. Seit dessen Tod war er als einziger noch anwesender Mann – ohne dass man es jemals laut ausgesprochen hätte – zum Oberhaupt der Familie aufgestiegen.

Wann immer irgendetwas entschieden werden musste, hieß es: »Da müssen wir mal den Fritz fragen ...«

Er war ein Schlitzohr, ein Lebemann, ein schlimmer Hallodri. »Ich kann halt nicht Nein sagen«, hatte er Hedda erklärt, wenn die nach einem seiner Seitensprünge mal wieder seine Frau Frieda trösten musste. Hedda wusste von ihren Schwestern, dass Fritz gleich zu Kriegsbeginn eingezogen worden war. Sie konnte sich also nie sicher sein, ob er in genau diesem Moment, an dem sie an ihn dachte, überhaupt noch am Leben war oder nicht. Zumal die Familie manchmal wochenlang nichts von ihm hörte. Hedda dachte an Fritz' Tochter, die kleine Lieselotte. Im Februar 1914 hatte Hedda ihre Familie das letzte Mal in Berlin besucht. Zwei Monate später war Lieselotte geboren worden – unmittelbar vor dem Kriegsausbruch. Auf dem letzten Foto, das Hedda erreicht hatte, lachte ihr nun schon ein niedliches Mädchen mit hellen Zöpfchen entgegen, um das sich Frieda, Heddas Mutter und die Haushälterin Hedwig gemeinsam liebevoll kümmerten. Hedda fragte sich, wann sie Fritz' Kleine wohl zum ersten Mal sehen würde. In diesen Kriegswirren nach Deutschland zu reisen, erschien ihr unmöglich. Wahrscheinlich war es das auch. Und sie hatte keine Ahnung, wie lange dieser Krieg dauern würde ...

Um auf dem Laufenden zu bleiben, was das Kriegsgeschehen betraf, hatte es sich Hedda zur Gewohnheit gemacht, jeden Morgen beim Frühstück die *New York Times* zu lesen. Iwan und viele andere deutsche Einwanderer bevorzugten eher Zeitungen in ihrer Muttersprache – wie *The Staats*, die deutschsprachige *New Yorker Staats-Zeitung*, eine der ältesten Zeitungen des Landes. Doch Hedda verstand sich viel zu sehr als moderne New Yorkerin, als dass sie an solchen Traditionen wie einer kaisertreuen deutschen Zeitung hätte festhalten wollen. Und so stolperte sie am Morgen des 22.

April 1915 über eine schwarz umrandete Notiz. Sie stand direkt unter den Abfahrtszeiten der britischen Reederei Cunard, die noch immer mehrmals wöchentlich zwischen New York und Liverpool pendelte. Jeden Freitag legten die Schiffe um fünf Uhr nachmittags in Richtung Europa ab. Dienstags und samstags jeweils um zehn Uhr am Vormittag. Die *Lusitania* galt als der größte und schnellste Dampfer der Cunard-Flotte. Ihre nächste Abreise war für den 1. Mai 1915 geplant. Und genau darunter hatte die Kaiserliche Deutsche Botschaft nun folgende Warnung drucken lassen: »Achtung! Reisende, die beabsichtigen, sich auf die Atlantikreise einzuschiffen, werden daran erinnert, dass zwischen Deutschland und seinen Verbündeten sowie Großbritannien und seinen Verbündeten der Kriegszustand herrscht, dass das Kriegsgebiet die an die Britischen Inseln angrenzenden Gewässer einschließt, dass gemäß einer förmlichen Mitteilung der deutschen Reichsregierung Schiffe, die unter der Flagge Großbritanniens oder eines seiner Verbündeten fahren, in diesen Gewässern der Zerstörung ausgesetzt sind und dass Reisende, die auf Schiffen Großbritanniens oder seiner Verbündeten in das Kriegsgebiet fahren, dies auf eigene Gefahr tun.«

Hedda wusste, dass die Briten kurz nach Kriegsbeginn den Seeweg nach Deutschland blockiert und das Reich damit weitestgehend von der Rohstoff- und Lebensmittelversorgung abgeschnitten hatten. Das hatte nicht nur zu Teuerungen geführt, sondern vor allem zu einer schlechten Versorgungslage der Bevölkerung. Mit ihren U-Booten versuchten die Deutschen nun, einerseits die Blockade zu durchbrechen. Und andererseits die Briten ebenfalls von der Versorgung aus Übersee abzuschneiden.

Hedda empfand sich nicht als ängstlichen Menschen, aber sie hätte nach dieser deutlichen Drohung nicht gewagt, ein britisches Schiff zu besteigen, und eigentlich erwartet, dass daraufhin der Schiffsverkehr eingestellt werden würde. Und damit auch ihre letzte – zumindest theoretisch mögliche – Verbindung nach Europa. Denn es bestand kein Zweifel daran, dass die Deutschen ihre Warnung ernst meinten. Bereits vor einem Monat, am 28. März 1915, hatte ein deutsches U-Boot den britischen Dampfer *Falaba* versenkt. Dieses Ereignis hatte in den Vereinigten Staaten vor allem deshalb für Schlagzeilen gesorgt, weil dabei auch ein 31-jähriger amerikanischer Bergbauingenieur ums Leben gekommen war. Doch Cunard argumentierte, kein U-Boot könne ein Schiff torpedieren, das schneller als 14 Knoten fuhr – und die *Lusitania* brachte es bei Atlantiküberquerungen im Schnitt auf 24, unter Höchstgeschwindigkeit sogar auf 28 Knoten. 1907 – also im selben Jahr, in dem auch das Adlon eröffnet wurde – hatte sie einen Rekord aufgestellt, als sie als erstes Schiff in weniger als fünf Tagen den Atlantik überquert hatte. Zudem warb man damit, dass sie auch 25 Meter hohe Monsterwellen und heftigste Stürme ohne größere Blessuren überstanden hatte, womit doch bewiesen wäre: Auf der *Lusitania* bestand für Reisende keine Gefahr.

Und so bestiegen am 1. Mai 1915 – trotz der Warnung – 1959 Menschen – 1258 Passagiere und 701 Besatzungsmitglieder – den geradezu als unsinkbar gefeierten Dampfer. Zwar mit einem mulmigen Gefühl, doch ob dieser technischen Überlegenheit mit der Zuversicht, das geplante Ziel Liverpool sicher erreichen zu können. Später berichteten Zeitzeugen, dass die Stimmung an Bord des luxuriösen Dampfers dennoch angespannt gewesen sein soll – auch wenn die Überfahrt bis zum Erreichen der Britischen Inseln zunächst vollkommen ereignislos verlief. In der Nacht vom 6. auf den 7. Mai sollen es dann einige Passagiere vorgezogen haben, an Deck, in der Nähe der Rettungsboote, zu schlafen.

Alle hatten spätestens seit dem Sinken der *Titanic* verinnerlicht, wie überlebensnotwendig es war, einen Platz im Rettungsboot zu ergattern.

Um die Mittagszeit des 7. Mai 1915, die *Lusitania* befand sich kurz vor der Südwestküste Irlands, Land war bereits in Sicht, erreichte den Kapitän dann eine Meldung der Londoner Admiralität, dass in den Gewässern vor Irland deutsche U-Boote kreuzen würden. Trotzdem kehrte das Schiff nicht um, sondern steuerte weiterhin auf Großbritannien zu. Und das – aufgrund der Nähe zum Land – weder im empfohlenen Zick-Zack-Kurs noch in der angeratenen Geschwindigkeit. Wenig später, um 15:10 Uhr wurde die *Lusitania* von einem Torpedo des deutschen U-Boots *U 20* an der Steuerbordseite getroffen. Der Dampfer bekam sofort Schlagseite. Kurz darauf fiel der Strom aus. Die panischen Menschen irrten durch die dunklen Gänge, trampelten sich nieder, Fahrstühle wurden zu tödlichen Fallen. Besonders dramatisch: Die Kinder aßen zu der Zeit getrennt von ihren Eltern in einem weiter unten liegenden Deck, sodass sie kaum eine Chance auf Rettung hatten. Innerhalb von 20 Minuten ging das Schiff unter und riss dabei noch viele im Wasser um ihr Überleben kämpfende Menschen mit sich in die Tiefe.

Erst nach vier Stunden erreichten die ersten Rettungsboote die Unglücksstelle. Von den 1959 Menschen an Bord überlebten nur 761. Von den 129 Kindern schafften es nur 35. Von insgesamt 159 mitreisenden Amerikanern starben 128 – unter anderem der bekannte Broadway-Theaterdirektor Charles Frohman und der Geschäftsmann und Multimillionär Alfred Vanderbilt. Frohman wollte in London nach neuen Schauspieltalenten suchen, Vanderbilt wollte ebenfalls in die britische Hauptstadt, um dort den Vorsitz eines Pferdezüchterkongresses zu führen. Ich habe einen Bericht gefunden, nach dem er und sein Diener sehr vielen Frauen und Kindern in die Rettungsboote geholfen hätten. Immer wieder soll Vanderbilt, obwohl er selbst nicht schwimmen konnte, seinem Diener zugerufen haben, er solle weiter nach Kindern suchen. Auch als ein Steward ihn dringlichst ermahnte, endlich in ein Rettungsboot zu steigen, ehe es zu spät sein würde, half er ungerührt weiter. Kurz darauf wurden der 37-jährige Millionär und sein Diener von einer Welle erfasst. Ihre Leichen wurden nie gefunden.

Am nächsten Morgen las Hedda die riesige Schlagzeile in der *New York Times*: »Versenkung der *Lusitania* durch ein U-Boot, wahrscheinlich 1000 tot; zweimal torpediert vor der irischen Küste; in 15 Minuten gesunken; Amerikaner an Bord, unter anderem Vanderbilt und Frohman; Washington glaubt, dass eine schwere Krise bevorsteht.« Und das glaubte Hedda nun auch ... Obwohl der damalige Präsident Woodrow Wilson versprochen hatte, dass die USA neutral bleiben würden, rechneten die meisten nun mit einem Kriegseintritt. Für Hedda war es eine schreckliche Vorstellung: ihre neue Heimat im Krieg mit ihrer alten. Amerikanische Soldaten im Kampf gegen ihren Bruder Fritz. Warum? Für was? Und auf welcher Seite würde sie in einem solchen Fall stehen?

Voller Anspannung erwartete Hedda jeden Morgen die neueste Ausgabe der *New York Times*. Sie las, dass Präsident Wilson über diesen schlimmsten Akt von »Seeräuberei in der Geschichte der Menschheit« getobt hatte. Drei Noten soll er nach Berlin geschickt haben, in denen er die deutsche U-Boot-Kriegspolitik auf das Schärfste verurteilte. Heute behaupten einige kritische Stimmen, dass die britische Regierung und der damalige Marineminister Winston Churchill den Abschuss der *Lusitania* bewusst in Kauf genommen hätten, um die USA zum Kriegseintritt zu bewegen. Tatsächlich diskutierte die amerikanische Regierung intensiv darüber, wie sie vorgehen sollte, hielt dann aber vorerst doch an ihrer Neutralität fest.

Dafür kippte nun spürbar die Stimmung gegenüber den deutschen Einwanderern. Plötzlich waren Hedda und ihre Landsleute massiven Anfeindungen ausgesetzt. Sie wagten es kaum noch, auf der Straße Deutsch zu sprechen oder deutsche Bücher zu lesen, um nicht den Groll der amerikanischen Bürger auf sich zu ziehen. Gleichzeitig wuchs die Sorge um ihre in Deutschland lebenden Familien. Die schrieben in ihren Briefen von Hunger und Elend, während man in amerikanischen Geschäften weiterhin vor vollen Auslagen stand. Es war eine Zeit größter innerer Zerrissenheit für die Einwanderer.

Der Jahreswechsel 1916/1917 ging als sogenannter Steckrübenwinter in die deutsche Geschichte ein. Da die Kartoffelernte weit hinter den Erwartungen zurückgeblieben war, mussten die Deutschen sich mit kalorienärmeren Steckrüben aushelfen. Viele Menschen magerten bis auf die Knochen ab, die Sterblichkeit stieg massiv an, bei Kindern sogar um fünfzig Prozent. Wobei Hedda sich damit tröstete, dass es ihrer Familie noch einigermaßen gut gehen müsste, weil sie in Nedlitz Hühner hielten und in dem großen Garten Obst und Gemüse anbauen konnten. Jeden Tag hoffte Hedda darauf, in der Zeitung die Meldung zu entdecken, dass sich endlich ein Ende dieses Krieges mit seinem sinnlosen Sterben an den Fronten und im Innenland abzeichnete. Doch es wurde nur noch schlimmer.

Trotz der deutlichen amerikanischen Drohungen nach dem Abschuss der *Lusitania* erklärte das Deutsche Reich auf Befehl des Kaisers am 1. Februar 1917 den uneingeschränkten U-Boot-Krieg. Das bedeutete, dass deutsche U-Boote fortan auch Handels- oder Passagierschiffe aus neutralen Staaten ohne jede Vorwarnung versenken würden. Das verstanden die Amerikaner als direkte Drohung und Bedrohung, was die Diskussion um eine Kriegsteilnahme der USA noch einmal neu entfachte. Dass die deutschen Machthaber diese in Kauf nahmen, beweist, dass sie die Schlagkraft der US-Armee ganz offenbar unterschätzten. Kurz darauf, am 25. Februar 1917, torpedierte ein deutsches U-Boot erneut einen großen britischen Passagierdampfer auf seinem Weg von New York nach Liverpool: die *Laconia*.

Angesichts der angespannten Situation hatten sich glücklicherweise nur sehr wenige Menschen auf die transatlantische Reise begeben, überwiegend Geschäftsleute und Militärangehörige. Obwohl die *Laconia* Platz für 2850 Passagiere und 300 Besatzungsmitglieder bot, waren zum Zeitpunkt ihres Beschusses nur 75 Menschen an Bord, von denen sechs Crew-Mitglieder und sechs Gäste starben – darunter die beiden Amerikanerinnen Mary und Elizabeth Hoy aus Chicago. Sie hatten sich trotz der Warnungen und Bitten ihrer britischen Familienangehörigen, in Amerika zu bleiben, auf diese Fahrt begeben. Wahrscheinlich wegen eines Verwandtschaftsbesuchs, den sie nicht weiter aufschieben wollten. Einer der Überlebenden schilderte später, dass die beiden Damen es nach dem Beschuss sogar noch in das Rettungsboot geschafft hatten: »Bis zu den Knien im eiskalten Wasser unterstützte die Tochter zwei Stunden lang tapfer ihre alte Mutter und rief ihr aufmunternde Worte zu. Beide waren von Anfang an stark seekrank, was zusammen mit der Kälte und der Ausgesetztheit allmählich ihren Mut verringerte. Sie waren tapfere Frauen. Frau Hoy starb in den Armen ihrer Tochter. Ihr Körper glitt aus den geschwächten Armen ihrer Tochter ins Meer. Die untröstliche Tochter erlag wenige Minuten später, und ihr Körper fiel über die Bordwand, als wir von den riesigen Wellen hin und her geworfen wurden.«

Ein anwesender amerikanischer Journalist berichtete ausführlich über dieses Unglück. Als Hedda davon las, ahnte sie, was folgen würde: ein Aufschrei der Empörung über das skrupellose Vorgehen der Deutschen. Diesmal gingen sogar Amerikaner auf die Straße, um für einen Kriegseintritt zu demonstrieren. Auch Präsident Wilson forderte lautstark dazu auf, das Leben amerikanischer Bürger auf hoher See notfalls mit Waffengewalt zu schützen. Mit Parolen wie »Halt the Hun!« (»Haltet die Hunnen auf!«) warb die Regierung für Kriegsanleihen in der Bevölkerung.

Deutschamerikaner wie Iwan oder Hedda – auch Menschen, denen man aufgrund bestimmter äußerer Merkmale eine deutsche Herkunft unterstellte – wurden nicht mehr nur beschimpft, sondern nun auch bedroht oder sogar angegriffen. Als die USA am 6. April 1917 in den Krieg eintraten, wurde vielerorts der Deutschunterricht in Schulen verboten, deutsche Bücher wurden verbrannt, deutsche Straßen und sogar deutsche Gerichte umbenannt. Aus *Sauerkraut* wurde *Liberty Cabbage*, aus dem *Hamburger* das *Liberty Sandwich*. In Illinois kam es zu einem Lynchmord an einem deutschen Bergarbeiter, nachdem man ihm nach einem Streit mit Kollegen eine zu große Deutschenfreundlichkeit vorgeworfen hatte. Eine aufgebrachte Menschenmenge von 350 Personen (!) soll den 45-Jährigen durch den Ort getrieben und an einem Baum aufgeknüpft haben.

Die Situation wurde für Hedda immer belastender: diese antideutsche Hysterie, der Krieg, die ständige Sorge um Freunde und Familie in Europa. Hedda wusste, dass ihr Bruder Fritz zuletzt in der Schlacht um Verdun gekämpft hatte, eine der blutigsten Gefechte des Ersten Weltkriegs. 305 000 Männer galten danach als tot oder vermisst, 400 000 waren verwundet worden. Als wochenlang keine Nachricht von Fritz eintraf, rechnete die Familie schon mit dem Schlimmsten. Umso größer war die Erleichterung, als irgendwann ein zerknitterter Brief eintrudelte, in dem er schrieb, dass er in britische Gefangenschaft geraten sei. Damit stand er zumindest nicht mehr im Kampfgeschehen. Aber keiner wusste, was eine Kriegsgefangenschaft bedeutete. Hedda war in ständiger Sorge. Obendrein fand sie heraus, dass Iwan eine Affäre mit einer Frau aus der jüdischen Gemeinde begonnen hatte. Als sie ihn damit konfrontierte, reagierte er laut und ungehalten. Iwan schien von seiner Frau, die so gar nicht nach seinen Vorstellungen leben wollte, nur noch genervt zu sein. Sie tröstete sich daraufhin mit einem Geschäftsmann aus Philadelphia, den sie auf einer ihrer Konzertreisen kennengelernt hatte, was dann am 31. Juli 1917 für eine peinliche Schlagzeile ausgerechnet in Heddas Lieblingszeitung, der *New York Times*, sorgte: »Verhaftung in einer Entfremdungsklage. William Stratton, angeblich ein wohlhabender Kaufmann aus Philadelphia, wurde gestern Nachmittag von Deputy Sheriff Eisenstein verhaftet, als er am Pennsylvania-Bahnhof aus einem Zug stieg. Es ging um eine 50 000-Dollar-Klage von Iwan Burger, einem Provisionshändler in der Hudson Street 105, wegen Entfremdung von Mrs. Hedda Burger. Stratton war nicht in der Lage, eine Kaution zu hinterlegen, und wurde in das Gefängnis in der Ludlow Street gebracht, obwohl er nach eigenen Angaben in der Lage gewesen wäre, eine Kaution in der erforderlichen Höhe zu hinterlegen, wenn er zu Hause gewesen wäre. Burger, der in der 116 West 78 Street wohnt, brachte seine Klage gegen Stratton ein, nachdem er am 8. Mai ein Zimmer in der West 78 Street durchsucht hatte und Stratton und Frau Burger zusammen angetroffen hatte. Er reichte die Scheidung ein und erhielt im Juni von Richter Tierney vom Obersten Gerichtshof ein entsprechendes Urteil. Burger, der den stellvertretenden Sheriff zur Pennsylvania Station begleitete, um Stratton zu identifizieren, sagte, er habe seine Frau dort gesehen, die auf Strattons Ankunft wartete, aber bevor sie Stratton begrüßen konnte, wurde er verhaftet und abgeführt.«

Arme unglückliche Hedda! Unmittelbar nach ihrer Scheidung heiratete Iwan seine Affäre. Und da war Eile auch geboten – die Dame war nämlich zu seiner großen Freude bereits schwanger ... Umso erstaunlicher finde ich es, dass sich Briefe aus den Fünfzigerjahren finden lassen, die auf ein sehr enges und harmonisches Verhältnis zwischen Hedda und Iwan hindeuten. Trotz aller Querelen und Dramen, die offenbar mit ihrer Trennung einhergegangen waren, hatten die ehemaligen Eheleute geschafft, was nur wenigen gelingt: Sie hatten ihren Streit beigelegt und sich freundschaftlich genähert. Einmal scheint Iwan mit seiner Frau sogar Louis und Hedda in Berlin besucht zu haben. Und später, als Hedda allein und mittellos lebte, schickte er ihr Carepakete aus New York. Einer Freundin, die Jahre später nach ihrer gescheiterten Ehe fragte, schrieb Hedda: *Liebe Marusch, Du frugst mich mal – ob ich bereue – Iwan – geheiratet zu haben. Wie kommst du darauf? Um Himmelswillen, nein, er war ein guter, sehr aufmerksamer Ehemann, durch ihn lernte ich Amerika von einem Ende zum anderen kennen, vom Atlantik zum Pazifik und weiter, Canada, Mexiko, Norwegen, Dänemark etc. etc. Unsere Freundschaft hielt aus bis zu seinem Tode allzu früh. Nur seine Nerven waren Schuld, sonst war er eine Seele von Mensch. Erde werde ihm leicht. Er hat nur gearbeitet und gearbeitet, sich wenig selbst gegönnt, immer nur an andere Menschen gedacht.* Das klingt nicht nach einer nachtragenden Ex-Ehefrau ...

Heddas Familie hoffte, dass ihr Nesthäkchen nach dem Scheitern der Ehe und dem hoffentlich baldigen Ende des Krieges nach Deutschland zurückkehren und sich dort einen neuen Mann suchen würde – immerhin war Hedda bereits

Ende zwanzig. Die Schwestern hielten sogar schon Ausschau nach geeigneten Kandidaten. In jedem Brief schmiedeten sie gemeinsame Zukunftspläne für die Zeit, wenn sie alle wieder vereint sein würden. Allerdings war Hedda gar nicht so überzeugt von den Plänen ihrer Familie. Sie wollte ihre Familie zwar unbedingt wiedersehen und konnte es kaum erwarten, ihre Schwestern, ihre Mutter und Lieselotte in die Arme zu schließen. Und vielleicht sogar ihren Bruder Fritz! Aber sie war sich nicht sicher, ob sie Amerika wirklich verlassen wollte. Trotz aller Widrigkeiten: Sie mochte New York. In einem Interview sagte sie einmal: *Ich bin viel in Europa und im Ausland gereist, aber meine Lieblingsstadt ist und bleibt New York ... Die große, kolossale Stadt, mit ihren großen Schildern und Geschäften, den eiligen Menschen, die nach ihren Lebenschancen greifen, den aufgeschlossenen Menschen, den schönsten, klügsten Mädchen der Welt, den nettesten, höflichsten Menschen, hat immer einen großen Eindruck auf mein kleines Gemüt gemacht.* Außerdem hatte sie sich hier eine Karriere aufgebaut. Mittlerweile wurde sie trotz ihrer deutschen Herkunft sehr regelmäßig für hochkarätige Veranstaltungen im ganzen Land gebucht, auf denen sie sehr erfolgreich Wagner und diverse italienische Opern sang. Ihr Italienischlehrer hatte seinen Job offenbar gut gemacht. Und Hedda genoss die Momente auf der Bühne. Den Jubel. Die Aufmerksamkeit. Das Scheinwerferlicht. Nur wenn sie sang, hatte sie das Gefühl, am richtigen Ort und auf dem richtigen Weg zu sein. Nicht immer in der Warteposition. Nicht in ständiger Abhängigkeit von einem Mann oder positiven Nachrichten in der Zeitung. Die ganze Welt erschien ihr als Baustelle. Ihr Liebesleben war seit der Trennung eine Katastrophe. Aber beruflich – da lief es! Sollte sie das aufgeben? Wer weiß, wie gefragt sie in Deutschland sein würde? Sicher würde es eine Weile dauern, bis die Veranstalter ihren

Namen kannten und sie für Auftritte buchten. Falls sie das überhaupt jemals taten ... Es war ein Risiko. Und Hedda war sich nicht sicher, ob sie es eingehen sollte. Daher kann man sich vorstellen, was es für sie bedeutete, als ihre Karriere 1918 schlagartig ins Stocken geriet.

In den USA war eine merkwürdige Krankheit ausgebrochen, an der sehr viele Menschen starben: Wir nennen sie heute die Spanische Grippe. Viele Medizinhistoriker gehen davon aus, dass der Influenza A-Virus H1N1 im ländlichen Kansas zum ersten Mal von einem Schwein oder Geflügel auf den Menschen übertragen worden war. Allerdings waren damals Viren als Krankheitserreger noch nicht bekannt. Die Menschen waren daher erst einmal vollkommen ratlos, einige befürchteten sogar, die Pest sei zurückgekehrt – eine Art Lungenpest.

Es begann damit, dass ein örtlicher Landarzt im Frühjahr 1918 eine auffällige Häufung von Grippe-Infektionen an den Öffentlichen Gesundheitsdienst meldete – und nie eine Antwort bekam. Der erste offizielle Patient war dann ein Koch des Armeestützpunkts Fort Riley in Kansas. Er hatte im März über Fieber, Husten, Kopf- und Gliederschmerzen geklagt – und binnen weniger Tage Hunderte Kameraden angesteckt. Dieser mysteriöse Infekt verbreitete sich rasend schnell – erst an dem Stützpunkt, der als einer der größten des Landes galt, dann im Krankenhaus, in dem die Betroffenen behandelt wurden, danach in den angrenzenden Schulen und schließlich in der ganzen Welt. 2005 konnten Forscher nachweisen, dass sich das H1N1-Virus hundert Mal schneller im Gewebe vermehrt als normale Grippeviren. Und in einer Zeit, in der durch den Krieg so viele Menschen durch die Welt transportiert wurden wie noch nie zuvor in der Geschichte, erreichte es bald jeden Winkel. Wahrscheinlich gelangte das Virus mit den amerikanischen Truppenbewegungen nach Europa. Die amerikanischen Soldaten nannten die mysteriöse Krankheit »Three-day fever« (»Dreitagefieber«), »Knock-me-down-fever« (»Hau-mich-um-Fieber«) oder – wegen der durch die Luftnot bedingten Hautverfärbungen – »Purple death« (»Lila Tod«). Für die Deutschen war sie – nach dem Ort des ersten Auftretens benannt – das »Flandern-Fieber«. Und erst nach der schlagzeilenträchtigen Erkrankung des spanischen Königs Alfons XIII. wurde die Krankheit zur »Spanischen Grippe«. Sie verlief – genau wie Corona – in drei großen Wellen. Die erste verlief noch relativ mild. Beim Auftreten der zweiten Welle, etwa ab Spätsommer 1918, hieß es plötzlich: »Morgens krank und abends tot.« Heutige Hochrechnungen legen nahe, dass in der ersten Welle zehn Prozent aller Opfer der Spanischen Grippe starben, in der zweiten 64 Prozent und in der dritten 26 Prozent.

Hedda erzählte später, dass überall in New York Notfallzentren errichtet worden waren, um das Infektionsgeschehen besser überwachen zu können. Die Mitarbeitenden trugen Gesichtsmasken, wie sie während der Coronapandemie Pflicht waren. Man nannte sie flapsig »Maulkörbe«, »Keimschilde« oder »Schmutzfänger«. Doch nicht alle verstanden den Sinn dieser Masken aus Gaze oder Käsetuch. Manche Leute schnitten sich Löcher hinein, um weiterhin ihre Zigarren rauchen zu können. Banditen benutzten sie, um Banken auszurauben. Hedda fand, dass sie den Menschen eine schweineähnliche Schnauze verpassten. Die Gesundheitsbehörde rief die New Yorker dennoch dazu auf, die Masken zu tragen. »Better ridiculous than dead«, lautete ihr Motto. Dennoch starben sehr viele Menschen – eines ihrer frühen Opfer war der deutschstämmige Frederick Trump, Großvater eines späteren Präsidenten.

Die Ärzte waren ratlos. Sie behandelten versuchsweise mit Aspirin, Arsen, Heroin, Morphium, Quecksilber und Strychnin, ohne den gewünschten Erfolg zu erzielen. Um die Ausbreitung zu stoppen, schloss man an vielen Orten die Bars, Saloons, Restaurants, Theater und Schulen. In New York ließ man die Schulen geöffnet – weil man glaubte, dass es dort für die Kinder sicherer sei als in den überfüllten Wohnungen ihrer Familien. Zudem hoffte man, über die Schülerinnen und Schüler viel schneller das neueste Wissen in die Bevölkerung tragen zu können. Schließlich las nicht jeder New Yorker eine Zeitung. Und dass Schulkinder ohnehin nicht zur Gruppe der besonders gefährdeten Personen gehörten, hatte man bereits beobachtet. Es starben vor allem Babys und Kleinkinder unter fünf Jahren, über 70-Jährige und ausgerechnet die robuste Gruppe von Menschen in der Lebensmitte zwischen 20 und 40. Also genau in dem Alter, in dem Hedda, aber auch die meisten Soldaten waren. Auf Wikipedia liest man, dass die US-Armee genauso viele Soldaten durch die Grippe wie durch die Kampfhandlungen im Ersten Weltkrieg verlor – etwa 675 000. Weltweit sollen ihr Schätzungen zufolge im Zeitraum von 1918 bis 1920 zwischen zwanzig und hundert Millionen Menschen erlegen sein. Sie gilt noch heute als eine der schwersten Seuchen in der Geschichte. Der Schriftsteller Stefan Zweig schrieb damals in sein Tagebuch: »In der Stadt die Grippe in entsetzlichem Maße. Eine Weltseuche, gegen die die Pest in Florenz oder ähnliche Chronikengeschichten ein Kinderspiel sind. Sie frißt in Europa täglich 20 000 bis 40 000 Menschen weg.« Wie geplagt müssen sich die Menschen in Deutschland gefühlt haben? Erst der Krieg, dann der Hunger, dazu noch diese lebensbedrohliche Grippe – und am 11. November 1918 dann der nächste Schock: Es wurde das Kriegsende mit der Niederlage Deutschlands und Österreich-Ungarns verkündet. Über all die Jahre hatte die Regierung die Menschen glauben lassen, das Heer sei siegreich und der Sieg stünde unmittelbar bevor. Niemals hatten die Menschen mit einer Niederlage gerechnet. Es kam zu Aufständen, in deren Folge der Kaiser abdankte und sich ins Exil absetzte. Etwa acht Millionen zum Teil schwer traumatisierte Soldaten mussten wieder in die Gesellschaft eingegliedert werden. Hunderttausende waren zu Invaliden geworden und saßen nun zitternd und bettelnd mit ihren Blechbüchsen am Boden im Schnee, weil ihnen zum Stehen die Kraft fehlte. In der Bevölkerung herrschten Chaos, Armut und Hunger.

Das Sterben in den Schützengräben hatte zwar ein Ende, aber auf den Straßen, in den Lazaretten und Krankenhäusern ging es jetzt erst richtig los – die zweite Welle der Spanischen Grippe erreichte ihren Höhepunkt. Und die ohnehin geschwächten Menschen waren ihr schutzlos ausgeliefert. Masken waren in Deutschland kaum verbreitet. Viele Ärzte verspotteten sie als mittelalterliche Maßnahme der Pestbekämpfung. Und die Auffassung, dass sich dieser unbekannte Krankheitserreger über die Luft übertrug, führte dazu, dass viele ihre Fenster schlossen, anstatt an die frische Luft zu gehen. Mittlerweile kannte fast jeder jemanden, der an dieser Grippe gestorben war. Die Ärzte sagten, dass die Menschen durch die Blut- und Wasseransammlungen in der Lunge »innerlich ertrinken« würden. Die Krankenhäuser waren dermaßen überfüllt, dass selbst Schwerkranke nicht mehr aufgenommen werden konnten. Es war ein grausames Sterben.

Und diesmal traf es auch Heddas Familie. Ihr Schwager, Franziskas zweiter Ehemann, *den Unteroffizier vom Flackzug 134, Architekt Ernst Wilhelm Schmidt, wohnhaft in der Berliner Joachim-Friedrich-Straße 53*, starb am 21. Januar 1919 mit nur 43 Jahren an den Folgen seiner Grippeerkrankung. Franziska, die im selben Alter war wie ihr Mann, hatte sich zwar ebenfalls angesteckt, die Infektion aber gut überstanden.

Abermals musste Hedda aus der Ferne bangen, während sie sehnsüchtig darauf wartete, dass in ihrem Leben wieder Normalität eintrat. Doch stattdessen folgte eine weitere Katastrophe. Hedda erreichte die Nachricht, dass ihr ältester Bruder Joseph in Niederländisch-Indien bei einem Unfall tödlich verunglückte. Gerade als er seine sechs Kinder auf der anderen Seite des Sees zur Klosterschule bringen wollte, setzte ein heftiger Sturm ein und hatte sein Boot kentern lassen. Alle waren ertrunken, jede Hilfe zu spät gekommen. Hedda und ihre Familie waren untröstlich. Nun waren beide großen Brüder dahingegangen. Und keiner wusste, ob es Fritz, der Jüngste, zurück nach Hause schaffen würde. In seinen Briefen hatte er geschrieben, dass er seit seiner Zeit im Schützengraben gesundheitlich schwer angeschlagen sei.

Hedda saß währenddessen in New York fest. Es war mehr als offensichtlich, dass sie Deutschland genau zum richtigen Zeitpunkt verlassen hatte. Sie litt zwar darunter, dass sie durch die Grippe nicht mehr so häufig auftreten konnte, aber ansonsten hatte sie nicht viel auszustehen. Zusammen mit den Schwestern beriet sie darüber, ob man zumindest versuchen sollte, die Schwächsten der Familie, also die Mutter oder Nesthäkchen Lieselotte, zu ihr nach Amerika zu schicken. Aber weil alle unbedingt auf die Rückkehr von Fritz warten wollten, ließen sie den Gedanken schließlich fallen. Sie hofften einfach, dass die Zeiten bald wieder besser werden würden.

Und tatsächlich deutete sich bald der erste Schritt in eine erfreulichere Zukunft an: Fritz hatte geschrieben, dass er zeitnah aus der britischen Kriegsgefangenschaft entlassen werden sollte. Mama Seithen, Frieda und Lieselotte konnten es kaum erwarten und bastelten in freudiger Erwartung seiner Rückkehr eine Girlande, die quer über die Tür gehängt wurde. In der Mitte baumelte ein Schild: »Herzlich willkommen!« Alle hofften, dass Fritz, der Sonnenschein, der früher alles geregelt und in Ordnung gebracht hatte, es auch diesmal schaffen würde, die Familie wiederaufzurichten. Doch aus dem lebenslustigen Fritz war nach den schlimmen Kriegserfahrungen ein in sich gekehrter, gebrochener Mann geworden, der unter schwerem Gelenkrheumatismus und einem schwachen Herzen litt. Schon die wenigen Schritte über den Hof zum Haus hin hatten einen Kraftakt für ihn bedeutet. Er keuchte, als wäre er einen Marathon gerannt. Und seiner Frau Frieda ging es sogar noch schlechter. Bei ihr hatte eine Grippeinfektion die Lunge irreparabel geschädigt. Seitdem litt sie ständig unter starker Luftnot, sodass ihre Lippen sich schon bei kleinsten Anstrengungen blau färbten.

Die Wunden, die Grippe und Krieg in Heddas Familie und der gesamten deutschen Bevölkerung hinterlassen hatten, schienen unheilbar. Und der Friedensvertrag von Versailles, den Deutschland am 28. Juni 1919 unterschreiben musste, zerstörte auch die letzte Hoffnung, dass sich die Situation für sie zeitnah verändern würde. In dem Vertrag hatte Deutschland sich verpflichtet, hohe Reparationszahlungen an die Siegermächte zu leisten. Frankreich und Großbritannien wollten, dass die Deutschen für alle durch den Krieg entstandenen Kosten und Schäden aufkamen: 132 Milliarden Goldmark sollte das durch den Krieg vollkommen ausgezehrte Land zahlen. Dazu Vieh, Kohle und Eisenbahnen abgeben – eben alles, womit die eigene Wirtschaft wieder hätte angekurbelt werden können. Zudem sollten Gebiete sowie die Kolonien abgetreten werden. Deutschland und seine Verbündeten mussten die alleinige Kriegsschuld anerkennen und alle schweren Waffen, Panzer, Flugzeuge, Schiffe und U-Boote abgeben. In Zukunft durfte Heddas alte Heimat nur noch ein kleines Heer mit höchstens 100 000 Soldaten führen. Die Bevölkerung war entsetzt. Die Menschen demonstrierten mit Schildern wie »Danzig bleibt unser!« oder »Gegen den Gewaltfrieden!« auf dem Pariser Platz, genau zwischen dem Adlon und dem Brandenburger Tor.

Ein dunkler Schatten hatte sich über das ganze Land und auch die Familie Seithen gelegt. Umso mehr wünschten sich alle, dass Hedda endlich aus Amerika zurückkäme. Die Lichtgestalt, die von sämtlichem Ungemach verschont geblieben war. Die strahlend schöne und erfolgreiche Opernsängerin aus New York. Tatsächlich suchte Hedda nun, da der Krieg vorbei war, nach einer Möglichkeit, nach Europa zu reisen. Aber wie die meisten Schiffe war auch die *Amerika* inzwischen zu einem Truppentransporter für die amerikanischen Soldaten umfunktioniert worden. Ebenso war die *Imperator* als Teil der deutschen Reparationsleistungen an die US-Armee übergeben worden. An ein bequemes Reisen war noch nicht zu denken. Obendrein blieb die Situation in Deutschland besorgniserregend unübersichtlich.

Erst im November 1919 findet sich in Heddas Unterlagen wieder eine Reise nach Europa. Allerdings keine private ... Zum ersten Mal war sie für eine Konzertreise außerhalb Amerikas gebucht worden! Hedda platzte beinahe vor Stolz – ein Konzert in Übersee, und das nach dieser längeren Zwangspause! Mit dreißig Jahren sah sie sich am Ziel ihrer Träume und Bemühungen, sie war nun eine international gefeierte Sängerin. Endlich konnte sie das Rampenlicht, ihre Freiheit und das Leben ihres amerikanischen Traums wieder genießen! Und im Anschluss an ihre Tournee durch Dänemark und Norwegen würde sie nach fast sechs Jahren ihre Familie treffen. Vor allem in die kleine freche Lieselotte soll sich Hedda verliebt und sie gleich zärtlich *ihr Lieseputtchen* genannt haben. Sie lachte über die Experimentierfreude und den Ideenreichtum der Kleinen, die ihrer Großmutter regelmäßig Streiche spielte. So hatte sie über Wochen mehrmals deren Lesezeichen ein paar Seiten zurückgelegt, woraufhin die sich jedes Mal in ihrem rheinischen Dialekt wunderte: »Dat han isch doch schon mal jelesen.«

Fortan reiste Hedda häufiger nach Deutschland, eigentlich wann immer es ihr Terminplan zuließ. Meist buchte sie sich – jetzt, da es endlich wieder möglich war – für die Überfahrten eine Kabine in der ersten Klasse, was vermuten lässt, dass Iwan sie großzügig abgefunden haben musste. Es ist nicht anzunehmen, dass sie mit dem Singen so viel verdiente, dass sie sich einen solchen Lebensstil hätte leisten können. Und bei jedem ihrer Besuche stellten ihre Schwestern Agnes und Franziska Hedda gut situierte Herren der besseren Berliner Gesellschaft vor, in der Hoffnung, dass einer das Herz ihrer eigenwilligen kleinen Schwester erobern würde. Doch die dachte gar nicht daran, sich von irgendwem erobern zu lassen. »Heiraten? Nie wieder!«, erklärte sie bestimmt. Denn: Wozu brauchte sie einen Mann? Mit dreißig fand sie sich ohnehin deutlich zu alt, um noch Mutter zu werden. Stattdessen kümmerte sie sich bei ihren Besuchen lieber um die kleine Lieselotte, ihr Lieseputtchen, das von der ganzen Familie noch mehr verwöhnt wurde, seit ihre Mutter Frieda die meiste Zeit in Heilanstalten verbrachte. Außerdem versuchte Hedda, ihrem Bruder Fritz wieder auf die Beine zu helfen, dem durch die Krankheit seiner Frau und die Betreuung der lebhaften Lieselotte lange die Energie gefehlt hatte, über eine neue berufliche Unternehmung auch nur nachzudenken. Da er mit seiner Schwester die Begeisterung für alles Motorisierte teilte, kaufte er schließlich – mit der finanziellen Unterstützung der beiden älteren Schwestern – ein großes Grundstück in Berlin, auf dem er eine Autowerkstatt eröffnen wollte. Fritz war ein Autonarr. Genau wie Hedda, mit der er bei ihren Besuchen lange Spritztouren unternahm.

Wann immer Hedda in Berlin auftauchte, rückte die Familie eng zusammen. Diese Liebe und das Einstehen füreinander gaben allen die Kraft, die Widrigkeiten der unmittelbaren Nachkriegsjahre zu überstehen. Als ihre Schwestern Hedda einluden, den Jahreswechsel 1920/1921 gemeinsam in Neu Fahrland zu verbringen, sagte Hedda sofort zu. Sie kannte ihre feierlustige Familie und freute sich auf eine heitere Silvesterfeier. Außerdem wollte sie alte Freundinnen besuchen, weshalb sie diesmal einen längeren Aufenthalt plante. Voller Vorfreude packte Hedda ihre Koffer – und ahnte nicht, dass diese Reise ihr Leben für immer verändern würde.

5

Neu Fahrland, 26. April 1945

Als Hedda aus der Villa Adlon trat, um sich auf die Suche nach Louis zu begeben, wurde ihr doch ein wenig mulmig. Es roch nach Qualm. Über ganz Neu Fahrland schien sich eine Dunstwolke gelegt zu haben. Zwar wirkten die gegenüberliegenden Häuser unversehrt, aber es wehten Papierschnipsel und anderer Unrat über die kleine Anliegerstraße. Hedda seufzte. Was hatte sie schon für eine Wahl? Die Vorstellung, dass ihrem geliebten Mann womöglich die Kraft fehlte, um nach Hause zu laufen, und er irgendwo am Straßenrand saß oder dass die Russen ihn weiterhin – zu Unrecht! – festhielten, trieb sie vorwärts. Auch wenn sie noch nicht genau wusste, wohin die Soldaten ihn verschleppt hatten, sie musste ihn suchen. Aber wie soll Konfuzius gesagt haben? »Ein Weg entsteht, wenn man ihn geht.« Hedda beschloss, zuerst einmal das naheliegendste Ziel anzusteuern: die Kaserne in Krampnitz. Zumal sie ja beobachtet hatte, wie das Fahrzeug mit Louis in diese Richtung abgebogen war. Also schlug sie ihren Mantelkragen hoch, zog ihren Hut tief ins Gesicht und lief los.

In ihrer sonst so gepflegten Wohngegend herrschten geradezu apokalyptische Zustände. Überall lagen zertrümmerte Möbel, Koffer, Decken und Kleidungsstücke. Schmutzige Gardinen flatterten im Wind. Hedda wurde schließlich auf etwas Langgezogenes, Dunkles aufmerksam, das sich an das Mäuerchen eines kleinen Hauses zu schmiegen schien.

Als Hedda näher herantrat, stockte ihr der Atem. In all dem Durcheinander lag ein toter Mann mit silbergrauem Haar. Ihr Herz raste, als sie sich vorsichtig über ihn beugte – und es schüttelte sie vor Erleichterung, als sie feststellte, dass es nicht Louis war und auch niemand aus der Nachbarschaft, niemand, den sie kannte. Betroffen wandte sie den Blick ab. Hedda fragte sich, wie der Mann wohl gestorben war. Und warum er hier lag – in ihrer Straße. Vor allem aber schmerzte es sie, dass ein Mensch, der doch sicher zu einer Familie gehörte, einen Lebensalltag hatte, der gewisse Dinge wusste und konnte, einfach wie Müll entsorgt wurde. Bedeutete ein Leben gar nichts mehr? Waren Tote nur noch anonyme Zahlen einer Statistik? Bestimmt wurde dieser Mann irgendwo von irgendwem vermisst. Was war aus den Menschen geworden, dass sie sich nicht einmal mehr um die Verstorbenen kümmerten? Hedda dachte an die vielen Soldaten, die namenlos auf irgendwelchen Äckern, in irgendwelchen Wäldern tot lagen. Es waren einfach zu viele. Und so wie es in der Ferne donnerte, hörte das Sterben noch immer nicht auf.

Heddas Schritte waren schwer. Je näher sie der großen Straße kam, desto wüster wurde der Anblick, der sich ihr bot, desto strenger der Geruch. Schon in den vergangenen Wochen hatte Hedda, die alle Tiere sofort ins Herz schloss, bei jedem Pferd, das auf der Flucht vor Entkräftung zusammengebrochen war, mitgelitten. Jetzt sah sie, wie sie im Gespann ihrer umgestürzten Wagen von Menschen zerlegt wurden, weil Fleisch rar und der Hunger zunehmend größer wurde. Die älteren Kadaver lagen aufgequollen daneben – und stanken widerlich. Immer wieder entdeckte Hedda Leichen am Straßenrand. Sah eine aus der Distanz wie Louis aus, durchlebte sie jedes Mal ein schreckliches Wechselbad der Gefühle.

Aus sämtlichen Richtungen strömten die Menschen achtlos an den Toten vorbei. Viele schleppten schwere Körbe, Taschen und Koffer, einige zogen schwer beladene Handwagen hinter sich her. Sobald ein Fahrzeug nahte, sprangen alle zur Seite – schließlich war sich keiner sicher, ob der Fahrer für die zu Fuß Gehenden bremsen oder ausweichen würde. Einige der toten Körper, die neben zertrümmerten Wagen, zerbrochenen Kannen und aufgeplatzten Säcken, aus denen Hafer oder Mehl quoll, lagen, ließen vermuten, dass auf die Menschen eher keine Rücksicht genommen wurde.

Eine ältere Frau fasste Hedda am Arm. »Da hinten ist eine Zuckerfabrik von den Bomben getroffen worden«, sagte sie. »Kommen Sie schnell mit! Bevor sie zusammenbricht.«

Aber Hedda schüttelte nur wortlos den Kopf.

Ein anderes Mal wurde ihr von einer zerstörten Konservenfabrik berichtet, zu der die ihr entgegenkommenden Menschen nun eilten. In den Läden der geflüchteten Kaufleute links und rechts der Straße war schon längst nichts mehr zu plündern. In den Auslagen und Regalen herrschte Leere, in einigen Geschäften hatten Feuer alles zerstört.

Hedda wunderte sich, wie viele russische Soldaten unterwegs waren. Sollten sie nicht längst auf dem Weg nach Berlin sein – zum letzten großen Gefecht um die deutsche Hauptstadt, von dem immer alle gesprochen hatten und auf das sich nun alles konzentrierte? Die Rotarmisten hatten Flugblätter verteilt, in denen sie die deutschen Soldaten zur Aufgabe aufriefen. Dort hieß es: »... Hitlers Tage und die Tage seiner Naziclique sind gezählt. Macht euch los von dem Bankrotteur Hitler und seinem Regime! Erhebt euch zum Kampf gegen die nazistische Verbrecherbande! Stellt jeglichen Widerstand gegen die Rote Armee ein! Damit erleichtert ihr die Lage für euch und für eure deutsche Heimat. Handelt!«

Es kursierten auch Flugblätter mit konkreten Aufrufen, wie man sich zu ergeben hatte: »Einzelne Soldaten oder kleine Gruppen ergeben sich, indem sie Waffen, Helm und Koppel ablegen, die Hände hochheben und entweder ein Taschentuch oder ein Flugblatt schwenken.« Um die letzten Kräfte zu mobilisieren, wetterte Adolf Hitler aus seinem – vorerst noch – sicheren Führerbunker, der ihm in den letzten Wochen des NS-Regimes als Führerhauptquartier diente: »Zum letzten Mal ist der jüdisch-bolschewistische Todfeind mit seinen Waffen zum Angriff angetreten. Er versucht, Deutschland zu zertrümmern und unser Volk auszurotten. Ihr Soldaten aus dem Osten wißt zu einem hohen Teil selbst, welches Schicksal vor allem den deutschen Frauen, Mädchen und Kindern droht. Während die alten Männer und Kinder ermordet werden, werden Frauen und Mädchen zu Kasernenhuren erniedrigt. Der Rest marschiert nach Sibirien. Wir haben diese Stunde vorausgesehen, und es ist seit dem Januar alles geschehen, um eine starke Front aufzubauen. Eine gewaltige Artillerie empfängt den Feind. Die Ausfälle unserer Infanterie sind durch zahllose neue Einheiten ergänzt. Alarm-Einheiten, Neuaufstellungen und Volkssturm verstärken unsere Front. Der Bolschewist wird dieses Mal das alte Schicksal Asiens erleben, d. h. er muss und wird vor der Hauptstadt des Deutschen Reiches verbluten ...«

Tatsächlich glaubte inzwischen niemand mehr an die angekündigten Wunderwaffen und einen deutschen Sieg – bestimmt nicht einmal Hitler selbst. Und das aus gutem Grund: Das Zentrum für Militärgeschichte und Sozialwissenschaften der Bundeswehr geht heute davon aus, dass die Deutschen zur Verteidigung der Reichshauptstadt noch etwa 140 000 Mann aufbieten konnten, vielfach Volkssturmleute, also waffenfähige Männer zwischen sechzehn und sechzig, die aber keinerlei Kampferfahrung vorzuweisen hatten. Etwa ein Viertel von ihnen konnte für die Verteidigung nicht einmal mehr bewaffnet werden. Ein Himmelfahrtskommando! Zumal ihnen gegenüber ungefähr 450 000 sowjetische Kämpfer standen, also eine deutliche Überzahl. Etwa 173 000 Soldaten beider Seiten und 22 000 Zivilisten sollen bei dem Kampf um Berlin ihr Leben gelassen haben. Die Reichshauptstadt wurde in diesen Tagen zum »Reichsscheiterhaufen« – wie viele Berliner es nannten.

Doch von diesen Ereignissen bekamen die Menschen im Brandenburger Umland zunächst kaum etwas mit, da die Telefonverbindung in die Hauptstadt nicht mehr funktionierte und die Russen angefangen hatten, die Radiogeräte einzusammeln, sodass sich die meisten Menschen auf den Flurfunk verlassen mussten. Die direkte Kommunikation war in dieser Zeit sozusagen Google, Navigationssystem und Nachrichtendienst zugleich. Alle waren miteinander im Gespräch, aber keine Information hundertprozentig verlässlich. Auch Hedda sprach unterwegs die entgegenkommenden Leute an, um herauszufinden, wohin die sowjetischen Soldaten ihre Gefangenen brachten. Sie erzählte später oft, dass ihre ersten Begegnungen erfolglos waren, da die meisten Menschen auf der Flucht oder damit beschäftigt waren, Essen und andere Dinge zu organisieren. Manche erzählten ihr, dass russische Soldaten in den Wäldern Lager aufgeschlagen hätten, weshalb man sie davor warnte, abseits der Straßen zu laufen. Aber wohin sie ihre Gefangenen verschleppten? Keine Ahnung!

Doch dann wankte ihr eine junge Frau entgegen, die geradezu apathisch wirkte. Ihr Gesicht war verquollen, wahrscheinlich die Folge heftiger Schläge. Auch ihre Lippe blutete. Haare und Kleidung wirkten unordentlich und verdreckt. Ihre Haltung war gebeugt, als hätte sie Schmerzen. Hedda vermutete im Nachhinein, dass diese Frau kurz zuvor hätte vergewaltigt worden sein können. Sie war in einem bemitleidenswerten Zustand. Dennoch fragte sie nicht, was ihr geschehen war, sondern:

»Wissen Sie zufällig, wo die Russen Quartier bezogen haben? Sind sie in Krampnitz?«

Die Frau hob kaum den Kopf. »Von Krampnitz weiß ich nichts«, antwortete sie matt. »Sie haben in der Nähe eine Villa besetzt. Warum fragen Sie? Sie wollen da doch nicht etwa hin?«

Hedda spürte, wie die Frau innerlich verkrampfte. Ihr schoss in den Kopf, dass diese Frau vermutlich gerade aus ebendieser Villa kam. Aufgeregt fragte sie: »Wissen Sie, ob sie da auch deutsche Gefangene untergebracht haben?«

Die Frau senkte den Blick und nickte. »Im Keller«, flüsterte sie. »Aber Sie sollten dort nicht hingehen!«

Als Hedda hinterher hörte, wie oft nach ihren Männern suchende Frauen selbst in Gefangenschaft geraten waren, fragte sie sich, ob diese Frau sich deshalb zu den Russen begeben hatte und in die Fänge der Soldaten geraten war. Vielleicht hatten die Rotarmisten sie aber auch aus einem anderen Grund verschleppt – weil sie beispielsweise einer Nazi-Organisation angehört hatte. Was aber eher unwahrscheinlich war, da man sie dann vermutlich nicht freigelassen hätte.

Doch in dem Moment, als die beiden Frauen gemeinsam auf der Straße standen, dachte Hedda über all das nicht nach und war vor allem dankbar für diesen ersten Hinweis. Im Keller einer besetzten Villa – das klang für sie erst einmal weniger beängstigend. Sie hatte sich schon gefragt, wie sie in einer riesigen Kaserne wie Krampnitz nach einem Gefangenen suchen sollte. Aber in einer Villa? Das war doch recht überschaubar. Da gab es vermutlich nicht einmal Zellen … Noch dazu lag das Haus in unmittelbarer Nachbarschaft. Hedda war auf einmal zuversichtlich, Louis zu finden und ihn nach einem aufklärenden Gespräch mit dem Kommandanten befreien zu können. Vorsichtig tastete sie nach der Weinflasche und den Zigarettenschachteln, die sie in ihrer Manteltasche trug. Ihre Währung. Die muss ich klug einsetzen, dachte sie, als sie kurz darauf in die Straße einbog, die ihr die Frau genannt hatte.

Hedda musste nicht lange raten, von welchem Haus sie gesprochen hatte – es war offensichtlich. Schon aus der Ferne fielen ihr die vielen olivgrünen Militärfahrzeuge auf, die kreuz und quer vor der Villa parkten, in der die Russen provisorisch ihre Kommandantur eingerichtet hatten. Sogar ein Panzer stand in einem benachbarten Vorgarten. Zwei junge Soldaten patrouillierten auf dem Grundstück. Heddas Blick wanderte über die Kellerfenster. Sollte hinter einem von ihnen tatsächlich Louis eingesperrt sein? Noch einmal fühlte sie nach den Zigaretten und dem Alkohol in ihrer Manteltasche. Ob das reichen würde?

Sie ging auf das Haus zu. Die Soldaten richteten zwar nicht ihre Waffen auf sie, blickten ihr aber feindselig entgegen. Hedda fragte nach Louis. Da die Männer offenbar kein Deutsch sprachen, deutete Hedda auf die Kellerfenster. Die Soldaten zuckten gleichgültig mit den Schultern.

»Ich möchte bitte den Kommandanten sprechen«, verlangte sie. »Kommandant!«

Als in diesem Moment zwei weitere Soldaten aus dem Haus traten, drehte sich einer der Wachhabenden um und rief ihnen etwas zu. Sie antworteten auf Russisch und lachten. Einer ging zurück ins Gebäude und kam kurz darauf mit einem fünften, etwas älteren Mann zurück, der Hedda in gebrochenem Deutsch fragte:

»Was suchst du?«

Hedda antwortete: »Meinen Mann.«

Der Russe: »Ist dein Mann Nazi?«

»Nein, mein Mann ist kein Nazi! Er heißt Louis Adlon. Soldaten haben ihn mitgenommen.« Sie sah zu den anderen: »Louis Adlon?« Keiner reagierte. Dann schrie sie: »Louis, bist du hier?« Einer der wachhabenden Rotarmisten stieß Hedda mit seinem Maschinengewehr in den Bauch und brüllte etwas auf Russisch. Sein Deutsch sprechender Kamerad tippte ihn an den Arm und schüttelte den Kopf, woraufhin sich der Jüngere wieder beruhigte. Dann sagte er zu Hedda: »Komm später wieder. Ich frage.« Heddas Herz raste. Sie hatte keine Ahnung, ob Louis wirklich hier war oder nicht.

Noch einmal sagte sie seinen Namen: »Louis Adlon!«

»Komm später wieder!«, wiederholte der Ältere, schritt mit seinen Kameraden zum Wagen und brauste davon.

Hedda stand mit den grimmigen Wachleuten vor dem Haus. Sie überlegte, ob sie noch einen weiteren Versuch starten oder lieber auf die Rückkehr des Älteren warten sollte. Kurz entschlossen zog sie die Weinflasche und die Zigaretten aus der Manteltasche und reichte sie den Männern. Einer deutete ihr an, ihnen noch mehr zu geben. Hedda klopfte auf den Mantel, um zu zeigen, dass sie nicht mehr hatte. Sie deutete auf die Kellerfenster.

»Gucken?«, fragte sie.

Doch der Russe machte eine wegscheuchende Handbewegung. Hedda solle gefälligst verschwinden. Sie wollte sich aber nicht so schnell abwimmeln lassen und versuchte, den Wachhabenden klarzumachen, dass sie nur einmal schauen wollte, ob ihr Mann wirklich im Keller saß. Nun wurden die Soldaten wieder lauter und wütender. Einer schubste Hedda grob vom Grundstück. Noch einmal rief sie Louis' Namen, woraufhin der Soldat drohend seine Waffe hob und Hedda erst einmal flüchtete.

Sie ärgerte sich, dass sie so dumm mit ihren Ressourcen umgegangen war. Und sie war enttäuscht, dass man sie nicht einmal in die Nähe der Kellerfenster, in die Nähe von Louis gelassen hatte. Sie hatte keine Ahnung, wie es ihm ging. Ob er überhaupt da war. Und sie hatte nur noch den Schmuck in ihrem BH als Bestechungsgold …

Ohne sich umzusehen, lief Hedda erst einmal an einigen Häusern vorbei in Richtung Hauptstraße, bis sie das Gefühl hatte, ausreichend Abstand zwischen sich und die Männer gebracht zu haben. Dann schlüpfte sie schnell durch eine offene Gartentür, um sich dort hinter einem Busch zu verstecken. Sie japste nach Luft. Vielleicht war sie Louis ganz nah – und kam trotzdem nicht an ihn ran.

Vorsichtig lugte sie über das Grün. Offenbar hatten die Soldaten schon längst das Interesse an ihr verloren – zumindest hatten sie Heddas Weg nicht weiterverfolgt und ihren eigenen um das Haus bereits fortgesetzt. Hedda nahm sich vor, hinter dem Busch zu warten, bis der Deutsch sprechende Russe wiederauftauchte. Dafür war ihr Schlupfwinkel perfekt gewählt, da sie von hier aus sowohl die besetzte Villa als auch die Straße gut im Blick hatte. Doch dann geschah etwas, womit Hedda nicht gerechnet hatte. Hinter ihr öffnete sich leise die Tür des Hauses, in dessen Garten sie hockte.

»Kommen Sie schnell rein!«, zischte eine ältere Dame durch den schmalen Türspalt.

Hedda rappelte sich auf. Sie war inzwischen Mitte fünfzig und nicht die sportlichste, weshalb sie den Weg, die Flucht und die gebeugte Haltung hinter dem Busch schon jetzt in ihren Knochen spürte. Die Vorstellung, im Haus warten zu können, erschien ihr zu verlockend, um auch nur eine Sekunde lang misstrauisch zu sein.

Die ältere Dame führte sie in die Küche, von der aus man auf die Straße sehen konnte.

»Es ist gefährlich, vor dem Haus herumzulungern«, sagte die. »Vor allem als Frau.«

Sie bot Hedda ein Glas Wasser an. Während Hedda es gierig trank, berichtete die Frau, dass die Familie, der die Villa gehörte, vor wenigen Tagen zu Verwandten nach Hamburg geflohen war.

»So feine Leute. Sie wären schockiert, wenn sie wüssten, wer da nun haust!« Die ältere Dame verzog das Gesicht.

Hedda erklärte, dass sie ihren Mann suche, woraufhin ihre Gastgeberin ein nachdenkliches Gesicht machte.

»Ich glaube schon, dass sie Menschen in das Haus geschleppt haben. Es ging dort zumindest sehr unruhig zu. Und am Abend stand vor der Villa eine Frau und schrie. Die haben sie dann reingezerrt«, berichtete sie. »Eigentlich war vor dem Haus und in ihm die ganze Nacht hindurch Bewegung. Da brannte auch ständig Licht. Ich frage mich, wann die schlafen.«

Hedda erzählte ihr von der jungen Frau, die sie unterwegs getroffen hatte. »Die sagte, im Keller seien die Gefangenen untergebracht.«

Die ältere Dame seufzte. »Sinn würde es machen. Aber dazu kann ich Ihnen leider nichts sagen.«

Hedda blickte nachdenklich aus dem Fenster. »Die Russen haben meinen Louis mitgenommen, weil sie ihn fälschlicherweise für einen General gehalten haben«, erzählte sie. »Aber das ist ein Missverständnis. Das Militär wäre nie etwas für meinen Mann gewesen. Der barsche Ton. Die Marschiererei. Das schlechte Essen.« Hedda lächelte, und die ältere Dame sah sie mitleidig an.

»Dann wird sich der Irrtum bestimmt aufklären«, meinte sie, aber Hedda spürte, dass sie nicht daran glaubte. Und das versetzte ihr einen Stich ins Herz – denn insgeheim war sie sich nach dem ersten Misserfolg auch nicht mehr so sicher …

Sobald Hedda einen Wagen hörte, sprang sie auf und verabschiedete sich eilig, als sie auf ihm den Deutsch sprechenden Soldaten entdeckte. Die ältere Dame rief ihr nach, dass sie jederzeit wiederkommen könne, wenn sie einen Unterschlupf bräuchte. Aber Hedda war schon aus der Tür. Sie erwischte den Russen gerade noch, bevor er die Villa betreten konnte.

»Entschuldigen Sie bitte! Erinnern Sie sich? Ich suche meinen Mann. Louis Adlon«, keuchte Hedda. »Können Sie mir bitte helfen?«

Der Soldat sah Hedda lange an. Dann sagte er: »Komm morgen wieder. Am Mittag. Und bring Essen mit! Das werde ich deinem Mann geben.« Heddas Herz machte einen Sprung. War das nicht der Beweis, dass Louis tatsächlich hier war? Dass er lebte?

»Kann ich nicht mit dem Kommandanten sprechen? Mein Mann ist zu Unrecht verhaftet worden!«, versuchte sie es weiter, aber der Russe hatte sich schon abgewandt.

»Vielleicht morgen«, sagte er und verschwand in der Villa.

Natürlich war sich Hedda bewusst, dass auf seine Aussage kein Verlass war. Aber was hatte sie für eine Alternative? Nach Krampnitz zu laufen, in die große Kaserne, von der sie noch nicht einmal wusste, ob da überhaupt Russen untergekommen waren? Die besetzte Villa lag ganz in der Nähe des Lehnitzsees – es erschien Hedda also nicht unwahrscheinlich, dass sie Louis hierhergebracht hatten. Zumal sie in dem Haus tatsächlich Menschen gefangen hielten, wie die junge Frau auf der Straße bestätigt und die Nachbarin vermutet hatte.

Heute weiß man, dass die Besetzung von Villen und Wohnhäusern und die Unterbringung der Gefangenen in ihren Kellern in diesen letzten Kriegstagen in allen Teilen der sowjetisch besetzten Gebiete gängige Praxis war. Im Volksmund nannte man diese provisorisch eingerichteten Zellen »GPU-Keller« – benannt nach der sowjetischen Geheimpolizei der Zwanzigerjahre. Den Deutschen war dieser Begriff vor allem durch den antisowjetischen Ufa-Propagandafilm *GPU* bekannt. Schon im Vorspann hatte der Film, der 1942 in die deutschen Kinos kam, davor gewarnt, dass die GPU gezielt Anarchie und Chaos verbreiten würde, um die Welt zu vernichten. Im Film war das Kürzel GPU das Akronym der Wörter »*G*rauen«, »*P*anik« und »*U*ntergang«.

Leider ist bis heute nicht sehr viel über die Inhaftierungen in diesen Kellern bekannt. Als Begründung führen Historikerinnen und Historiker an, dass ein Teil der Unterlagen bei der Gründung der DDR vernichtet wurde – schließlich sollte der »große Bruder« als Retter dastehen. Nicht als Täter. Daher war eine Aufklärung seiner Schandtaten nicht erwünscht. Einige Akten sollen beim Abzug der Russen 1994 aber auch nach Moskau gebracht worden sein – wobei nicht bei jeder Inhaftierung eine Akte angelegt worden war. Offenbar nur, wenn es zu einer Verurteilung oder zu einer Überstellung in ein Speziallager gekommen war. Mit deren Aufbau hatten die neuen sowjetischen Machthaber bereits unmittelbar nach der Besetzung begonnen.

Leider lässt sich über Louis' Festnahme bislang nichts in Archiven finden, sodass Heddas Bericht die einzige verlässliche Quelle über sein Schicksal ist. Der DRK-Suchdienst in München, der seit 1945 Familien tatkräftig bei der Suche nach vermissten Personen unterstützt, schrieb auf Anfrage: »Bei der Überprüfung der Unterlagen, die wir aus dem Zentralarchiv des Föderalen Sicherheitsdienstes in Moskau (FSB/ehemals KGB) erhalten haben, konnte kein Eintrag zur Familie Adlon gefunden werden. Bekannt ist, dass Verhaftungen durch die operativen Gruppen des NKWD auf Kreisebene oder den operativen Sektoren auf Landesebene erfolgten und sich die Gefangenen – oftmals tage- und wochenlang – in sogenannten ›GPU-Kellern‹ (Sammel- und

Untersuchungsgefängnissen) befanden und dort verhört wurden.« Louis' Schicksal war definitiv kein Einzelfall. In der gesamten Sowjetischen Besatzungszone (SBZ) verschwanden Menschen und füllten sich die Keller. Dabei waren die Gründe für die Inhaftierungen sehr unterschiedlich.

Bereits Anfang 1944 hatten sich die Besatzungsmächte darauf geeinigt, alle Nationalsozialisten in Schlüsselpositionen festzunehmen. Dazu gehörten die Mitglieder von SA, Sicherheitspolizei und Gestapo sowie neben den Kreis- und Ortsgruppen- auch sämtliche Block- und Zellenleiter der NSDAP, also zum Beispiel die Reichs- und Gauleiter, eben alle, die sich während der Nazizeit an Raub und Zwangsverschleppungen beteiligt hatten. Außerdem alle Leiter von Konzentrations- oder Kriegsgefangenenlagern.

Ziel dieser Inhaftierungen war die Entnazifizierung Deutschlands. Zumindest darüber bestand zwischen den Besatzern Einigkeit: Die NS-Ideologie und ihre Strukturen mussten schnellstmöglich und nachhaltig zerstört werden. Die großen NS-Führer und Kriegsverbrecher sollten in aufsehenerregenden öffentlichen Prozessen juristisch belangt werden. Unklarheit herrschte darüber, wie man mit den Unterstützern – Polizeiangehörige oder weiteres KZ-Personal – umgehen sollte. Und ebenfalls nicht geklärt war die Frage, was man mit den Sympathisanten machen sollte. Sollte man sie bestrafen? Zumindest in der SBZ wollte man unbedingt vermeiden, dass sich auch einfache Mitglieder der NSDAP in irgendwelche Ämter einschlichen.

Um das auszuschließen, wurde das Volkskommissariat für innere Angelegenheiten der UdSSR (NKWD), das zeitweise auch die Aufgaben eines Geheimdiensts übernahm, darauf angesetzt, sich um dieses Problem zu kümmern. Als düsterer Schatten folgte der NKDW den Kampftruppen nach Deutschland. Seine Aufgabe lautete, das Hinterland der Fronten zu »säubern«, also die deutsche Bevölkerung einzugliedern und die staatlichen und wirtschaftlichen Strukturen nach sowjetischem Vorbild umzubauen. Dafür erließ er eine Reihe von Befehlen – am 11. Januar 1945 den Befehl 00016, der auch für Louis' Verhaftung von Bedeutung war. Darin ging es nicht mehr nur um die Verfolgung von Kriegsverbrechern und die Auflösung der NSDAP, sondern um die Auslöschung jeglichen Widerstands gegen die vorrückenden sowjetischen Truppen. Provisorische Inhaftierungen wurden in diesem Erlass ausdrücklich erlaubt. Das bedeutete: Die Soldaten vor Ort durften eigenständig entscheiden, wen sie mitnahmen. Und offenbar wurden viele ihrer Gefangenen gleich durchgereicht – ohne dass man ihren Fall genauer geprüft hatte. In dem von der Brandenburgischen Landeszentrale für politische Bildung herausgegebenen Heft »Umschulungslager existieren nicht« schreibt der Historiker Dr. Andreas Weigelt: »Diese zivilen Deutschen wurden, wie die Kriegsgefangenen, als Reparationsgut angesehen. Bis Mitte Februar 1945 sind so etwa 110 000 arbeitsfähige Deutsche ins Innere der UdSSR gebracht worden.«

Noch viel mehr warteten in dieser Zeit in GPU-Kellern oder anderen provisorischen Gefängnissen darauf, wie es mit ihnen weitergehen sollte. Und die Gründe für die Verhaftungen wurden immer willkürlicher. Das ermöglichte der Befehl 00315 vom 18. April 1945. Dort hieß es, dass auch aktive NSDAP-Mitglieder, Führer faschistischer Jugendorganisationen auf Gebiets-, Stadt- und Kreisebene, Angehörige von Gestapo, SD und sonstiger Straforgane sowie staatliche Leiter auf Gebiets-, Stadt- und Kreisebene sowie Redakteure und antisowjetische Autoren festzunehmen seien. Daher ist es – rückblickend – durchaus auch vorstellbar, dass die Soldaten Louis nicht für einen militärischen General, sondern für einen staatlichen Leiter gehalten hatten – selbst wenn Hedda zeitlebens an die Militär-Variante glaubte.

Der Befehl ordnete weiter an, dass die Verhafteten an Ort und Stelle untergebracht und eine entsprechende Anzahl von Gefängnissen und Lagern eingerichtet werden sollten. Zu ihrer Bewachung sollten die den Frontbevollmächtigten unterstellten Wachtruppen des NKWD eingesetzt werden. Und auch dieser Aspekt ist für Louis relevant: Die Frontbevollmächtigten sollten die Unterlagen aller Inhaftierten durchsehen und Invaliden, Kranke, Arbeitsunfähige, Alte über sechzig und Frauen, die nicht unter die oben genannten Punkte fallen, freilassen. Vermutlich, weil diese Menschen nicht für den Arbeitsdienst einsetzbar und daher weniger interessant waren. Also hätte man Louis theoretisch gehen lassen können. *Aber:* Es reichte der Verdacht, dass einer der weiter oben genannten Gründe vorliegen könnte, um die Haft dennoch fortzusetzen. Als Generaldirektor blieb Louis daher trotz seines fortgeschrittenen Alters in Verwahrung.

Beweise mussten von russischer Seite nicht erbracht werden. Alles war Ermessenssache. Die Anordnungen waren dermaßen schwammig, dass alle Beteiligten, sogar die einfachen Soldaten vor Ort, sehr viel Spielraum hatten. Willkürlich und frei konnten sie entscheiden, wer zu den gesuchten Personengruppen gehörte – und wer nicht. Im schlimmsten Fall konnte das für die Betroffenen sogar den Tod bedeuten. Denn der Befehl 00315 wies die Soldaten an, Personen, die nachweislich terroristische und Diversionshandlungen begangen hatten, gleich an Ort und Stelle zu liquidieren. Diesen durch den Krieg teilweise schwer traumatisierten Männern wurde also zugestanden – und man muss sagen: auch zugemutet –, jederzeit Erschießungen durchführen zu dürfen beziehungsweise zu müssen. Und in vielen Fällen wurde – je nach Gemütsverfassung der Rotarmisten – eher ein Verdächtiger zu viel als zu wenig verhaftet oder sogar getötet. Befeuert wurde dieser brutale Umgang mit den Deutschen durch eine sowjetische Hass- und Rache-Propaganda.

Zudem kursierten Gerüchte, dass deutsche Heeresleiter hinter den Frontlinien Partisanenkämpfer zurückgelassen hatten, was unter den sowjetischen Soldaten zu einer ständigen Anspannung und dem Gefühl von Bedrohung führte. Besonders gefürchtet waren die »Werwölfe«, eine 1944 von Heinrich Himmler gegründete nationalsozialistische Guerillatruppe. Sie sollten Anschläge, Attentate und Sabotageakte auf sowjetische Soldaten oder Einrichtungen durchführen. Bis 1950 landeten daher etwa 10 000 bis 20 000 Jugendliche in sowjetischer Gefangenschaft. Die jüngsten Inhaftierten sollen gerade mal zwölf Jahre alt gewesen sein! Und nur die wenigsten Inhaftierten gehörten tatsächlich der Kampftruppe an. Oft wurde dieser Vorwand nur genutzt, um die jungen und kräftigen Burschen in Arbeitslager schicken zu können.

Der sowjetischen Führung war die Willkür ihrer Handlungen durchaus bewusst — und dennoch wurde sie über Jahre fortgesetzt. Viele der unschuldig Verhafteten verbrachten mehrere Jahre in sowjetischen Gefangenenlagern, nicht alle kehrten zurück. Laut dem Historiker und Leiter Dokumentation/Forschung bei der Bundesstiftung Flucht, Vertreibung, Versöhnung, Andreas Kossert, starb beinahe jeder zweite Zivildeportierte. Und wer es zurück nach Hause schaffte, erzählte von katastrophalen Zuständen in den Lagern – und vorher in den GPU-Kellern. Diese Berichte lassen uns erahnen, wie mein Urgroßvater Louis seine Haftzeit erlebt haben muss.

In den Kellerräumen, die den Hausbesitzern kurz zuvor noch als Kohlen-, Vorrats- oder Wäschekeller gedient hatten, gab es keine Pritschen zum Schlafen. Die Inhaftierten mussten sich auf die harten und kalten Fußböden legen. Wer Glück hatte, entdeckte in seinem Verließ ein Waschbecken, sodass es die Möglichkeit gab, sich zu waschen und zu trinken. Aber häufig war die Wasserversorgung kriegsbedingt unterbrochen. Toiletten standen nicht zur Verfügung. Stattdessen wurde vielen Gefangenen ein Suppentopf mit einem Stück Pappe als Toilettenersatz in den Raum gestellt. Ratten und Mäuse waren ständige Mitbewohner. Kleidung zum Wechseln gab es nicht, zu essen meist nur dünne Kohlsuppen mit ein wenig Brot – nicht genug, um satt zu werden, weshalb manche Gefangene aus Verzweiflung den Putz von den Wänden kratzten und aßen.

Die Verhöre fanden überwiegend nachts statt. Dann mussten die Inhaftierten auf Hockern sitzen, die Hände auf die Knie gelegt, und Fragen beantworten, deren ehrliche Antworten ohnehin keiner hören wollte. Den meisten Verhörenden schien es ausschließlich darum gegangen zu sein, die bestehenden Vorwürfe bestätigt zu bekommen. Am Ende der Befragung wurde den Betroffenen das vorgefertigte und in kyrillischer Schrift verfasste Geständnis zur Unterschrift vorgelegt. Wer sich weigerte, es zu unterschreiben – zumal ja kaum einer verstehen konnte, was da stand –, dem drohten Schläge, Tritte und viele weitere nächtliche Verhöre. Louis dürfte aufgrund seiner Russischkenntnisse zwar verstanden haben, was er gestehen sollte – vermutlich wird er aber nicht bereit gewesen sein, es zu tun. Er war sich ja keiner Schuld bewusst.

Den fehlenden Nachtschlaf am Tage nachzuholen, war den Gefangenen oftmals nicht erlaubt. Wenn die Aufpasser ihre Gefangenen tagsüber schlafend erwischten, mussten die mit harten körperlichen Strafen rechnen. Zumindest in den ersten Tagen seiner Haft wird Louis vermutlich noch Tageslicht gesehen haben. Später wurden die Fenster mit Holzbrettern zugenagelt, dafür blieb in den Kerkern rund um die Uhr das Licht eingeschaltet, was die Inhaftierten zusätzlich zermürben sollte. Es heißt, die Haftbedingungen hätten im Grunde denen in der Sowjetunion entsprochen. Allerdings brauchten die Besatzer ein paar Tage, um die entsprechenden Strukturen und Verhältnisse zu schaffen, weshalb viele Inhaftierte mehrmals ihren Aufenthaltsort wechseln mussten, ehe sie an ihrem Bestimmungsort ankamen.

Nach den anstrengenden Verhören reagierten die meisten mit Erleichterung, wenn ihre russischen Bewacher sie aus den Kellern zerrten – hofften sie doch, dass sich der Irrtum endlich aufgeklärt hatte und die Entlassung unmittelbar bevorstand. Stattdessen erwarteten sie dann aber Verlegungen in andere Keller oder Verschläge. Diese waren mit einer ungeheuren Kraftanstrengung verbunden, der viele nicht mehr gewachsen waren. Daher kam es auf den Märschen zu den neuen Inhaftierungsorten regelmäßig zu Zusammenbrüchen und Todesfällen.

Während Hedda nun vor der Villa herumlungerte, ahnte sie nichts von diesen unsäglichen Zuständen, denen ihr *Louischen* ausgesetzt war. Sie glaubte fest an das, was ihr Mann in den vergangenen Wochen gepredigt hatte: *Die Russen sind ein kultiviertes und gastfreundliches Volk*. Sie selbst liebte russische Musik. Häufig hatte sie sehr nette russische Gäste im Hotel begrüßt. Da musste es doch möglich sein, mit dem Kommandanten ein vernünftiges Gespräch zu führen …

Als am Abend die Dämmerung einsetzte, beschloss Hedda, ihre Stellung vor dem Haus aufzugeben. Schließlich musste sie zurück zur Villa Adlon, um dort Essen zu holen. Allerdings kam sie nicht weit. Die nette Dame, die sie bereits am Mittag so freundlich aufgenommen hatte, fing sie auf der Straße ab.

»Wollen Sie jetzt im Halbdunkel wirklich noch durch die Gegend laufen?«, fragte sie. »Wenn Sie mögen, können Sie über Nacht hierbleiben.«

Hedda überlegte kurz. Dann nahm sie das Angebot dankbar an. Nicht nur, weil ihr das ersparte, in der einbrechenden Dunkelheit nach Hause zu laufen. Sie war vor allem froh, die Nacht in der Nähe von Louis verbringen zu können. Sie hätte sich gewünscht, dass er wüsste, wie nah sie sich waren. Sein Essen würde sie ihm dann am nächsten Morgen schnell holen.

Dachte sie.

6

Berlin, 1921 bis 1930

Ich kam nach Europa mit der Absicht, einige meiner langjährigen Freunde für einen mehrmonatigen Aufenthalt zu besuchen. Mein ganzes Leben und meine alten Vorstellungen änderten sich, als ich in Louis Adlon meinen Märchenprinzen traf. Was Hedda hier – etwas hölzern – einem amerikanischen Journalisten beschrieb, war in Wahrheit ein Tsunami, der über das altehrwürdige Adlon hereinbrach und alles durcheinanderwirbelte.

Als Lorenz Adlon sein Hotel Adlon am 27. Oktober 1907 eröffnete, war Hedda gerade achtzehn Jahre alt geworden. Damals war sie einige Male ehrfürchtig am Adlon vorbeigelaufen und hatte am Portier vorbei ins Foyer gespäht, wusste sie doch, dass dieses Hotel eines der modernsten und luxuriösesten der Welt sein sollte. Es wurde in einem Atemzug mit dem Pariser Ritz und dem New Yorker Waldorf-Astoria genannt und sollte wie ein wahr gewordener Traum sein: überall Mahagoni, Samtbezüge, Marmor, Gemälde, Seidentapeten, edle Teppiche, feinstes Porzellan und modernste Technik. Hedda wusste, dass hier Kaiser und Kaiserinnen aus exotischen Ländern abstiegen, russische Zaren, Prinzen und Prinzessinnen, Musik- und Filmstars aus Amerika, berühmte Schriftsteller und Erfinder. Zu gerne hätte sie einmal hinter die Kulissen geschaut, wo die besten Köche, die höflichsten Kellner und die verschwiegensten Zimmermädchen für einen reibungslosen Ablauf sorgten. Auch Kaiser

Wilhelm II. riet seinen Gästen, lieber im Adlon als in seinem zugigen Schloss zu nächtigen. Man munkelte, dass er selbst dessen Vorzüge sehr regelmäßig in Anspruch nahm, wenn er in der Fürstensuite seine Mätressen traf. Aber Genaues wusste man nicht, denn die oberste Hausregel lautete: »Was im Adlon geschieht, bleibt im Adlon.« Und wer dagegen verstieß, flog raus.

Das Adlon war der Stolz der Berliner, seiner Mitarbeiterinnen und Mitarbeiter, Seiner Majestät und vor allem: seines Erschaffers. Der fleißig-umtriebige und für seinen einnehmenden Charme bekannte Flickschuster-Sohn Lorenz Adlon hatte jahrelang hart für sein Hotel gearbeitet und auch seinem Sohn – Louis Adlon – sehr deutlich gemacht, dass dieses Hotel immer an erster Stelle zu stehen hatte: Erst kam das Haus! Und danach – irgendwann – die eigenen Bedürfnisse. Das war das unumstößliche Gesetz. Und dann tauchte zum Jahreswechsel 1920/1921 plötzlich der Name Hedda Burger in den Reservierungen auf.

Die 31-Jährige hatte sich eigentlich darauf gefreut, mit ihren Schwestern und ihrer Mutter in Neu Fahrland Silvester zu feiern. Es war geplant, dass sie für die Dauer ihres Aufenthalts dort wohnen würde, schließlich standen auf dem weitläufigen Grundstück zwei Bauernhäuschen mit ausreichend Schlafplätzen für die ganze Familie. Doch als Hedda in Neu Fahrland aus dem Taxi stieg, verpuffte die Vorfreude: Frieda, Lieselotte, Fritz, Franziska, Agnes und ihre Mutter hatten sich reihum mit der Grippe angesteckt und lagen nun fiebernd in den Betten. Zwar war schon seit April 1920 offiziell kein Mensch mehr an der Spanischen Grippe gestorben – dennoch läuteten bei allen sofort die Alarmglocken, sobald sich entsprechende Symptome zeigten. Und auch wenn es keine Spanische, sondern eine ganz normale Grippe war, wollte Hedda sich auf keinen Fall anstecken. Ihr blieb nichts anderes übrig, als sich nach einer anderen Unterkunft umzusehen.

Da die Berliner Silvester ungefähr mit derselben Begeisterung feierten wie die Kölner ihren Karneval, hatte Hedda kurz Sorge, kein freies Zimmer in der Hauptstadt finden zu können. Entsprechend erleichtert war sie, als sie erfuhr, dass im Adlon, dem schönsten, aber auch teuersten Hotel der Stadt, noch eins frei war. Hedda wusste, dass die Baronesse von Plettenberg, eine Freundin ihrer Schwester Franziska, die sie selbst gut kannte, dort seit ihrer Scheidung im vergangenen Jahr dauerhaft ein Appartement bewohnte und sich vermutlich freuen würde, sie wiederzusehen. Dann wäre Hedda zumindest nicht allein. Außerdem hatte Franziska ihr natürlich brühwarm erzählt, dass die Baronesse einen kleinen Skandal ausgelöst hatte, als sie bei ihrer Scheidung behauptete, ihr Mann hätte eine Affäre mit der Prinzessin Sophie Charlotte gehabt. Das war immerhin die Schwiegertochter des Kaisers! Hedda war sehr gespannt, die ganze Geschichte zu hören, und schon deshalb sicher, dass ihr im Adlon nicht langweilig werden würde.

Und tatsächlich: Hedda hatte im Zimmer kaum ihren Hut an den Haken gehängt, da nahm die Baronesse sie schon in Beschlag, erzählte ihr den neuesten Tratsch, warnte sie vor den Frauen, die neuerdings in der Lobby herumlungerten – alle aus angesehenen Familien, aber leider verarmt und nun auf der Suche nach einer guten Partie. Und sie spazierte mit ihr an den vielen Bettlern vorbei, die seit dem Ende des Krieges zitternd Unter den Linden saßen. »Alles Shellshock-Opfer«, zischte die Baronesse, und einer der Männer brüllte ihr hinterher: »Neee, dit is jetzt Mode, so zu betteln.«

Am Silvesterabend stand die Baronesse herausgeputzt im schwarzen Abendkleid in Heddas Zimmer und versuchte, sie zum Mitgehen zu überreden. Doch Hedda war irgendwie nicht in Feierlaune. Sie hatte sich darauf gefreut, diesen Abend mit ihrer Familie zu verbringen. Dass alle weiterhin malade im Bett lagen, machte ihr Sorgen. Außerdem war sie ein wenig erschöpft von der Reise, lieber wollte sie einen ruhigen Abend mit einem Buch im Bett verbringen. *The Mysterious Affair at Styles*, der erste Kriminalroman der britischen Autorin Agatha Christie, war gerade erschienen – und Hedda noch nicht dazu gekommen, ihn zu lesen. Doch kaum hatte sie ihn aufgeschlagen, klingelte schon das Zimmertelefon. »Heddalein!«, plapperte die von Plettenberg in den Hörer. Sie drängelte, dass Hedda dringlichst nach unten kommen solle, sie sitze beim Abendessen mit liebreizenden Menschen am Tisch, sie würde etwas verpassen, wenn sie nicht augenblicklich komme. Sie drohte, den ganzen Abend über anzurufen, sollte Hedda sich weigern. »Ich lasse dich heute Nacht auf keinen Fall schlafen! Es ist Silvester! Hörst du?« Und Hedda, die ja kein Kind von Traurigkeit war, ließ sich schließlich überreden.

Kurz darauf fand sie sich im pompösen Speisesaal des Adlon wieder, wo ihr – wie sie in ihrem Buch schreibt – sofort *ein unwahrscheinlich vornehm aussehender schlanker Herr mit grauen Schläfen und einem prächtigen edlen Kopf* auffiel, der sie aufmerksam beobachtete. Da saßen sie nun also: die attraktive Hedda, die sogleich von sämtlichen anwesenden Herren umschwirrt wurde, und der verheiratete Louis, der den Ruf hatte, es mit der Treue nicht allzu genau zu nehmen. Einem Reporter der *New York Times* schilderte Hedda später: *Es kam ein Moment, in dem die Vergangenheit vor meinen Augen verschwand. Es war eine Frage von Sein oder Nichtsein – genauer gesagt: Liebe auf den ersten Blick. Beim ersten Aufblitzen von einer halben Sekunde der wunderbarste Eindruck auf Louis Adlons totenbleichem Gesicht. Es war alles so plötzlich und wundervoll, dass bloße dumme Worte es niemals richtig ausdrücken können. Ich dachte an »Tiger Rose«. Ich erinnerte mich, dass Lenore Ulric gesagt hatte: »Er ist mein Mann.« Er hat wahrscheinlich wie Cäsar gedacht: »Ich kam, ich sah, ich eroberte.«*

Tiger Rose war ein romantisches Stück, das wenige Jahre zuvor am Broadway große Erfolge gefeiert hatte, mit der hübschen Deutschamerikanerin Lenore Ulrich in der Hauptrolle. Und genau wie die Darstellerin im Stück war nun auch Hedda überzeugt, ihre große Liebe gefunden zu haben. *Obwohl wir nicht viel Worte wechselten, wurde an diesem Abend unser Schicksal besiegelt. Wir trennten uns nie mehr … es erschien uns wie selbstverständlich. Ich fuhr nicht mehr, wie beabsichtigt, nach Amerika zurück*, schrieb sie in ihrem Buch. In Wahrheit lief der Beginn dieser Beziehung allerdings nicht ganz so romantisch und störfrei ab, wie Hedda es sich gewünscht hätte. Der verheiratete Louis war Vater von fünf Kindern, das jüngste, Lisabeth – meine Großtante –, war gerade fünf Monate alt.

Die Außenstehenden mögen angesichts dieser Romanze mit den Augen gerollt haben: Nun hatte sich der feingeistige Louis also mal wieder verguckt. Vor allem sein Vater Lorenz, der – das muss man dazusagen – als junger Mann selbst ein außereheliches Kind gezeugt hatte, missbilligte die Liebeleien seines Sohnes. Wobei er ohnehin dazu neigte, alles, was Louis tat, zu missbilligen …

Louis war – anders als sein Vater – sehr privilegiert aufgewachsen. Er hatte sein Studium in Lausanne und Freiburg absolviert, sprach fließend sechs Sprachen, war ein guter Tänzer und noch besserer Reiter. Alles war ihm in den Schoß gefallen, nur eines bekam er nie: die Anerkennung seines Vaters. Ganz egal, wie sehr Louis sich bemühte, Lorenz nannte seinen dem leichten Leben zugeneigten Sohn oft halb spöttisch »den Tänzer«. Besonders verletzend war es für Louis, ständig mit seinem fünf Jahre jüngeren unehelichen Halbbruder Lorenz Jeschke verglichen zu werden. Der hatte die lockere Aufgeschlossenheit seines Vaters geerbt, galt als ebenso charmant, unterhaltsam und humorvoll. Schon in seiner Hotelausbildung hatte Jeschke sehr viel Geschick und noch viel mehr Ehrgeiz bewiesen und im Anschluss eine erstaunliche Karriere hingelegt. Er hatte zweifellos das Zeug, große Hotels zu führen. Somit war er genau der Sohn, den Lorenz sich als seinen Nachfolger gewünscht hätte. »Wärst du doch ein bisschen mehr wie dein Bruder!«, musste sich Louis dementsprechend häufig von seinem Vater anhören. Man kann sich vorstellen, welche Spuren das in der Seele eines Heranwachsenden hinterlässt. Erst starb im frühen Kindesalter seine Mutter, dann die Ziehmutter – und der Vater machte keinen Hehl aus seiner ständigen Enttäuschung.

Louis' Frau Tilli dagegen hatte sich in den vergangenen Jahren zähneknirschend mit der Untreue ihres Ehemanns arrangiert. Sollte er doch seine Liebschaften – möglichst diskret – in seinem Appartement im Adlon genießen. Dann blieb Tilli – deutlich weniger diskret – zumindest ihr Luxusleben in Charlottenburg mit Hausmädchen und Kinderfrauen. Dieses Arrangement hatte nur einen Haken: Ein Leben als stille Affäre war überhaupt nicht das, was Hedda vorschwebte. Auch wenn Louis ihr sehr schnell deutlich machte, dass eine Scheidung für ihn auf gar keinen Fall infrage kam. Schon wegen seines Vaters nicht. Der Hotelgründer Lorenz hatte seinem Sohn wieder und wieder eingebläut, dass die Banken Ärger wegen der laufenden Kredite machen könnten, wenn sie herausfanden, dass im Hause Adlon eine teure Scheidung anstand. Und dass diese Scheidung teuer werden würde, daran bestand kein Zweifel! Die Schuldfrage war eindeutig geklärt – Louis hatte bereits mehrfach Ehebruch begangen. Und Tilli, die luxusverwöhnte Tochter eines

Glücksspielers, würde sich mit ihren Forderungen garantiert nicht vornehm zurückhalten. Das war nicht ihre Art. Bescheiden war sie noch nie gewesen. Und auch wenn Lorenz wusste, dass Louis' Ehe nicht besonders glücklich war, stand für ihn fest: An ihr durfte nicht gerüttelt werden, Punkt! Und schon gar nicht in dieser ohnehin prekären Zeit.

Streiks, politische Machtkämpfe und Inflation belasteten die junge Republik – und das Hotel. Mit der Flucht des Kaisers und der Entmachtung von Adel und Militär war ein wichtiger Kundenstamm weggebrochen. Noch dazu zog sich Lorenz – Herz und Seele des Adlon – aus dem Hotelalltag immer mehr zurück, weil ihn seit seinem Unfall im November 1918 ständige Schmerzen quälten. Damals hatte er – gedanklich fest in der alten Kaiserzeit verankert – bei seinem täglichen Spaziergang über den Pariser Platz nicht auf den Verkehr im mittleren Bogen des Brandenburger Tors geachtet. Früher war der ausschließlich dem Kaiser vorbehalten gewesen. Nach dessen Flucht bretterte nun aber ein Lastwagen mit rebellierenden Soldaten durch ihn hindurch – und erfasste den Hotelier.

Louis bemühte sich seitdem jeden Tag, seinen Vater zu ersetzen, merkte aber selbst, dass ihm das nur leidlich gelang. Der einzige leibliche Sohn und Erbe trat zwar stets formvollendet höflich und zuvorkommend auf, aber ihm fehlte die rheinländische Leichtigkeit, das Freundlich-Gesellige seines Vaters. Niemals wäre er auf die Idee gekommen, von Tisch zu Tisch zu gehen, um mit den Gästen zu plaudern. Auf keinen Fall hätte er einen Fremden am Arm genommen, um ihn irgendwo hinzuführen. Hedda schrieb, dass er sogar *refüsierte, dem Kaiser Suppe auszuschenken. Das war so Sitte. Nicht weil er sich zu gut dafür hielt, er konnte es einfach nicht. Vater Lorenz ging noch an die Tische – Louis nicht, nur wenn er gerufen oder gebeten wurde.* Und deshalb fehlte in diesen schweren Tagen etwas im Hotel: Wärme. Und Leichtigkeit. Umso mehr genoss Louis das Zusammensein mit der energiegeladenen, unkonventionellen und lustigen Hedda, die ihn bewunderte und vor allem viel Größeres in ihm sah, als er selbst je in sich gesehen hatte. Sie tat ihm gut. Und er tat ihr gut. Sie schwärmte: *Um ihn wehte stets ein Hauch von Güte und Frieden. Nicht nur, dass er glänzend aussah, sein Inneres war tausendmal prächtiger. Er hat Verständnis für alles und jeden.*

Sie waren ein Dreamteam, ergänzten sich perfekt und waren voller Liebe füreinander. Von einer Scheidung wollte Louis dennoch nichts wissen. Vielleicht fehlte ihm in diesem Moment die Kraft, große und schwerwiegende Entscheidungen zu treffen. Und Hedda? Die blieb trotzdem. Und zwar im Adlon, in Louis' unmittelbarer Nähe. Auch als ihre Familie längst genesen war. So schnell wollte sie ihren Louis nicht von der Angel lassen. Zumal sie ganz genau spürte, dass sie das war, was Louis *und* dem Hotel jetzt fehlte.

Anfang April 1921, Hedda wohnte seit über drei Monaten im Adlon, geschah etwas Unfassbares: Der 71-jährige Lorenz wurde zum zweiten Mal auf seinem abendlichen Spaziergang an derselben Stelle – im mittleren Bogen des Brandenburger Tors – angefahren und zu Boden geschleudert. Hotelmitarbeiter, die das Unglück beobachtet hatten, trugen den verletzten Patron zurück ins Adlon, wo er durch den Hotelarzt Dr. Wille sofort versorgt wurde. Trotzdem starb er wenig später an den Folgen seiner Verletzungen. Ein Schock für Louis – und alle Hotelmitarbeiterinnen und Hotelmitarbeiter. Keiner traute dem zurückhaltenden Louis die Tatkraft und den Mut zu, ein Hotel wie das Adlon durch diese unruhigen Zeiten zu führen. Alle spürten, welch großen Verlust Lorenz' Tod bedeutete. Dementsprechend emotional klang die Traueranzeige der Belegschaft, die am 9. April 1921 im *Berliner Tageblatt* erschien: »Unser allseitig verehrter Seniorchef Herr Lorenz Adlon entschlief am 7. April nach längerer Krankheit. In aufrichtiger, tiefer Trauer beklagen wir den Heimgang dieses seltenen Chefs, der nichts anderes kannte als Arbeit und treue Pflichterfüllung. Er wird uns stets ein leuchtendes Vorbild sein. Die Direktion und die Angestellten des Hotel Adlon und der Weingroßhandlung Lorenz Adlon.« Geradezu nüchtern wirkt dagegen die Anzeige der Familie – am selben Tag im selben Blatt: »Am Donnerstag, den 7. April, entschlief sanft nach längerer Krankheit an den Folgen eines Unfalls unser lieber, unvergesslicher Vater, Schwiegervater und Onkel, der Hotelbesitzer Lorenz Adlon im 72. Lebensjahr nach einem arbeitsreichen und erfolgreichen Leben.« Als trauernde Hinterbliebene grüßten Louis Adlon, seine Frau Tilli, die fünf gemeinsamen Kinder und Louis' Schwester Katharina. Kein Wort von Hedda. Natürlich nicht. Die teilte zwar Louis' Leben und sein Bett – und das angeblich auch nicht besonders diskret. Dennoch war sie nicht die offizielle Frau an Louis' Seite. Und das passte ihr nicht.

Sobald Lorenz, der allseits bewunderte Hotelgründer, unter der Erde war, begann Hedda den Druck auf Louis zu erhöhen, endlich seine Familie zu verlassen. Gleichzeitig sah man sie nun häufiger am Empfang mit den Gästen plaudern, von denen die neu angereisten sie bald ganz selbstverständlich mit »Frau Adlon« ansprachen. Sie wussten es ja nicht besser ... Viele kamen – wie Hedda – aus New York, Profiteure, die angereist waren, um im wirtschaftlich am Boden liegenden Deutschland billige Geschäfte zu machen – achtzig Jahre später nannte man solche Menschen Heuschrecken.

Der schwere Bronzekaiser mit dem Reichsadler auf dem Kopf, der nach wie vor in einer Nische in der Lobby stand, blickte nur noch höchst selten auf hochgeborene Damen mit uniformierten Begleitern herab – meist waren es nun Herren in auffällig karierten Anzügen und mit roten Krawatten, die mit großen Diamanten geschmückt waren. Dazu trugen sie leuchtend gelbe Schuhe und Derby-Hüte. Es war eine neue Zeit angebrochen, in der sich Hedda spielerisch zurechtfand, während der steife Louis sich schwertat. Daher wehrte er sich auch nicht, als Hedda sich nun eingehender mit den Gepflogenheiten und Abläufen im Hotel beschäftigte. In der Küche, am Empfang, an der Bar, im Weinkeller. Und die Mitarbeiterinnen und Mitarbeiter waren hin- und hergerissen. Einerseits hatte diese forsche Frau aus den Staaten keinerlei Befugnisse, andererseits nahm sie sich der Dinge zumindest an, während Louis sich häufiger in seinem Arbeitszimmer verkroch, um sich mit den Zahlen zu beschäftigen. Die Leichtigkeit, die ihm im Umgang mit Menschen fehlte, bewies er beim Umgang mit Banken und Bilanzen.

Durch den Verkauf seines großen und wertvollen Weinvorrats gelang es Louis bald, die laufenden Schulden zu tilgen. Unter seiner geschickten kaufmännischen Führung wurde das Adlon zum ersten Mal schuldenfrei. Und wieder feierte Hedda ihren Louis für diesen Erfolg: *Einmalig dass der Sohn das Haus zur höchsten Blüte führte und absoluter Familienbesitz war. Meist verwirtschaften nachfolgende Generationen den Besitz. Wir sagten den berühmten Satz: Was du von deinen Vätern hast, erwirb es, um es zu besitzen.*

Eigentlich lief alles perfekt. Hedda hatte sich längst unabkömmlich gemacht – für Louis und das Hotel. Doch sobald die echte Frau Adlon ins Foyer rauschte, womöglich noch in Begleitung ihrer verwöhnten Kinder, musste Hedda sich verkrümeln – und Louis parat stehen. Hedda schäumte jedes Mal vor Wut. Und irgendwann hielt sie es nicht mehr aus, sie stellte Louis ein Ultimatum: Entweder er verließ seine

Familie, oder Hedda würde ihn verlassen und nach New York zurückkehren.

Schon die Vorstellung, Hedda nicht mehr um sich zu haben, war für Louis unerträglich. Er hatte sehr wohl verstanden, dass diese hemdsärmelige Frau nicht nur für ihn, sondern auch für das Hotel die Rettung bedeutete. Und so fand am 23. November 1922, nur etwa eine Woche nach der Scheidung von seiner ersten Ehefrau Tilli, endlich ihre Hochzeit statt. Um die Banken nicht unnötig in Aufruhr zu versetzen, so still und leise, wie zuvor die Scheidung von Tilli vollzogen worden war. Einem amerikanischen Journalisten erklärte Hedda: *Es kam, wie es kommen musste: Ich bin seine glückliche Frau. In all meinem Überfluss an Glück würde ich gerne jedem Lebewesen im Universum die Hand schütteln und sagen, wie glücklich ich bin, und versuchen, ihnen auf die eine oder andere Weise zu helfen, ebenfalls glücklich zu sein.*

Und ich vermute, Louis ging es ebenso. Zum ersten Mal in seinem Leben fühlte er sich vollkommen angenommen. Er war nicht mehr der verspottete Tänzer, ganz im Gegenteil: Hedda liebte es, mit ihm zu tanzen. Und auch ihre Familie hatte Louis mit offenen Armen aufgenommen. Als Heddas Schwester Franziska am 30. Dezember 1922 – wieder sehr reich – den niederländischen Privatier Alexander Kissing heiratete, stand Louis als Trauzeuge an ihrer Seite. Gefeiert wurde natürlich standesgemäß im Adlon. So gefiel das dem Seithen-Clan! Es hätte für Louis und Hedda jetzt also endlich alles gut werden können. Aber so sonnig es im Inneren war, so sehr brodelte es im Außen.

Das Jahr 1923 begann mit der Ruhrkrise. Belgische und französische Truppen waren mit 60 000 Soldaten ins Ruhrgebiet einmarschiert, nachdem Deutschland weder den Zahlungsverpflichtungen nachgekommen war noch den Siegermächten die versprochene Menge Holz und Kohle geliefert hatte. Insgeheim hatten die Franzosen vermutlich das Ziel, die deutsche Westgrenze weiter in Richtung Osten zu verschieben. Dementsprechend empört reagierte die Reichsregierung. Umgehend verbot sie ihren Beamten, die Befehle der Besatzer auszuführen. Und tatsächlich leisteten die Menschen einen stillen Widerstand. Dieser Produktionsstillstand im Zentrum der deutschen Schwerindustrie war allerdings wirtschaftlich ein Desaster und verschärfte die Inflation. Zudem schuldete Deutschland nicht nur den Siegermächten Geld, sondern auch den deutschen Bürgern, die Kriegsanleihen gekauft hatten. Also begann der Staat, Geld zu drucken: Zeitweilig sollen über 400 Trillionen Reichsmark im Umlauf gewesen sein. Man sprach bald nicht mehr von einer Inflation, sondern von einer Hyperinflation. Innerhalb von Stunden oder sogar Minuten konnte das Geld an Wert verlieren. Es war die bis dahin schlimmste Geldentwertung der Geschichte. *Der Geldschein, der am Abend noch ausreichte, ein Menü damit zu bezahlen, genügte am Morgen kaum mehr für eine Tasse Kaffee*, erinnerte sich Hedda in ihrem Buch. Und Louis kam aus seinem Arbeitszimmer kaum mehr heraus, weil er ständig die Preise auf den Speisekarten, die Kosten für Hotelübernachtungen und Gehälter neu kalkulieren musste.

Löhne wurden inzwischen täglich ausgezahlt. Vor dem Hinterausgang des Adlon und allen anderen Arbeitsstätten der Stadt warteten jeden Tag die Frauen der Angestellten mit Körben, Schubkarren oder Kinderwagen, um das Gehalt schnellstmöglich gegen Essen und andere Waren einzutauschen. Kostete ein Ei im Juni 1923 noch 800 Mark, waren es im Dezember bereits 320 Milliarden. Jahrelang mühsam angesparte Rücklagen schmolzen weg, die Wechsel für die Kreditanleihen waren plötzlich wertlos. Nun musste die geplagte Bevölkerung auch noch die Zeche für den Ersten Weltkrieg zahlen ...

Reich war daher, wer über eine stabile Währung wie den Dollar verfügte. Wie Hedda. 1923 stieg sie mit einer Zahlung von *2000 Dollars* ins Adlon ein. Damit war sie offizielle Mitinhaberin des Hotels und der Weinhandlung – und Deutschlands ungekrönte Hotelkönigin. Sie bewies ein mehr als glückliches Händchen, das Hotel durch die turbulenten Zeiten zu führen. Ich glaube, der verstorbene Hotelgründer Lorenz, der so sehr gegen ihre Verbindung gewesen war, hätte seine Freude an ihr gehabt. Auch wenn ihm manche Neuerungen wahrscheinlich graue Haare hätten wachsen lassen … Denn nun begannen die wilden Goldenen Zwanziger. Auch im gediegenen Adlon.

Mit der Einführung der Reichsmark unter Reichskanzler Gustav Stresemann stabilisierte sich ab November 1923 allmählich die Wirtschaft. Endlich gab es Arbeit! Die Löhne stiegen. Es kam wieder Leben in die Stadt – und in das Hotel. Die Leute wollten es sich nach den entbehrungsreichen Jahren gut gehen lassen. Im Adlon wurden opulente Menüs gezaubert, wie man sie aus der Zeit vor dem Krieg kannte. Hedda schwelgte in ihrem neuen Leben. Sie stürzte sich in die Arbeit und genoss den Luxus und die Menschen, die sie umgaben. *Wie schön es war, da man nur mit den Besten und Gebildetsten Menschen der Welt zusammenkam*, schrieb sie später ihrer Schwester Franziska. Hedda kaufte sich – für Frauen dieser Zeit durchaus ungewöhnlich – ihr eigenes Auto, mit dem sie sogar an Geschicklichkeitsprüfungen und Rennen teilnahm. Als der Deutsche Damen Automobilclub e. V. gegründet wurde, gehörte sie neben der Rennfahrerin Elisabeth Junek, der Schauspielerin Lilian Harvey und den Von-Opel-Damen zu den ersten Mitgliedern. Wann immer sich eine Gelegenheit ergab, unternahm sie mit Louis aufregende Reisen. Und während die meisten Frauen der gehobenen Gesellschaft mittlerweile aufs Dessert verzichteten, weil es allgemein hieß, dass die Figur darunter leiden würde, scherte Hedda sich nicht darum. *Einen richtigen Abschluss eines hervorragenden Mahles gibt es nur mit etwas Süßem oder etwas Kaltem. Es schließt den Magen und beruhigt das Gehirn*, sagte sie. Hedda hielt nichts von Verzicht und preußischer Enthaltsamkeit ...

Sie schlug Louis vor, im Adlon die Pariser Mode der Fünfuhrtanztees einzuführen. Mit fest angestellten Eintänzern für alleinstehende Damen. Louis reagierte erst einmal entsetzt.

»Eintänzer gibt es nur in Etablissements niederen Ranges!«, rief er aus.

Aber Hedda ließ sich nicht beirren. »Unsere sind adelige Herren mit sehr gutem Aussehen, diskretem Benehmen und ausgezeichneter Erziehung«, hielt sie dagegen.

Was Louis noch bleicher werden ließ. Schließlich kannte er seine Frau und wusste, dass sie durchsetzte, was sie sich in den Kopf gesetzt hatte. Und er wusste genau wie sie, dass es in der Hauptstadt nur so von verarmten Adeligen wimmelte, die mit Inkrafttreten der Weimarer Reichsverfassung sämtliche Privilegien verloren hatten. Viele kannte Louis noch aus der Kaiserzeit als Gäste. Jetzt sollte er sie fragen, ob sie bei ihm als Tänzer anfangen wollten?

»Unbedingt!«, fand Hedda. Und bewies das richtige Gespür.

Die Tanztees, die von dem bekannten österreichischen Orchesterleiter Marek Weber begleitet wurden, entwickelten sich schnell zu einer beliebten Attraktion im Adlon und machten Weber zum Star. Die Presse textete Lobeshymnen auf ihn. Er war »Der überragende Marek Weber«. Sie schrieben: »Er hat auf der ganzen Welt heute nicht seinesgleichen.« Bald kopierten viele andere hochrangige Hotels der Stadt Heddas Idee. Um die zu toppen, überlegte Hedda, eine zweite Tanzkapelle einzustellen, damit man im Adlon flexibler und schneller auf die Musikwünsche der Gäste eingehen konnte als in den anderen Hotels. Nun erwies es sich jedoch als schwierig, ein zweites Orchester zu finden, das es mit Marek Weber aufnehmen konnte.

Ganz überraschend entdeckten sie auf einer Ägypten-Reise im Heliopolis Palace, dem luxuriösesten Hotel ganz Afrikas, in dem viele europäische Könige und Königinnen ihren Urlaub verbrachten und in dem heute der ägyptische Präsident residiert, eine passende Kapelle, warben sie sofort ab und nahmen sie mit nach Berlin. Und auch diese Idee erwies sich als Erfolg! Hedda wirbelte durch das Haus, dass Louis mitunter ganz schwindlig wurde. *Dass ich, wenn ich eine Sache übernehme, mich gleich so hereinwürge, ist ja meine Sache und mein Temperament – auch Pflichtgefühl. Kurz: Ich kann eben nichts im Leben auf die leichte Schulter nehmen wie so viele*, beschrieb sie sich später einmal.

Und so veränderte sie hier und da, wo sie es notwendig fand, ordnete verschiedene Baumaßnahmen an, bis das Adlon nicht mehr wie eine Reminiszenz an die Kaiserzeit wirkte, sondern wie ein der Tradition verpflichtetes, aber dennoch hochmodernes Haus. Nur die Kaiserbüste, die blieb stehen. Da ließ Louis nicht mit sich reden. Trotzdem staunte er an manchen Morgen, wenn es im Haus noch etwas ruhiger war und er seine Kontrollrunde drehte, wie stark sich sein Hotel gewandelt hatte: Die American Bar war nun deutlich größer, das Restaurant zum Goethegarten wirkte viel heller und leichter, ohne Eleganz eingebüßt zu haben. Im Erdgeschoss gab es inzwischen ein Reisebüro der Norddeutschen Lloyd, wo die Gäste mal eben nach dem Frühstück ihre Weiterreise buchen konnten. Und von der neuesten Umbaumaßnahme, der Gartenterrasse, schwärmte sogar ein erfolgreicher Kolumnist, der seine Texte unter dem Pseudonym Rumpelstilzchen veröffentlichte: »Fast ganz unter uns sind wir jetzt, wenn wir zum Tee zu Adlon gehen. Dieses modernste Berliner Hotel hat kürzlich seinen mächtigen Innenhof, in den kein Straßenlärm dringt, zu einem Freiluftsaal umgebaut. Riesige Wände und Dächer aus Glas sind verschiebbar, verschwinden bei gutem Wetter und rollen bei schlechtem hervor. Marek Weber spielt für die gute Gesellschaft aus aller Herren Länder. Es sind auch zwei kommandierte Tanzherren da, so daß Frau Soundso während der Konferenz ihres Gatten, die drinnen im Hotel stattfindet, die gewohnte Bewegung nicht zu vermissen braucht.

Da erscheint, kurz nach 5 Uhr, ein neuer Tanzherr. Aber das ist sicher kein abgebauter Bankbeamter. Das ist ein Schlossherr. Das ist ein Marquis von normannischem Adel. Das ist sicher ein Nachkomme von Kreuzfahrern. Hoch und schlank. Glatt anliegendes, aber nicht modern langsträhniges, silberweißes Haar, weißer, kleiner Schnurrbart. Ein frisches, ebenmäßiges, vornehmes Gesicht. Tadellos gekleidet, von der Schlipsperle bis zu den weißen Gamaschen. Und wie famos und elegant der alte Herr tanzt, wie sicher er seine Damen führt, wie ritterlich er ihnen später die Hand küsst! Zu seinem Tischchen ganz hinten in der Ecke bringen die Kellner ihm immer wieder Visitenkarten: da ist die Frau Generaldirektor aus Wien, da die Komtess aus Ostpreußen, da die Majorswitwe aus Edinburgh, da die Musikstudentin aus Chicago, die alle mit ihm tanzen möchten, am liebsten einen Tango; aber auch der Charleston ist, befindet man sich in seinem Arm, nicht zu verachten, denn er tanzt ihn ohne hysterisches Gezappel. Er lässt keinen Tanz aus. ›Sind Bekannte da?‹ hat er schon beim Eintreten den Hotelmanager gefragt. So widmet er einer Dame fast ein Drittel seiner ganzen Zeit. Er ist danach immer noch von Kopf bis zu den Füßen untadelig; sie hat den ganzen Rücken durchgeschwitzt. Ein Ehepaar aus dem Reiche sitzt am Nebentisch und macht Kulleraugen. Fabelhaft, was für einen repräsentablen Herrn sich das Adlon da gefischt hat. Was der wohl von Beruf gewesen sein mag, ehe er so verarmte, und nun nachmittags und abends seine schlanke Figur herleiht? Ob man dem Manne nicht irgendwie helfen kann? Schon winkt das Ehepaar einen Kellner heran, steckt ihm eine Mark extra zu und bittet um die nötigen Recherchen. Der sieht die Leutchen nur entgeistert an und sagt: ›Aber das ist doch Herr Louis Adlon selber.‹«

Und die Dame, der er ein Drittel seiner Tanzkarte widmete? Das war wohl Hedda. Ich könnte mir vorstellen, dass Louis die eher seltenen Momente genoss, in denen er einmal seine Frau führen durfte. Ansonsten hatte zweifelsohne Hedda die Führung übernommen.

Innerhalb kürzester Zeit hatte sie das Hotel und ihr ganzes Leben nach ihren Vorstellungen gestaltet. Und wenn sie mal die Lust überkam, in ihre alte Rolle als Sängerin zu schlüpfen, organisierte sie kurzerhand eine Charity-Veranstaltung – und empfing dafür das Lob der Presse. Mindestens ebenso beliebt waren ihre Hundeausstellungen, an denen sie selbst regelmäßig mit einem ihrer zwischenzeitlich 28 Palasthunde teilnahm – selbstverständlich hatte sie für deren liebevolle Betreuung Personal angestellt. Und farblich perfekt in Weiß-Braun auf den Hund abgestimmt, konnte sie auch mindestens einmal den ersten Preis entgegennehmen.

Das Einzige, was Hedda jetzt noch ein Dorn im Auge war, waren Louis' Kinder. Hedda fand sie viel zu verweichlicht und verzogen. Das Hotel interessierte sie nicht. Von Arbeit wollten sie ohnehin nichts wissen. Und eigentlich tauchten sie nur auf, wenn sie von Papa Geld brauchten. Deshalb regte Hedda an, zumindest die vier Ältesten nach Amerika zu schicken, damit sie dort eine gute Ausbildung bekamen. Und Louis fügte sich ihrem Wunsch – sowieso und weil er wahrscheinlich auch einsah, dass es andernfalls später schwierig werden würde mit einem Hotelerben. Die älteste Tochter Susanne sollte eine renommierte Boarding School besuchen, wo sie weiterhin das Leben einer reichen Tochter führte – nur eben vor einer amerikanischen Kulisse: mit Partys, Segeltouren, Kino, Strand und anderen Vergnügungen, von denen eine damit endete, dass sie sich verlobte. Zu Papas Freude mit einem Hotelerben, Wolfgang, den sie zärtlich »my Wolfe« nannte. Bis sie nach einem Besuch in der Metropolitan Opera den deutschen Tenor Rudolf Laubenthal kennenlernte, der mein Großvater wurde. In ihn verliebte sie sich unsterblich, was Papa Louis dann schon weniger recht war. Und das nicht nur, weil damit der Hotelerbe futsch, sondern vor allem, weil der Sänger verheiratet war.

Die drei Jungs, Larry und die Zwillinge Louis junior und Carl, sollten im Hotelgewerbe lernen. Und zwar von der Pike auf. Man kann es sich vorstellen: Kartoffeln zu schälen und auf dem Grill das Fleisch zu wenden, gefiel ihnen nicht so richtig gut. Und so wurde Hedda von Tilli und ihren Kindern nur noch »das Miststück« genannt. Was Hedda aber nicht davon abhielt, den Kindern fortan Postkarten mit ihrem Konterfei in aufreizender Pose zu schicken: *In Liebe, dein Stiefmütterlein*, stand darauf. Und vielleicht meinte sie es sogar so. Zumindest ließ sie es sich nicht nehmen, die Kinder regelmäßig zusammen mit Louis auf der anderen Seite des Atlantiks zu besuchen.

Von einer dieser Zusammenkünfte in Kansas City, wo Larry, Louis ältester Sohn, im renommierten Hotel Muehlebach arbeitete, gibt es eine sehr nette Anekdote. Larry hatte einem amerikanischen Reporter erzählt, dass er, während Louis und Hedda in der Stadt weilten, nach seinem Feier-

Hedda Seithen

Die Seithen-Schwestern, v. l. Hedda,
Franziska und Agnes.

Bruder Fritz …

… und Agnes, die zukünftige
Baronin von Winkler.

Iwan Burger, der sein Geld mit importierten Herings- und Sardinenkonserven gemacht hat.

Die Hudson Street in New York um 1913. Hedda hatte sich ihr neues Zuhause bestimmt anders vorgestellt.

Die S.S. Amerika, auf der Hedda 1913 nach Amerika auswanderte.

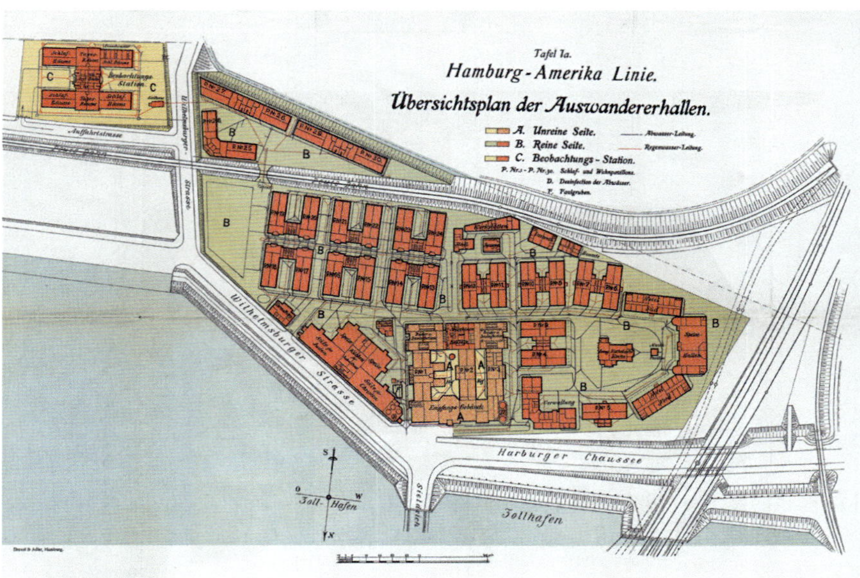

Die Auswandererhallen in Hamburg. Unrein, rein, Christen, Juden – alle wurden fein säuberlich separiert.

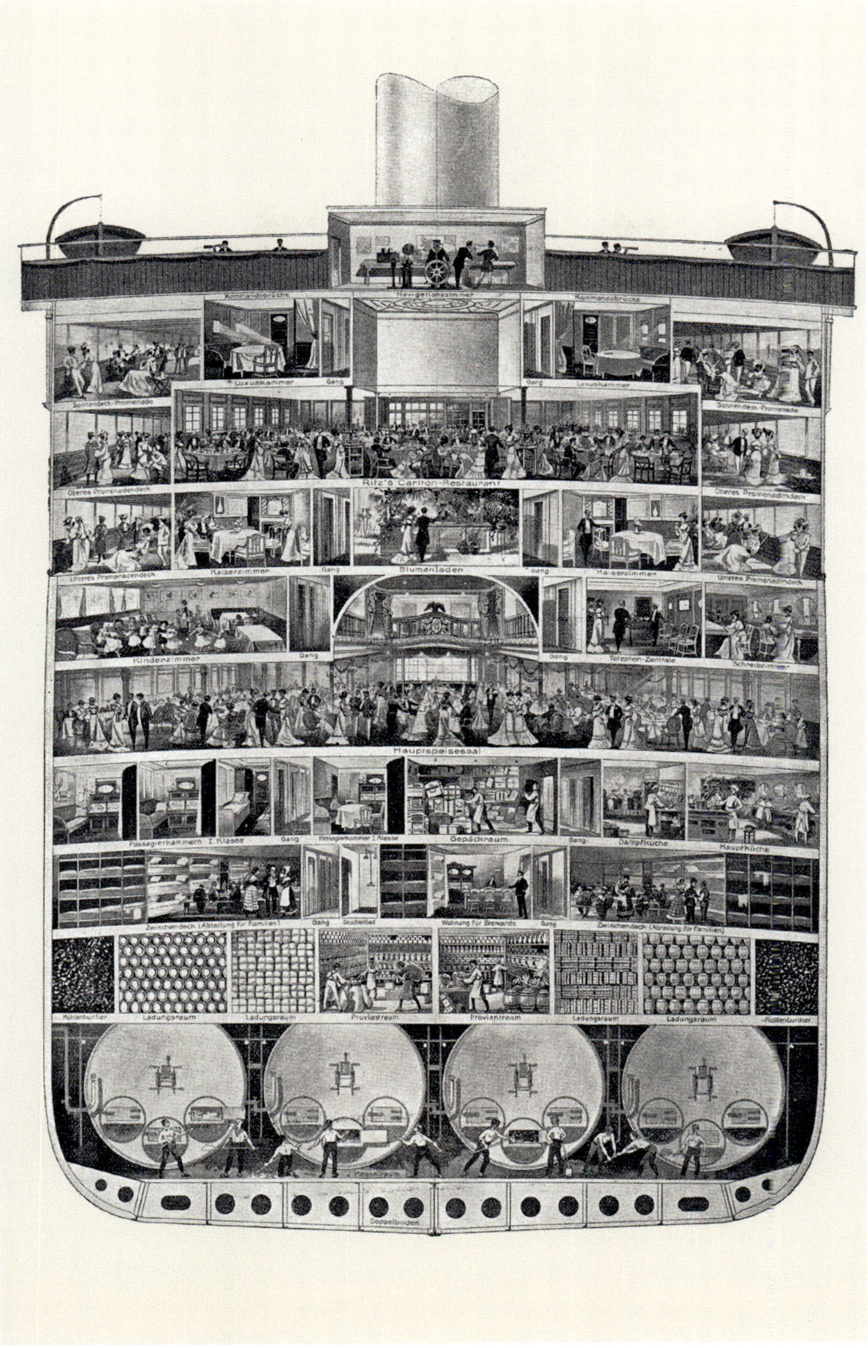

Querschnitt der S.S. Amerika.

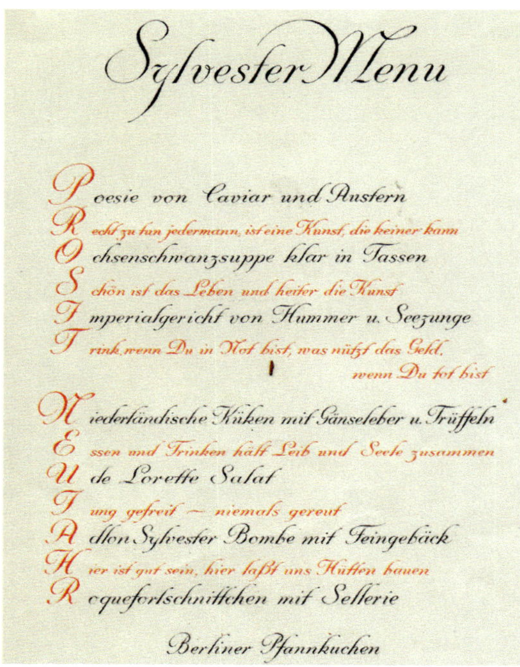

Sylvester Menu

Poesie von Caviar und Austern
Recht zu tun jedermann, ist eine Kunst, die keiner kann
Ochsenschwanzsuppe klar in Tassen
Schön ist das Leben und heiter die Kunst
Imperialgericht von Hummer u. Seezunge
Trink, wenn Du in Not bist, was nützt das Geld,
wenn Du tot bist

Niederländische Küken mit Gänseleber u. Trüffeln
Essen und Trinken hält Leib und Seele zusammen
Ude Lorette Salat
Jung gefreit – niemals gereut
Adlon Sylvester Bombe mit Feingebäck
Hier ist gut sein, hier laßt uns Hütten bauen
Roquefortschnittchen mit Sellerie

Berliner Pfannkuchen

In dieser Nacht sollte sich Heddas und Louis' Leben für immer verändern!

Still und leise hatten sich Louis und Hedda 1922 das Jawort gegeben.

Mit Heddas Einfluss erwachte das Adlon aus seinem Trauma
der Folgen des 1. Weltkriegs.

Der begeisterte Reiter Louis vor der frisch renovierten Villa in Neu Fahrland.

Die Adlon-Villa in Neu Fahrland, auch »Hedda Haus« genannt.

Diese aus der Villa geretteten Gemälde hängen heute
in der Lounge des Bristol Hotels in Berlin.

Glückliche Zeiten ...

Auf der Kühlerhaube ihres Mercedes ist der »Adlon Oblige«-Adler zu erkennen.

Der berühmte Tanztee im Adlon, den Hedda und Louis nur selten verpassten.

Marek Weber und Dajos Béla waren die beliebtesten Tanzorchesterleiter ihrer Zeit. Beiden verhalfen Louis und Hedda nach der Machtergreifung 1933 zur Flucht. Hedda schenkte Weber zum Abschied eine Amati-Geige

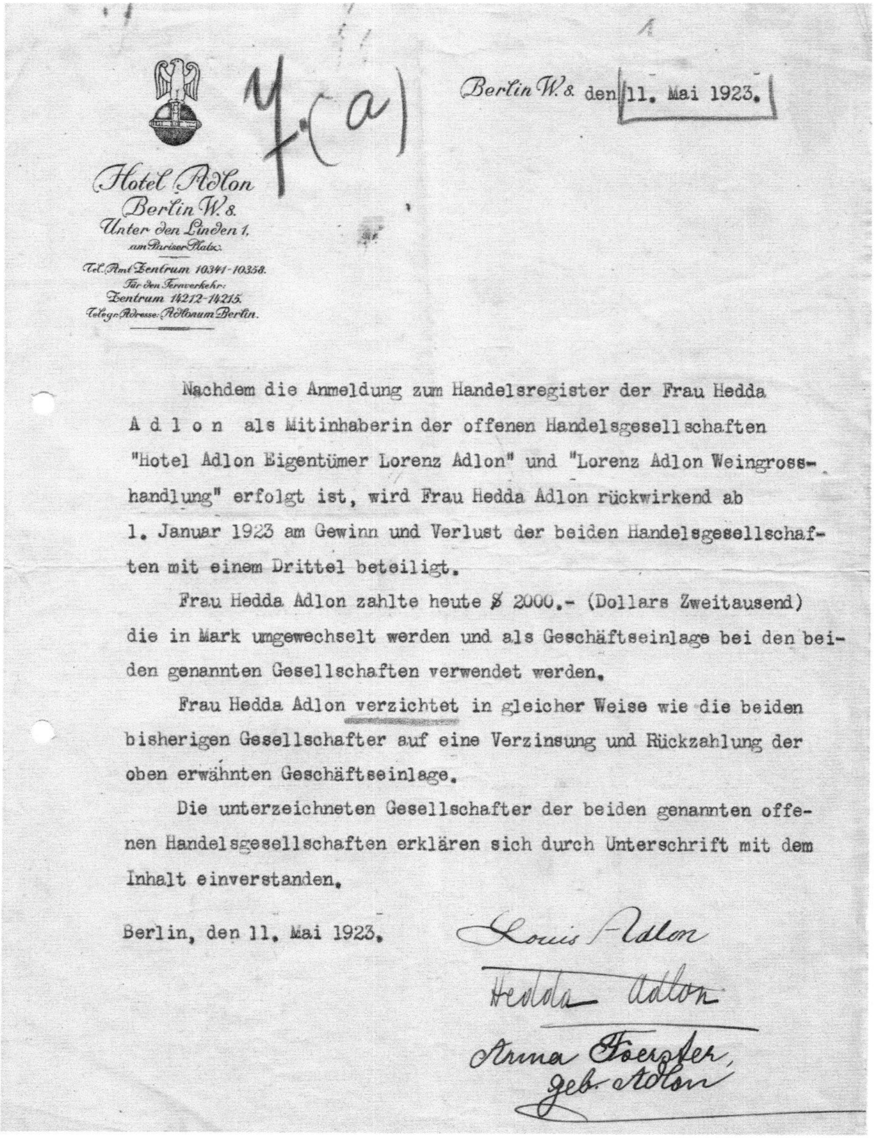

Hotel Adlon
Berlin W. 8.
Unter den Linden 1,
am Pariser Platz.

Tel. Amt Zentrum 10341-10358.
Für den Fernverkehr:
Zentrum 14212-14215.
Telegr. Adresse: Adlonum Berlin.

Y (a)

Berlin W. 8. den 11. Mai 1923.

Nachdem die Anmeldung zum Handelsregister der Frau Hedda A d l o n als Mitinhaberin der offenen Handelsgesellschaften "Hotel Adlon Eigentümer Lorenz Adlon" und "Lorenz Adlon Weingrosshandlung" erfolgt ist, wird Frau Hedda Adlon rückwirkend ab 1. Januar 1923 am Gewinn und Verlust der beiden Handelsgesellschaften mit einem Drittel beteiligt.

Frau Hedda Adlon zahlte heute $ 2000.- (Dollars Zweitausend) die in Mark umgewechselt werden und als Geschäftseinlage bei den beiden genannten Gesellschaften verwendet werden.

Frau Hedda Adlon verzichtet in gleicher Weise wie die beiden bisherigen Gesellschafter auf eine Verzinsung und Rückzahlung der oben erwähnten Geschäftseinlage.

Die unterzeichneten Gesellschafter der beiden genannten offenen Handelsgesellschaften erklären sich durch Unterschrift mit dem Inhalt einverstanden.

Berlin, den 11. Mai 1923.

Louis Adlon
Hedda Adlon
Anna Foerster,
geb. Adlon

Hedda wurde 1923 Teilhaberin der Adlon Handelsgesellschaften.

Die Küchenbrigade des Hotel Adlon war bekannt für die Tafeln, die sie zauberte. Room Service gab es bis 4 Uhr nachts.

Heddas Schwestern und Nichten feierten gern im Adlon …
Wer würde das nicht?

Hedda brachte Lieselotte in das gleiche Pensionat in Monaco, in dem sie selbst als Mädchen gewesen war.

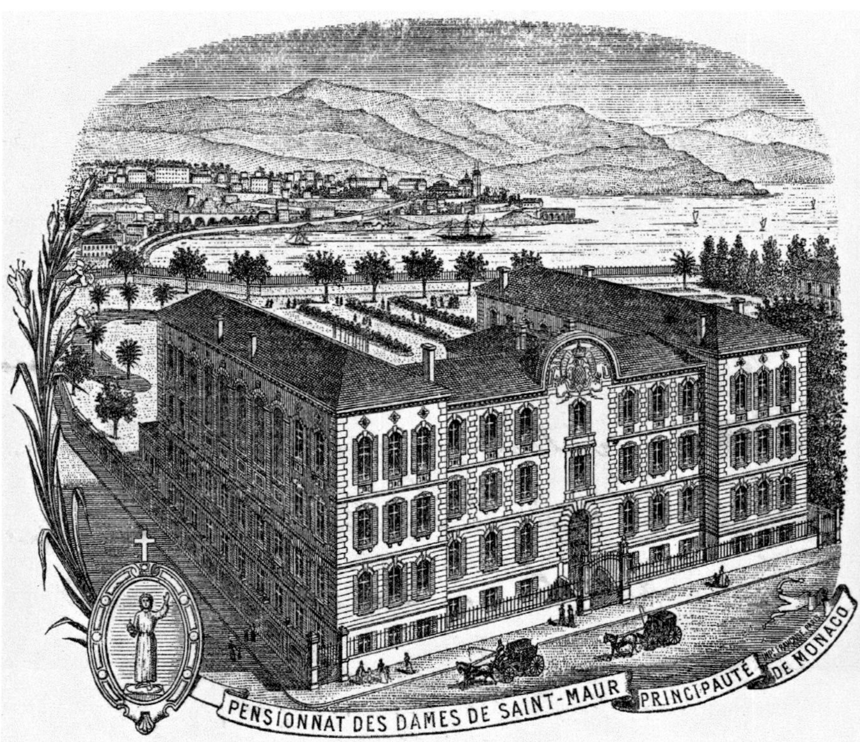

Der Kamin in der Adlon Villa mit dem »Adlon Oblige«-Wappen.
Der Schnabel wurde von einem russischen Soldaten abgeschlagen.

Louis sorgte dafür, dass sein Freund Generalleutnant Paul von Hase die Gespräche zur Planung des Stauffenberg-Attentats im Adlon führen konnte, direkt unter der Nase der Nazis.

Paul von Hase, dessen Aufgabe im Putschversuch es war, das Regierungsviertel abzusperren und Göbbels verhaften zu lassen, wurde am 8. August 1944 hingerichtet.

Margarethe von Hase kam mit ihren zwei erwachsenen Kindern in Sippenhaft. Der siebenjährige Friedrich-Wilhelm wurde zur »Umerziehung« in ein Heim in Bad Sachsa gesteckt.

Der Pariser Platz im Frühling 1945.

Das Adlon, bevor die Russen es ansteckten.

Auf dem Paradebalkon über dem Haupteingang –
das letzte Bild vor der Brandstiftung.

In Adlon-Decken gehüllte Verwundete wurden aus dem brennenden Notlazarett evakuiert.

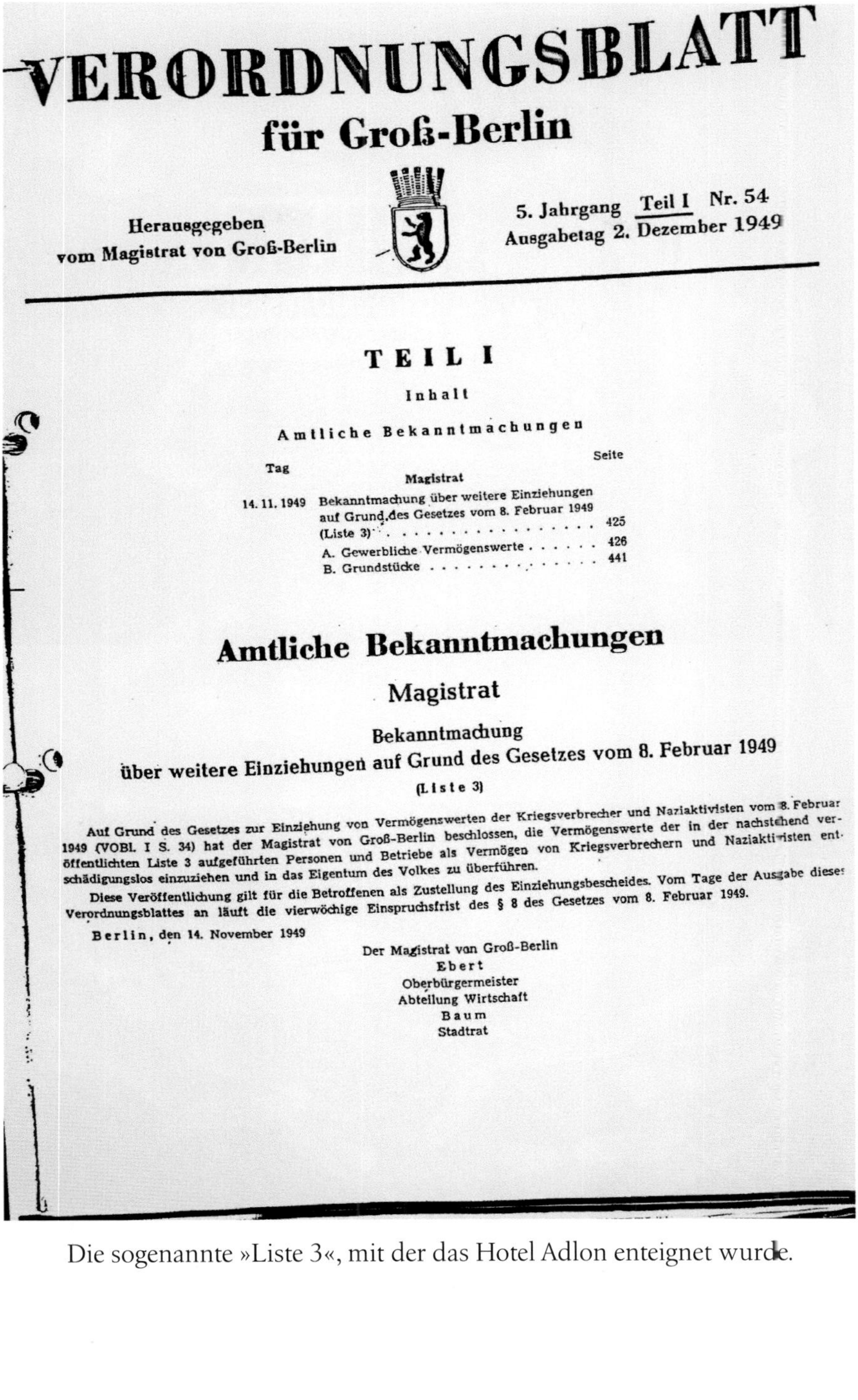

VERORDNUNGSBLATT

für Groß-Berlin

Herausgegeben vom Magistrat von Groß-Berlin

5. Jahrgang Teil I Nr. 54
Ausgabetag 2. Dezember 1949

TEIL I

Inhalt

Amtliche Bekanntmachungen

Amtliche Bekanntmachungen

Magistrat

Bekanntmachung über weitere Einziehungen auf Grund des Gesetzes vom 8. Februar 1949

(Liste 3)

Auf Grund des Gesetzes zur Einziehung von Vermögenswerten der Kriegsverbrecher und Naziaktivisten vom 8. Februar 1949 (VOBl. I S. 34) hat der Magistrat von Groß-Berlin beschlossen, die Vermögenswerte der in der nachstehend veröffentlichten Liste 3 aufgeführten Personen und Betriebe als Vermögen von Kriegsverbrechern und Naziaktivisten entschädigungslos einzuziehen und in das Eigentum des Volkes zu überführen.

Diese Veröffentlichung gilt für die Betroffenen als Zustellung des Einziehungsbescheides. Vom Tage der Ausgabe dieses Verordnungsblattes an läuft die vierwöchige Einspruchsfrist des § 8 des Gesetzes vom 8. Februar 1949.

Berlin, den 14. November 1949

Der Magistrat von Groß-Berlin
Ebert
Oberbürgermeister
Abteilung Wirtschaft
Baum
Stadtrat

Die sogenannte »Liste 3«, mit der das Hotel Adlon enteignet wurde.

Bis zur Enteignung arbeitete Hedda am Wiederaufbau des Hotels.

Der Pariser Platz nach dem Mauerbau – oben links das abgetragene Adlon.

Hedda mit Willy Brandt und Conrad Hilton bei der Eröffnung des ersten Hilton Hotels in Deutschland 1958.

Zu gerne wüsste ich, was Hedda mit Brandt bespricht.

Conrad Hilton Jr. in Heddas Bann. Mein Lieblingsbild aus dieser Zeit.

Hedda mit Artur Brauner vor der *Hotel Adlon*-Filmkulisse 1955 …

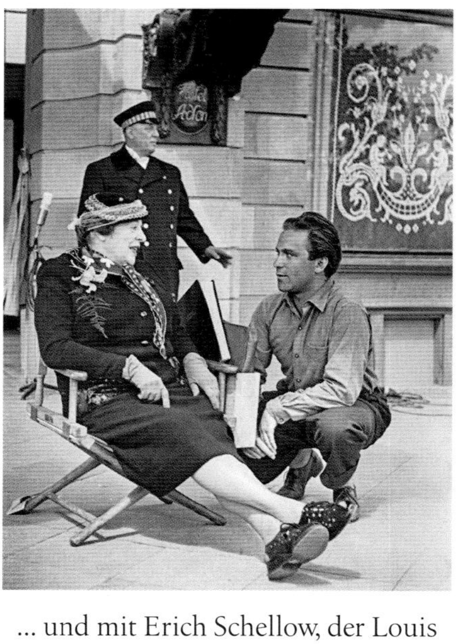

… und mit Erich Schellow, der Louis im Film spielte.

Die Filmpremiere war einer der letzten großen Momente in Heddas Leben.

Louis mit seiner Lotusblume.

Mein Ninchen und ich.

Gut 100 Jahre liegen zwischen diesen Aufnahmen in Neu Fahrland.

abend zur Shriners Convention gegangen war. »Ich habe noch nie solche Paraden gesehen. Ich werde sie nie vergessen. Dann wurde auf den Straßen getanzt, und Sie wissen, wie gern ich tanze. Ich wusste aber, dass ich mich benehmen musste, während meine Eltern hier waren. Nun, eines Tages ließen sie mich im Hotel und sagten, sie würden ein bisschen herumlaufen, also ging ich auch herum und kam zu der sogenannten Petticoat Lane und sah den Leuten zu, die dort tanzten. Ich wünschte, ich könnte es auch tun, als ich plötzlich meinen Vater und meine Mutter mitten auf der Straße tanzen sah, die so viel Spaß hatten wie kaum ein anderer. Ich habe mir also keine Sorgen mehr gemacht, und Sie können wetten, dass ich ihnen etwas über das Tanzen gezeigt habe.«

Man kann sich den tanzenden Louis kaum vorstellen, wenn man die Bilder sieht, auf denen er stets kerzengrade mit ernstem Gesicht in die Kamera schaut. Die lebenslustige Hedda muss Louis geholfen haben, seinen steifen Panzer und alle Komplexe abzuschütteln, die ihn sein Leben lang begleitet hatten. An ihrer Seite wuchs Louis mit fast fünfzig Jahren endlich zu dem erfolgreichen Hotelmanager heran, den Lorenz nie und Hedda immer in ihm gesehen hatte. Und auch sie selbst blühte auf.

An ihren alten Traum, eine berühmte Sängerin zu werden, dachte sie kaum noch. Ihre neue Bühne war das Adlon, das sie mit derselben Wärme und Kreativität füllte, mit der auch ihr Schwiegervater Lorenz es geführt hatte. Ihr Publikum waren die zufriedenen Gäste, die sich sichtbar freuten, wenn Frau Hoteldirektorin persönlich sie bei ihrer Ankunft begrüßte. Heddas glühendster Bewunderer blieb allerdings Louis, der sie verwöhnte, mit Blumen überhäufte und sie liebevoll seine »Lotusblüte«, seinen »Maienmorgen« und »immer leuchtend« nannte. Sie standen eng beieinander, unterstützten und stärkten sich und gingen jeden Weg gemeinsam.

Als Heddas Bruder Fritz starb, war klar, dass er seine letzte Ruhestätte im Familiengrab der Adlons finden würde. Sein Tod war für alle ein Schock. Er war zwar gesundheitlich angeschlagen, aber stabil gewesen. In den vergangenen Jahren hatte er sogar beruflich wieder Erfolg gehabt und sich endlich mal eine Auszeit genommen, um sich in einem Sanatorium im niedersächsischen Bad Nenndorf ein wenig aufpäppeln zu lassen. Der Kurort war für seine Schwefelquellen bekannt; es waren die stärksten in Europa. Sie sollten Rheuma, Gicht und Hautleiden heilen. Berühmte Persönlichkeiten wie Goethe, Schiller und Herder hatten von Bad Nenndorf als »einem der ersten Plätze unter den Heilquellen Deutschlands« geschwärmt. Die Schwestern hatten ihrem Bruder noch zugeraten, die Kur zu machen, von der sie alle hofften, dass sie endlich seine Gliederschmerzen lindern würden. Doch offenbar hatten die Moorbäder sein krankes Herz zu sehr angestrengt. Am 5. Mai 1925 erlitt Fritz einen Herzschlag.

Seine elfjährige Tochter Lieselotte war zu der Zeit in Neustadt an der Dosse, nordwestlich von Berlin. Dort besuchte sie seit dem Tod ihrer Mutter, wenige Jahre zuvor, die Klosterschule der Ursulinerinnen. Nun war das arme Mädchen plötzlich Vollwaise. Hedda und ihren Schwestern war klar, dass sie sich um ihre Nichte kümmern würden. Doch keine von ihnen hatten die Zeit und die Bereitschaft, die Mutterrolle auszufüllen. Berta, die sehr liebevolle verwitwete Schwägerin, kümmerte sich bereits – neben ihrer Tochter Trude – um die Mutter, die nach mehreren kleinen Schlaganfällen nicht mehr in der Lage war, alleine in Neu Fahrland zu leben. Sie sah sich aber außerstande, auch noch Lieselotte aufzunehmen. Und so beschlossen die Schwestern, dass es für das Mädchen das Beste sei, sie in ein französisches Pensionat zu schicken, ein international anerkanntes Institut für die Erziehung von Töchtern aus gutem Hause auf dem Felsen von Monaco. Auch Hedda war dort gewesen und hatte nach eigenem Bekunden sehr viel gelernt. Deshalb hielt sie es für eine gute Idee und bedachte nicht, dass sie *vor* dem Krieg dort gewesen war. Und das machte einen Riesenunterschied, denn 1925 gab es im französischen Raum noch eine starke Abneigung gegen alles Deutsche.

Lieselottes Sohn schilderte später, wie sehr seine Mutter dort gelitten hatte: »Eine elsässische Schwester des Klosters tröstete sie in den Nächten, wenn sie vor Heimweh weinte und nicht schlafen konnte. Ihren deutschen Akzent in der Aussprache der französischen Sprache erklärte diese Nonne gegenüber ihren Mitschwestern damit, dass meine Mutter aus dem Elsass sei.« Ein Gebiet, das in seiner wechselvollen Geschichte mal zu Frankreich und mal zum Deutschen Reich gehört hatte, ehe es endgültig französisch wurde. Außerdem erzählte er: »Praktische Haushaltsführung lernte sie dort nicht. Sie wusste nicht einmal, wie man Eier zu kochen hatte ... Sie lernte schöngeistige Gespräche zu führen, Dienstboten anzuleiten und sich in einem hochherrschaftlichen Rahmen korrekt zu verhalten.«

Für Hedda und Louis bedeutete es, dass sie künftig nicht nur regelmäßig nach Amerika reisen mussten, um Louis' Kinder zu besuchen, sondern auch nach Monaco, um nach dem Lieseputtchen zu sehen. Obendrein hatte Louis sich in den Gedanken verliebt, in Neu Fahrland einen privaten Rückzugsraum für Hedda und sich zu schaffen, in dem es aber – selbstverständlich – auch die Möglichkeit geben sollte, besonders honore Gäste in einem intimeren Rahmen zu beherbergen. Damit die das Gefühl hatten, für die Adlons eine ganz besondere Rolle zu spielen. »Das stärkt die Bindung«, meinte Louis. Und Hedda gab ihm recht. Dennoch fühlte sie sich mit der Idee nicht ganz wohl. Außerdem hatten ihr der Tod des Bruders und die Schlaganfälle der Mutter zugesetzt. Man kann es ihr nicht verdenken. Die Trauer, die Sorge – und für nichts hatte sie Zeit. Es war schlicht nicht möglich, sich im Hotel spontan eine Auszeit zu nehmen. Wenn der Bruder starb, musste Hedda trotzdem gut gelaunt die Gäste in Empfang nehmen. Und wenn der Anruf kam, dass die Mutter mal wieder mit einem Schlaganfall im Krankenhaus lag, musste dennoch die nächste Veranstaltung im Adlon organisiert und moderiert werden. *Die Menschen glaubten ja nur, dass wir auf den Knopf drücken und Hummern, Austern, Kaviar essen und Champagner trinken, alles andere liefe von selbst. Pustekuchen!*, schrieb sie in einem ihrer Briefe.

Wie fordernd die Arbeit im Adlon gewesen sein muss, begreift man meiner Meinung nach am besten, wenn man den Begriff »Hotel Adlon« in den Tageszeitungen der damaligen Zeit eingibt. Da ist von Gentlemen-Dieben die Rede, die sich in das Hotel eingeschlichen hatten. Von Fassadenkletterern, die in die Zimmer einbrachen und Geld und Schmuck stahlen. Von Müttern, die versuchten, ihre Töchter in die Räume der betuchten Herren zu schmuggeln – zwecks Erpressung oder Eheanbahnung. Nebenbei gab es regelmäßig Ärger mit dem Personal. Einmal streikten die Köche. »Die Differenzen bestehen darin, dass die Direktion beabsichtigte, das Einkommen der Köche, das bisher weit über dem Tarif lag, diesem allmählich anzupassen«, schrieb die *Berliner Tageszeitung*. »Eine Katastrophe!«, rief Louis, während Hedda schon telefonierte, um für den Streiktag Ersatzköche zu buchen, die in die Küche marschierten, sobald die Adlon-Köche ihre Plätze verlassen hatten.

Ein anderes Mal hatte der übereifrige Empfangschef einen Elektriker entlassen, als der sich nicht in der Lage sah, auf der Stelle einen Nagel in die Wand zu schlagen. Auch diese

Geschichte schaffte es durch den darauffolgenden Rechtsstreit in die Tagespresse: »Der Generaldirektor des Hotels Adlon wollte in seinem Zimmer ein Bild aufhängen. Dazu musste ein Nagel in die Wand geschlagen werden. Der Generaldirektor beauftragte den Empfangschef, den Nagel von irgendeinem dienstbaren Geist des Hotels einschlagen zu lassen. Natürlich sofort. Der Empfangschef traf in der Halle einen im Hotel angestellten Elektriker und forderte ihn auf, den Nagel einzuschlagen. Der Elektriker aber war gerade mit einer sehr wichtigen Arbeit beschäftigt. Er hatte die elektrisch betriebenen Uhren zu regulieren, denn sie gingen alle falsch, und die Gäste und die Angestellten des Hotels mussten doch wissen, was die Glocke geschlagen hat. Diesen Auftrag hatte der Elektriker von seinem nächsten Vorgesetzten, dem Maschinenmeister, erhalten, der für die Verteilung der Arbeiten zuständig ist. Dass der Empfangschef im Auftrage des Generaldirektors handelte und deshalb den vorgeschriebenen Instanzenweg überspringen durfte, konnte der Arbeiter natürlich nicht wissen …«

Gleichzeitig waren aber auch die Gäste komplizierter als der heutige Durchschnitts-Pauschaltourist. Eine besondere Herausforderung stellten wohl die Besuche der indischen Maharadschas dar. »Gestern erwartete man in Berlin die Ankunft des reichsten Fürsten der Welt, des Maharadschas von Patiala. Man begrüßte ihn auch mit fürstlichen Ehren. Es stellte sich aber dann heraus, dass nicht der Maharadscha, sondern nur der Radscha, der Bruder des Fürsten, angekommen und beehrt worden war«, berichtete die Presse. Das Adlon hatte aber dennoch Dolmetscher, Empfangschefs und Gepäckträger geschickt. Schließlich wusste man, dass die Maharadschas immer mit großem Gepäck anreisten. Obwohl sie sich angeblich auf das Notwendigste beschränkten, sprach man von bis zu 150 Koffern! Und um die – samt mitreisender Entourage – im Haus unterbringen zu können, wurden im Adlon jedes Mal ganze Etagen reserviert und umfangreiche Umgestaltungen vorgenommen. Zum Beispiel wurde der große Tagungssaal geräumt, um ihn in einen indischen Tempel zu verwandeln. Ein anderer Saal wurde zur Küche umgebaut. Schließlich reisten die Maharadschas mit ihren eigenen Köchen an, die ausschließlich mit dem mitgebrachten Ganges-Wasser kochen und jedes Gericht mit Blattgold überziehen mussten. Die Diener der Maharadschas inspizierten die Zimmer schon Tage vor der Anreise ihrer Herren ausgiebig – denn kein Lederteil, nichts, das irgendwie an totes Tier erinnerte, durfte in den Räumen bleiben. Man kann sich also die Aufregung vorstellen, während man am Bahnhof die Ankunft des Maharadschas erwartete – und das Erstaunen, als dann lediglich sein Bruder mit nur wenigen Handkoffern aus dem Zug stieg. Mit leeren Wagen fuhren die Pagen zurück zum Hotel, um ein paar Tage später wieder in vollem Ornat am Bahnhof zu stehen, wenn der echte Maharadscha anreiste.

Manche der indischen Fürsten blieben ein halbes Jahr im Adlon. Es heißt, einer habe einmal einen Mann hinrichten lassen, weil der den Saum seiner zweitliebsten Frau nicht richtig geküsst hatte. Zwar mussten die Angestellten des Adlon nicht mit Hinrichtungen rechnen. Die Anspannung im Haus war dennoch hoch angesichts der anspruchsvollen Gäste. Und ganz nebenbei gingen hier ja auch noch andere berühmte Persönlichkeiten wie der Schauspieler Charlie Chaplin, der Schriftsteller Edgar Wallace und die exzentrische Tänzerin Anita Berber ein und aus. Über sie konnte man in der Presse lesen: »Den Gästen bietet sich abends jedes Mal ein schaurig beeindruckendes Bild, wenn die 24 Jahre alte Tänzerin aus ihrer Suite die Freitreppe hinab zum Speisesaal schreitet: das Gesicht leichenblass geschminkt, die Brauen ausgezupft, die Lippen ein blutroter Strich. Auch ihr Haar ist rot gefärbt, und das Licht der Kronleuchter bricht sich blitzend in ihrem Monokel. Manchmal trägt sie Smoking wie ein Mann oder einen Zobelpelz, in dessen Ausschnitt sich ein dressiertes Äffchen klammert. Würde man es wagen, näher an sie heranzutreten, könnte man vielleicht ihre geröteten Nasenflügel erkennen, entzündet vom vielen Kokain, das sie schnupft, wenn sie es nicht vor allen Leuten im Café in den Oberschenkel injiziert.«

Und während Louis und Hedda bei all diesen Menschen das gewünschte Maß an Aufmerksamkeit erspüren und bedienen mussten, galt es auch noch, wichtige Veranstaltungen vorzubereiten wie die beliebten Vorträge von Madame Sylvia, einer der größten Hellseherinnen ihrer Zeit, deren größter Bewunderer übrigens ausgerechnet der Naturwissenschaftler Albert Einstein gewesen sein soll. Und wenn dann auch noch die Prinzessin von Sachsen kreischend im Foyer stand, weil ihr beim Toilettengang ihr 200-Millionen-Mark-Perlenschmuckstück ins Klo gefallen war, kann man sich vergegenwärtigen, dass Louis und Hedda manchmal an ihre Belastungsgrenze kamen. Vor allem, wenn ein Problem nicht lösbar war – wie das mit der Perlenkette, die, laut einer Berliner Zeitung, »wahrscheinlich mit Papier nach der Pumpstation geschwemmt worden ist«. Auch die sofort herbeigerufene Feuerwehr konnte das Schmuckstück nicht wiederbeschaffen.

Hedda beschrieb einmal folgende Szene aus ihrem Hotelalltag: *Es war sechs Uhr geworden, die Kapelle Boulanger war verstummt, es war die übliche Pause um diese Zeit. Der Restaurantdirektor nippte an einem Whisky, als seine Augen sich unvermittelt weiteten. Unbekümmert um die Aufregung betrat in diesem Augenblick Georges Boulanger das Büro. Er ließ sich erschöpft in einen Klubsessel fallen, legte den Kopf hintenüber und seufzte tief. Dabei zog er ein feuchtes Taschentuch aus der Tasche, langsam entfaltete er das Tuch auf seiner Stirn, ließ dann Kopf und Hände sinken, um mit schwacher Stimme zu lispeln: »Boulanger kraaank ... Boulanger stirbt!« Wir sahen uns entsetzt an – auch das noch! Was war nun wieder geschehen? Eine Leiche genügte eigentlich! Die Beamten vom Scotland Yard im Hause, die Mordkommission, polizeiliche Vernehmungen, die rätselhaften Diebstähle, der Fünfuhrtee, der Reiterball – und nun noch Georges Boulanger, der stöhnte ... Nein, was zuviel war, war zuviel! Ich griff zum Telefon, um den Hausarzt zu verständigen.*

Ruhe kehrte im Adlon niemals ein. Trotzdem durften Hedda und Louis sich die Unruhe niemals anmerken lassen. Sobald ein Gast sie ansprach, hatte ihm alle Aufmerksamkeit zu gelten. Jeder zählte – ganz unabhängig davon, wie sympathisch man denjenigen oder diejenige fand. *Es ist so komisch, wenn ein Mensch immer von seinem Auto, Pelz, Haus etc. erzählt und dabei nur aufschneidet. Wozu soll man sich dies anhören? Zeitverlust – Nervenverlust – ist eine Nervensäge erster Ordnung. Warum habe ich dies nötig? Das Leben braucht alle Reserven und Nerven für ganz andere Dinge*, seufzte Hedda einmal in einem ihrer Briefe.

Und mitten in diesem täglichen Chaos starb dann ihre von den vielen Schlaganfällen ohnehin schon schwer gezeichnete Mutter. Nach dem Bruder der nächste Schicksalsschlag für Hedda. Am 15. April 1928 schrieb sie ihrer Nichte Lieselotte in ihr französisches Pensionat: *Inzwischen wirst du die traurige Botschaft ja von Tante und Trudy erfahren haben, dass unser liebes, gutes, tapferes Muttchen und Großmuttchen ins bessere Jenseits hinüber gegangen ist. Der liebe Gott hat sie von all ihrem Erdenleid erlöst und ihr nach all den Sorgen, Schmerzen und Kummer einen sanften und friedvollen Tod ge-*

geben. Sie ist eingeschlafen, die Arme, Gute, Brave wie ein Engel ruhig und verklärt. Sie hat ausgelitten! Es war hart für die Ärmste was sie alles ertragen hat die letzten Jahre und ist es der einzigste Trost in meinem Schmerz, dass das liebste Muttel nicht mehr leidet! Tapfer und allein wie sie gelebt hat, ist sie auch gestorben. Ohne Hilfe, ohne Jammer! Gott lass sie in Frieden ruhen!! Amen!! Grüße alle verehrten Damen und sei selbst umarmt von deiner traurigen Mummy. »Deiner Mummy« – mehr als ihre Schwestern hatte sich Hedda der Kleinen mittlerweile angenommen. Sie war nun einmal die Tochter ihres Lieblingsbruders, außerdem hatte Hedda keine eigenen Kinder und neigte ohnehin dazu, sich um alles und jeden kümmern zu wollen. In dieser Zeit, dem verflixten siebten Ehejahr, schien ihr das alles ein wenig über den Kopf gewachsen zu sein. Zum ersten Mal war von leisen Misstönen zwischen Hedda und Louis zu hören.

Nüchtern formuliert könnte man sagen: Sie hatten sich ein wenig auseinandergelebt. Da das Hotel wieder hervorragend lief, hatten sie alle Hände voll zu tun. Zeit für längere gemeinsame Reisen hatten sie nicht. Stattdessen aber zahllose gesellschaftliche Verpflichtungen: In bestimmten Kreisen musste sich das Ehepaar Adlon sehen lassen. Zum Beispiel bei dem Automobil-Turnier in Baden-Baden, bei dem sie regelmäßig Preise für den schönsten Wagen einheimsten. Oder bei Jagdausflügen im Brandenburger Umland. Selbst wenn in Neu Fahrland keine Gäste waren, kamen sie nicht zur Ruhe: *Wenn wir uns verkrochen in das große Haus in Nedlitz, Telefone störten auch hier unser angeblich privates Dasein. Eilbriefe, Depeschen, und der gute, pflichtbesessene Louis muss dann da ans Telefon oder rannte nach Krampnitz zur nächsten Post … Es hätte ein herrliches Leben sein können, wenn wir uns nicht vergessen hätten bei all der vielen Arbeit.* Und rückblickend hätte Hedda wohl einiges anders gemacht: *Wir beide waren bescheiden, alles wegen des Hotels, der Pflicht, der Tradition, was schaute dabei für uns arme Menschenkinder heraus? Beneidet allerorten und doch nur ein Leben für die anderen. Hätten wir nur unser Leben gelebt!*

Manchmal – im größten Stress – fühlt man sich in seinem Leben gefangen und sucht den kurzfristig leichtesten Weg: Ablenkung und Zerstreuung im Außen. Und so machte plötzlich das Gerücht die Runde, dass Hedda sich in einen Musiker verguckt hätte, während Louis, für den viele seiner angestellten Damen sehr offen schwärmten, sein Interesse an einer Tänzerin entdeckt hatte. Dieses Interesse brachte ihn schließlich sogar vor Gericht. Am 8. Juni 1929 berichteten die *Hamburger Nachrichten*: »Die Tänzerin Rita Adler-Andersen hatte gegen den Hotelbesitzer Louis Adlon eine Strafanzeige erstattet, weil er Briefe von ihr geöffnet hätte. Sie war aber auf den Weg der Privatklage verwiesen worden. Infolgedessen stand jetzt Louis Adlon als Privatbeklagter der Tänzerin gegenüber. Die Klägerin war für das Hotel als Vortänzerin mit einem sehr langen Vertrag verpflichtet worden. Nebenher stand sie aber, wie auch von beiden Seiten zugegeben wurde, zu dem Beklagten in freundschaftlichen Beziehungen. Es kam dann zu einer Entzweiung. Die Tänzerin behauptet, dass sie plötzlich ohne rechtlichen Grund entlassen worden sei. Die Ursache waren zwei Briefe, die die Klägerin an einen Freund, den sie kurz zuvor auf einer Reise in Wien kennengelernt hatte, gerichtet hatte und die wegen ungenauer Adresse an die Absenderin, die im Hotel wohnte, zurückgekommen waren. Die Briefe hatte Adlon geöffnet und gelesen. Den Inhalt der Briefe hatte er ihr dann vorgehalten und sie Knall auf Fall weggeschickt. Nach der Behauptung der Klägerin soll es aus Ärger über ihre Untreue geschehen sein. Die Klägerin hat nebenher einen Zivilprozess wegen Schadensersatz angestrengt, ist aber vor dem Landgericht abgewiesen worden. Der Prozess schwebt jedoch noch vor dem Kammergericht. Amtsgerichtsrat Díaz fragte bei Beginn der Verhandlung: ›Muss das sein?‹ Er hielt der Klägerin entgegen, dass ihr doch in ihrem Zivilprozess keineswegs damit gedient sei, wenn der Beklagte etwa eine kleinere Geldstrafe bekommen sollte. Die Klägerin wollte zunächst hartnäckig auf einen Vergleich nicht eingehen. Der Beklagte bestritt, die Briefe absichtlich geöffnet zu haben, es sei aus einem Versehen geschehen, da sie unter den Briefschaften des Hotels gelegen hätten. Als der Vorsitzende dann den Vorschlag machte, dass Herr Adlon sein Bedauern über die Öffnung der Briefe ausspreche, die Gerichtskosten und auch die Anwaltskosten, die übrigens nicht unbeträchtlich sind, da die Klägerin sich einen der teuersten Anwälte Berlins genommen hatte, trage, erklärte Louis Adlon mit einer chevaleresken Handbewegung: ›Ich unterschreibe alles!‹, obwohl sein Rechtsbeistand Dr. Adolf Hamburger unter großer Heiterkeit ausrief: ›Ich täte das nicht.‹ Das Verfahren wurde darauf eingestellt.«

Louis war das mehr als recht. Auch wenn es Geld kostete – egal! Zumindest diesbezüglich gab es Ende der Zwanzigerjahre – noch! – keine Probleme. Hauptsache, dieses unleidliche Thema war endlich vom Tisch. Wegen dieser Sache hatte er sicher einiges zu Hause anzuhören! Hedda soll ohnehin zur Eifersucht geneigt haben. Eine ehemalige Mitarbeiterin hatte in einem Interview sehr lebhaft geschildert, wie Hedda immer mit Argusaugen über ihren Louis gewacht und alle Damen weggescheucht hatte, die ihrem Louis zu nahe kamen. Viele bezeichneten sie hinter vorgehaltener Hand als Drachen! Und dass sie Temperament besaß – daran bestand kein Zweifel. Sonst wäre es nicht zu dieser Szene gekommen, von der man am 8. April 1930 im *Prager Tageblatt* lesen konnte: »Abschied vor der Indienfahrt. Frau Adlon als

Angeklagte. Ein interessanter Prozess beschäftigte den Einzelrichter für Beleidigungssachen am Amtsgericht Berlin-Mitte. Als Angeklagte erschien die Frau des Berliner Hotelbesitzers Louis Adlon. Frau Adlon trat im Herbst vorigen Jahres mit ihrem Gatten eine Reise zu dem Maharadscha von Patiala an. Als sie Berlin mit dem Luxuszug vom Anhalter Bahnhof verlassen wollte, sprang eine frühere Freundin des Hauses Adlon, eine Tänzerin, in den Wagen, offenbar in der Absicht, eine ›Szene‹ herbeizuführen. Auf dem Bahnsteig standen mehrere der Tänzerin nahestehende Damen. In ihrer Erregung ließ sich nun Frau Adlon hinreißen, aus dem Fenster den draußen wartenden Damen die beleidigenden Worte zuzurufen: ›Ihr seid Nutten!‹«

Aber Hedda! Man kann sich Louis' Gesicht vorstellen, wie er aufrecht wie immer auf seinem Platz saß, während seine streitbare Hedda pöbelnd aus dem Zugfenster hing. Gerade noch im feinen Hochglanz-Salonblatt – und dann so etwas. Aber ein leichtes Lächeln möchte ich ihm doch zugestehen. Vielleicht lagen ihre Nerven aufgrund der angeblichen Affäre ihres Mannes und der Dramen, die hinter, nun aber auch wieder vor ihnen lagen, ein wenig blank ...

Im Oktober 1929 war es in New York zu einem großen Börsencrash gekommen, in deren Folge die ganze Welt – nach den wenigen unbeschwerten Jahren – in eine große Wirtschaftskrise zu rutschen drohte. *Geld ist nun mal die Macht der Welt, die Liebe sollte es sein, leider verkümmert die mehr und mehr in der Welt. Daher auch der ganze Unruhe Herd und der Unfriede allerorts*, schrieb Hedda später. Louis und sie ahnten, dass dem Hotel erneut schwierige Zeiten bevorstehen würden. Dass sie trotzdem zu einer mehrwöchigen Indienreise aufbrachen, zeigt, dass sie sich einig waren, dass Geld und ihr Hotel zwar wichtig waren. Aber noch viel wichtiger war ihnen ihre Liebe. Und um die zu retten und Abstand zwischen sich und diese verletzenden Gerüchte um Affären zu bringen, brachen sie nach Indien auf.

7

Neu Fahrland und Krampnitz, 27. bis 29. April 1945

Heddas Nacht war unruhig gewesen. Wegen der fremden Umgebung im Haus dieser Frau, die ihr so freundlich Unterschlupf gewährt hatte. Wegen der quälenden Sorge um Louis, von dem sie noch immer nicht wusste, ob er tatsächlich in der Villa gegenüber untergebracht war – und wie es ihm ging. Sie schnaufte. In ihrer Kleidung war ihr viel zu warm. Zwar hatte sie schon seit Wochen – wie wahrscheinlich die meisten Deutschen – nur noch in Straßenkleidung geschlafen, um bei Angriffen schneller in den Keller oder im Falle eines Treffers auf die Straße flüchten zu können. Aber da hatte sie nie so viele Schichten übereinander getragen. Sogar den Mantel hatte sie in dieser Nacht angelassen, weil sie sich so zumindest ein wenig besser vor möglichen Übergriffen der Besatzer geschützt fühlte – auch wenn ihr bewusst war, dass ein Kleidungsstück keinen tatsächlichen Schutz bot.

Am Vortag hatten die Russen auch in dem Haus der älteren Dame wüst gewütet – wie wüst genau, dazu wollte sie sich nicht äußern. Aber sie hatte es vorgezogen, sich in der Nacht auf dem Dachboden zu verstecken. Hedda hatte sie ebenfalls dazu eingeladen, weil sie meinte: »Die Russen mögen keine Treppen.« Doch Hedda wollte lieber in der Nähe der Haustür bleiben, für den Fall, dass sich drüben in der Villa etwas tat. Und tatsächlich schreckte sie mehrmals auf, weil gegenüber beinahe durchgängig ein reges Treiben herrschte. Wann immer Hedda Stimmen, das Zuschlagen von Wagentüren oder das Brummen eines Motors hörte, sprang sie vom Sofa und pirschte ans Fenster, um zu schauen, was passierte. Leider war es sehr dunkel, sodass sie meist nur schemenhafte Bewegungen wahrnehmen konnte. Als einmal ein Lastwagen vorfuhr und mehrere Männer unter Gebrüll aus dem Haus und Richtung Gefährt getrieben wurden, stürmte sie zur Haustür, um das Treiben aus größerer Nähe zu verfolgen. Sie hörte, wie kurze russische Befehle ausgestoßen wurden. Oder Flüche. So genau konnte sie das nicht auseinanderhalten. Mehr ihr Gefühl als das Gesehene ließ sie ahnen, dass einer der Männer Louis sein könnte. Hedda stürzte die Stufen hinunter, durch den Vorgarten und aus dem Gartentor, als mehrere Wagen in hoher Geschwindigkeit knapp an ihr vorbeibretterten, schließlich auch der Lastwagen. Genaues hatte sie jedoch nicht erkennen können. War es wirklich Louis gewesen, den sie da erspäht hatte? Hatte er sie bemerkt? Wusste er, dass sie in diesen dunklen Stunden ganz in seiner Nähe gewesen war? Alles Fragen, die sie nicht beantworten konnte.

Die Fahrzeugkolonne bog nach rechts ab – also zur Villa Adlon. Heddas Herz raste. Was, wenn sie Louis noch weiter weg brachten? Sie sah zur besetzten Villa, in der, wie sie es gehört hatte, die ganze Nacht hindurch Licht brannte. Schliefen die denn nie? Hedda fühlte sich hin- und hergerissen. Sollte sie sofort zur Villa laufen und fragen, was gerade vorgegangen war? Oder sollte sie lieber bis zum nächsten Morgen warten? Bislang hatte sie die Erfahrung gemacht, dass die sowjetischen Soldaten bei Tageslicht nüchterner waren als in der Nacht. Und mit nüchternen Menschen ließen sich vernünftigere Gespräche führen. Allerdings: Was half ihr die Vernunft?

Hedda hatte eine solche Angst um Louis, dass sie schließlich alle Vorsicht aufgab und quer über die Straße zur Villa rannte. Ein Wachmann, der ihr in der Aufregung gar nicht aufgefallen war, stellte sich ihr überraschend in den Weg. Er sah asiatisch aus. Vielleicht ein Kirgise? Hedda hatte gehört, dass in der Roten Armee 15 verschiedene Volksgruppen kämpften. Von Kirgisistan wusste sie, dass die Landbevölkerung dort noch in Jurten lebte und kaum Zugang zu Bildung hatte. Stalin soll sie erst zwangssowjetisiert und dann in den Krieg gezwungen haben. Heddas Hoffnung, dass dieser junge Soldat Deutsch sprechen würde, war also nicht allzu groß. Sie zeigte auf die Kellerfenster. »Mein Mann. Louis Adlon«, sagte sie und versuchte, ihm klarzumachen, weshalb sie hier war. Aber er hatte offenbar etwas anderes im Sinn. Er packte Hedda und wollte sie in die Villa zerren. Hedda schrie und wehrte sich mit aller Kraft, die in ihr steckte, bis er irgendwann fluchend von ihr abließ und sie davonlaufen konnte. Sie rannte und rannte, bis sie endlich den Garten der älteren Dame erreichte, wo sie hinter der dicken Hecke erst einmal verschnaufte, ehe die Tür sich leise öffnete.

»Ich hab's gesehen«, sagte die Frau mitfühlend. »Aber ich hatte nicht den Mut, Ihnen zu Hilfe zu kommen.«

Hedda winkte ab. »Es ist ja nichts passiert!«

Die beiden Frauen saßen dann zusammen in der Küche und teilten sich bei einem sehr frühen Frühstück die kalten Reste der Kartoffelsuppe vom Vortag.

»Ich glaube, sie haben ihn weggeschafft«, sagte Hedda, während sie mit den Tränen kämpfte.

Ihr Gegenüber nickte. »Das könnte sein. Heute Nacht war auf jeden Fall sehr viel los vor dem Haus. Aber leider konnte ich durch das Dachfenster nichts erkennen.«

Hedda seufzte. Sie wollte im Hellen, wenn dieser Bursche möglichst nicht mehr Dienst tat, noch einmal zur Villa laufen und nach Louis fragen.

»Ich bewundere Ihren Mut«, meinte die ältere Dame, woraufhin Hedda sie traurig ansah.

»Das ist kein Mut. Das ist Verzweiflung.«

Und diese Verzweiflung wurde noch größer, nachdem Hedda sich verabschiedet hatte und gegen Mittag endlich einen Rotarmisten fand, der ausreichend Deutsch sprach, um ihr bestätigen zu können, dass alle Gefangenen in der Nacht nach Krampnitz verlegt worden seien. In die Kaserne.

Nun also doch. Hedda fühlte sich wie erschlagen. Sie kannte die Anlage, sie war riesig. Auf dem 140-Hektar-Gelände standen unzählige Mannschafts- und Offiziershäuser, es gab Ställe, Reithallen, Werkstätten und Garagen. Der Komplex war ihr bei ihren Besuchen jedes Mal wie eine kleine Stadt vorgekommen. Ursprünglich war er für 3700 Soldaten, 1800 Pferde und 450 Familien geplant worden. *Wie sollte sie ihren Mann in einer solch großen Anlage jemals finden? Vor allem jetzt? Mit russischen Wachleuten und mitten im Umbruch. Sie hatte sich dort ja schon nicht zurechtgefunden, als sie noch willkommener Gast auf dem Gelände war und dort eine preußische Ordnung herrschte.*

Müde blickte Hedda zur Straße, auf der sich auch heute wieder schwer bepackte Menschen mühsam vorwärtsschleppten, während sowjetische Militärfahrzeuge in hohem Tempo nach Potsdam und Neu Fahrland oder in die entgegengesetzte Richtung rasten. Sie dachte daran, wie auch Louis und sie früher manchmal auf genau diesem Weg mit ihrem Auto nach Krampnitz gefahren waren, weil Hedda sich geweigert hatte, die Strecke zu laufen. »Du weißt doch, wie schnell mir die Füße wehtun und dass mir die Luft immer ausgeht«, hatte sie ihrem Mann erklärt. Und er hatte dann auf seine charmante Louis-Art geschmunzelt und gemeint, ihre Füße seien wahrscheinlich eher für die schicke Promenade von Monaco, nächtelanges Durchtanzen, Schlittschuhfahren oder lange Skitouren gemacht. Hedda lächelte. *Ihr Louischen. Immer verständnisvoll, immer nachsichtig, immer freundlich. Er hatte sie seit ihrem Kennenlernen auf Händen getragen.*

Der gute, beste, edle Louis, dachte Hedda voller Liebe. Nun hatten ihn seine Peiniger offenbar nach Krampnitz gebracht – an einen Ort, an dem Louis schon viele schöne Stunden verbracht hatte.

In Vorkriegszeiten war die Kaserne Krampnitz besonders beliebt bei den adeligen Offizieren. Einige von ihnen kannte Louis noch aus Kaisers Zeiten. Sie hatten ihn gelegentlich zu gemeinsamen Jagdausflügen in die Umgebung, das mondäne Offizierscasino und die beeindruckenden Stallungen eingeladen, was Louis jedes Mal eine Riesenfreude bereitet hatte: überall Pferde und Menschen, die seine Leidenschaft für den Reitsport teilten. Schon bei seinem zweiten Besuch in der Kaserne dirigierte er Hedda mit geradezu schlafwandlerischer Sicherheit über das große Gelände zu den Ställen mit den wertvollsten Tieren. Hedda hatte ihn für seinen Orientierungssinn bewundert, da sie schon verloren war, sobald sie sich einmal um die eigene Achse gedreht hatte. Aber er hatte nur gelacht: Alles Schöne wirke auf ihn wie ein Magnet ...

Louis, den passionierten Reiter, begeisterten die Besuche in den Ställen der Heeres-Reit- und Fahrschule und Kavallerieschule Krampnitz allerdings sehr viel mehr als seine Frau. Obwohl sie ja alles sofort ins Herz schloss, was Fell trug. Für sie musste es kein hochdekoriertes Dressurpferd sein. Auch hier hielt sie es eher mit Konfuzius: *An einem edlen Pferd schätzt man nicht seine Kraft, sondern seinen Charakter.* Louis dagegen – dem Erlesenen und Teuren ein Leben lang zugewandt – kam in Anbetracht der wertvollen Pferde aus dem Schwärmen und Staunen nicht mehr heraus. Die Anlage galt zu Recht als Aushängeschild für die Wehrmacht. Sie war unter den Ställen sozusagen das, was das Adlon unter den Hotels war: die Herberge der Schönsten und Besten. So standen hier die gefeierten Turnierpferde, die 1936 bei der Olympiade gewonnen hatten. Gelegentlich waren Louis und Hedda auch mit den Reitern ins Gespräch gekommen, die nicht nur bei den Olympischen Spielen, sondern ebenso in vielen nationalen und internationalen Sportwettkämpfen unzählige Medaillen gewonnen hatten. (Bis der Krieg ausbrach und viele von ihnen an die Front geschickt wurden.)

In Krampnitz standen aber nicht nur Edelrösser in den Ställen. Hier wurden auch die Pferde der Offiziere zugeritten, Offiziere und Unteroffiziere absolvierten in dieser Kaserne ihre Reitausbildung und lernten das Führen von Gespannen. Zwar war die Wehrmacht sehr stolz auf ihre moderne Fahrzeugflotte, dennoch konnte diese den Einsatz von Pferden noch nicht ersetzen, da es sich etwa als unlösbares Problem erwies, Kraftstoff, Bereifung und andere (häufig) benötigte Ersatzteile in ausreichender Menge zu produzieren – und schnell an die entsprechenden Einsatzorte zu bringen. Zu Kriegsbeginn 1939 sollen über 570 000 Pferde in den Ställen deutscher Kasernen gestanden haben – angeblich sogar mehr als zu Zeiten der kaiserlichen Armee. Bis zum Ende des Zweiten Weltkriegs waren insgesamt 2,75 Millionen Tiere für die Wehrmacht im Einsatz. (Von denen allerdings mehr als die Hälfte »verlustig« ging.)

Louis fühlte sich in Krampnitz schon deshalb wohl, weil es dafür bekannt war, das Altbekannte mit dem Neuen zu verbinden – die Tradition mit der Moderne. Das entsprach genau seinen Vorstellungen von Fortschritt: Traditionen zu wahren, ohne sich dem Neuen zu verweigern. In der angeschlossenen Kavallerieschule lernten die Soldaten höherer Ränge daher auch die taktische Kriegsführung mit Fahrrädern, Kraftfahrzeugen und Panzern. 1941 wurde die Kaserne umbenannt in Schule für Schnelle Truppen Krampnitz, im April 1943 wurde sie dann zur Panzertruppenschule II Krampnitz. Angeblich haben hier die motorisierten Einheiten auf ihre Kampfeinsätze rund um Berlin gewartet. Erst am 26. April 1945 soll die Wehrmacht die Kaserne geräumt haben. Und nur einen knappen Tag später – die Betten waren quasi noch warm – wurde sie von den Rotarmisten übernommen, die anscheinend sofort einige Gefangene dort unterbrachten. Was ich bewegend finde – auch wenn Hedda das zu dem Zeitpunkt nicht wusste: Offenbar gab es eine direkte Verbindung zwischen der Kaserne und der Villa Adlon.

Am Ufer des Lehnitzsees hatte sich nämlich gerade – gebremst durch eine zerstörte Brücke – das 282. Schützenregiment der 175. Schützendivision des 125. Schützenkorps festgesetzt. Die russischen Soldaten hatten daraufhin die Villa Adlon beschlagnahmt und die Bewohner auf die Straße gesetzt, während die Führung dieses Korps – unter dem Kommando von Generalmajor Andrej Matwejewitsch Andrejew – in der Kaserne in Krampnitz einen Kommandopunkt und ein Lazarett eingerichtet haben soll. Dementsprechend waren viele der Fahrzeuge, die an diesem Tag an Hedda vorbeirauschten, vermutlich auf dem direkten Weg von der Kaserne zu ihrem besetzten Landsitz – und umgekehrt.

Einige haben sicher auch versucht, nach Potsdam durchzukommen. Denn dort tobte zur selben Zeit, als Hedda sich auf dem Weg nach Krampnitz befand, der sowjetische Großangriff. In der Ferne hörte sie immer wieder Schüsse und Einschläge. Besonders das Geräusch der »Stalinorgel« hatte sich bei ihr eingebrannt: 16 Raketen gleichzeitig, das gespenstische Jaulen, gefolgt von mehreren heftigen Detonationen. Die sowjetische Übermacht war mehr als offensichtlich. Umso absurder erscheint der Bericht über einen Offizier des Führerhauptquartiers, der sich an demselben Tag auf die Freitreppe im Adlon gestellt und verkündet haben soll: »Kameraden, ich überbringe euch die Grüße des Obersten Befehlshabers der deutschen Wehrmacht, unseres Führers Adolf Hitler. Der Endsieg wird unser sein, die Entsatzarmee Wenck ist nur noch fünf Stunden von Berlin entfernt.« Doch anstatt die jungen Soldaten zu verheizen, führte der jüngste General der Wehrmacht, Walther Wenck, seine Truppe über die Elbe in die amerikanische Kriegsgefangenschaft. Einer seiner Soldaten war der 18-jährige spätere Außenminister Hans-Dietrich Genscher. Ein anderer der 17-jährige spätere Kabarettist Dieter Hildebrandt.

Das alles sind Geschichten und bewegende Einzelschicksale, die man später, viel später lesen konnte. Auch dass sich die 12. Armee, die »Armee Wenck«, an ebendiesem Tag, an dem Hedda nach Krampnitz lief, auf Potsdam zubewegte. Und dass es dort gegen die Mittagszeit plötzlich ruhiger wurde. Das Potsdamer Stadtzentrum galt als eingenommen, und auf der Ruine des Stadtschlosses wurde die rote Fahne gehisst. Im Schloss Cecilienhof sollen Vertreter des Potsdamer Magistrats darauf gewartet haben, als Zeichen der Unterwerfung symbolische Stadtschlüssel – offizielle Stadtschlüssel gab es nicht – an die Besatzer übergeben zu dürfen. Generalmajor Andrejew berichtete später in seinen Memoiren: »Am Mittag war ich Augenzeuge und Teilnehmer eines Ereignisses im Cecilienhof. Der Kommandeur der 175. Schützendivision, Generalmajor Zakhary Petrovich Vydrigan, erhielt von Vertretern des Potsdamer Magistrats Schlüssel aus dem Kaiserpalast. ›Ich bin erfreut über die Ehre, mit der großen Mission hierher zu kommen – das deutsche Volk vom faschistischen Joch zu befreien – und nun die Schlüssel zu übernehmen‹, sagte der General fest. ›Sehr geehrte Vertreter des Magistrats von Potsdam! Im September 1941 forderte Ihr Führer, dass die Stadt Leningrad mit ihren historischen Denkmälern vom Erdboden verschwindet. Die Leningrader überlebten und gewannen, obwohl die Nazis in der Nähe der Stadt Paläste, Kunstgalerien und Parks zerstörten – die historischen Werte des sowjetischen Volkes. Krieger der Roten Armee werden niemals mit den faschistischen Kannibalen verglichen werden können und werden niemals die Würde der Sowjetbürger verlieren. Die Rote Armee ist eine Befreiungsarmee, die Armee des großen sowjetischen Volkes, das die Welt vor der Sklaverei der Nazis gerettet hat.‹«

Befreit und gerettet hat Hedda sich garantiert nicht gefühlt, als sie auf ihrer Suche nach Louis in die kleine Seitenstraße einbog, an der die gemütlichen Familienhäuser der Offiziere standen. In den liebevoll angelegten Vorgärten guckten überall bunte Stiefmütterchen aus der Erde. Auch in den Fliederbüschen zeigten sich die ersten Blüten. Aber ringsherum bot sich dasselbe Bild wie überall. Verbrannte Papierschnipsel flatterten herum. Zwischen Möbel- und anderen Trümmern lagen aufgebrochene Geldkassetten, neben einem zerstörten deutschen Lastwagen zerfetzte Soldaten. Der Fliederduft mischte sich mit dem Geruch von Qualm und Leichen. Ein Mann hing zwischen kleinen rosafarbenen Blüten eines Baums. Er hatte sich offenbar erhängt. Hedda musste sich abwenden. Sie hasste dieses unsinnige Sterben. Und es verstärkte ihre Angst um Louis, weil sie jede Leiche daran erinnerte, wie wenig ein Menschenleben derzeit zählte.

In den Offiziershäusern schienen die sowjetischen Soldaten ebenfalls ihr Unwesen getrieben zu haben: Fensterscheiben waren zertrümmert, Türen eingetreten. Im Inneren sah Hedda das typische Durcheinander ausgiebiger Plünderungen. Sie war von Herzen froh, die Nazis los zu sein. Aber der neue Herr behagte ihr ebenso wenig. Hatten die Deutschen einen menschenfeindlichen Unterdrücker gegen den nächsten getauscht? Oder waren das die üblichen Kriegsnachwehen eines besiegten Volkes? Hedda fragte sich, wie es ihren Schwestern, Berta und Trude, wie es Lieselotte in den von den westlichen Alliierten besetzten Gebieten ging. Herrschten bei ihnen ebenfalls Angst und Willkür?

Mit einem unguten Bauchgefühl schlich Hedda an den verwaisten Offiziershäusern vorbei, ohne sagen zu können, warum die ihr ein solches Unbehagen bereiteten. In der Ferne sah sie den alles überragenden, fast vierzig Meter hohen Wachturm der Kaserne Krampnitz mit seinem markanten Rautenmuster im Backstein. Ob er besetzt war?, überlegte sie. Sah man sie womöglich schon kommen? Aber selbst wenn? Eine einzelne Frau würde die bewaffneten Soldaten kaum in Aufruhr versetzen.

Früher hatte Hedda sich oft gefragt, wie der Ausblick von dort oben sein würde. Wahrscheinlich konnte man von seiner Spitze den ganzen See überblicken. Ihr fiel die Familie ein, die sich vor ein paar Tagen in seiner Mitte ertränkt hatte. Die Natur wurde jetzt im Frühling mit jedem Tag schöner – und die Menschen machten alles so hässlich. Ob die russischen Soldaten diese Schönheit sahen? Mit welchen Augen blickten sie gerade auf dieses Land? Es fiel ihr zunehmend schwerer, an das zu glauben, was Louis einst gesagt hatte. *Die Russen seien ein kultiviertes Volk.* Warum benahmen sie sich dann so herzlos? Warum sahen sie nicht, dass auch viele Deutsche froh waren, von der Nazi-Herrschaft befreit zu sein?

Sie kam dem Turm immer näher, an den das Casino unmittelbar anschloss. Louis hatte ihr nach seinem ersten Besuch dort von der imposanten Deckenrosette aus Glas und dem mächtigen Kronleuchter im Ehrenpreiszimmer vorgeschwärmt. Viele Pokale sollen im Casino gestanden haben.

So viel Glanz hatte ihr Mann in einer Militärkaserne nicht erwartet. Hedda seufzte. Damals hätte er sich gewiss niemals vorstellen können, einmal als Gefangener hierherzukommen. Sie konnte es selbst noch gar nicht glauben. Was sollte Louis hier? Und warum hatten sie ihn nicht schon längst wieder freigelassen? Sie überlegte, wie sie vorgehen konnte. Nach ihrem Erlebnis in der Nacht verspürte sie keine große Lust, als vielleicht einzige Frau auf dem Kasernengelände herumzuspazieren. Aber wahrscheinlich würde man sie eh nicht passieren lassen. Und wenn, dann musste sie die Gelegenheit nutzen. Sonst hätte sie ja gleich zu Hause auf Louis warten können.

Ihre Unruhe stieg, als sie sich dem Eingang der Kaserne näherte. Gleichzeitig fühlte es sich gut an, auf Louis' Spur zu bleiben. Sie wünschte, er wüsste, dass sie in seiner Nähe war.

Leider lässt sich rückblickend nicht klären, warum die sowjetischen Soldaten Louis aus dem Keller der Villa in die Kaserne verschleppt haben. Es gibt nicht nur keine Unterlagen über seine Verhaftung, es gibt auch keine Belege für entsprechende Verhörräume in Krampnitz. Hedda hatte dennoch nie an ihrer Existenz gezweifelt. Sie vermutete, dass neue NKWD-Leute eingetroffen sein könnten, die vom Militär die Verhörmaßnahmen übernommen hatten. Vielleicht war auch die besetzte Villa wieder aufgegeben und die wachhabenden Soldaten daraufhin nach Krampnitz berufen worden. Man darf nicht vergessen, dass es in diesen letzten Tagen im April 1945 keine feste Ordnung gab. Die alte war zerbrochen, eine neue erst im Aufbau. Dementsprechend schwierig war es für Hedda, etwas über Louis' Verbleib zu erfahren. Keiner führte irgendwelche Listen, in denen irgendwer hätte nachschauen können, wo Louis steckte.

Als sie den Eingang fast erreicht hatte, spürte sie, wie ihr Herz heftig schlug. Nach ihrem nächtlichen Erlebnis graute ihr vor einer neuerlichen Auseinandersetzung mit einem unberechenbaren, wacheschiebenden Rotarmisten. Leider war die gesamte Kaserne von Mauern und Zäunen umgeben, um unerwünschte Eindringlinge abzuhalten. Wäre Hedda etwas sportlicher gewesen, hätte sie eventuell darüber nachgedacht, diese Absperrung zu überwinden, um sich unauffällig auf dem Gelände umzusehen. Aber daran war nicht zu denken. So blieb ihr nichts anderes übrig, als in Richtung Wachturm zu laufen, von dem sie wusste, dass der direkt neben der Einfahrt lag. Diese war so breit, dass bei Paraden locker fünf Pferde gleichzeitig durchgepasst hatten. Rechts daneben befand sich ein flacher Bau für die Wachleute. Etwas abseits davon entdeckte Hedda einige von ihnen. Sie hatten die Köpfe zusammengesteckt und unterhielten sich angeregt.

»Entschuldigung!«, rief sie, woraufhin die Männer sie erst überrascht und dann belustigt ansahen. Einer sagte etwas, worüber die anderen laut lachten. Dann kamen sie neugierig näher. Hedda fühlte sich unwohl. »Ich suche meinen Mann, Louis Adlon«, erklärte sie. Wieder wurde etwas auf Russisch gesagt, wieder Gelächter. Hedda versuchte es weiter: »Sprechen Sie Deutsch? English? Français?« Sie wünschte, sie hätte wie Louis auch Russisch gelernt. Die Männer gaben ihr Zeichen, ihnen in die Kaserne zu folgen. Aber sie hatte ein ungutes Gefühl dabei. Dieses überdrehte Lachen, die Blicke, die sie sich zuwarfen. Zudem war sie sich ganz sicher, dass sie bislang noch nicht verstanden hatten, was sie von ihnen wollte. Hedda trat einen Schritt zurück und winkte ab. Sie nahm sich vor – wie vor der Villa –, auf jemanden zu warten, der ihre Sprache sprach. Also harrte sie – mit einem sicheren Abstand zu den Wachmännern – stundenlang vor der Kaserne aus. Wann immer Soldaten aus ihr kamen oder auf die Einfahrt zusteuerten, sprach Hedda sie an, um etwas über Louis herauszufinden. Aber keiner konnte oder wollte ihr helfen. Als sie sich in Sichtweite gegen einen Baum lehnte, spürte sie, wie kraftlos sich ihr Körper anfühlte, wie sehr sie der Hunger quälte und wie sehr ihre Füße schmerzten. Aber am allermeisten quälte sie die Hoffnungslosigkeit.

Da entdeckte sie plötzlich eine Frau, die mit eiligen Schritten die Kaserne verließ. Die erste Russin in Uniform. Hedda hatte schon gehört, dass in der Roten Armee – als einzige Armee im Zweiten Weltkrieg – auch Frauen dienten, was ihr absolut unglaublich erschienen war. Umgangssprachlich hatte man sie »Flintenweiber« genannt. Zu Beginn des Krieges waren sie vor allem als Sanitäterinnen eingesetzt worden – allerdings nicht in den geschützten Bereichen jenseits der Front. Sie mussten die Verletzten teilweise unter Beschuss auf dem Schlachtfeld versorgen und sie anschließend – zusammen mit den Waffen – in Sicherheit ziehen. Es gab aber auch Frauen, die sich als Scharfschützinnen oder Panzersoldatinnen hatten ausbilden lassen, um direkt am Kampfgeschehen teilzunehmen. Einige arbeiteten als Funkerinnen. Und bei der Luftwaffe kämpften angeblich sogar rein weibliche Fliegerstaffeln, besonders legendär waren die »Nachthexen«. In alten Doppeldeckern aus dem Ersten Weltkrieg flogen sie nur in der Dunkelheit deutsche Stellungen an. Ohne Fallschirm, weil sie auf keinen Fall dem Feind in die Hände fallen wollten, und im offenen Cockpit, was im Winter Erfrierungen zur Folge hatte. Aber all das nahmen sie in Kauf. »Du bist eine Frau, und du sollst stolz darauf sein«, lautete ihr Motto. Insgesamt haben zwischen 800 000 und einer Million Frauen in der Roten Armee gedient. Die Nationalsozialisten bewerteten ihren Einsatz als weiteren Beleg für die Entartung ihres Gegners und sollen gleichzeitig dazu aufgerufen haben, sie mit derselben Härte zu behandeln wie ihre männlichen Kameraden.

Hedda lief auf die Frau zu und sprach sie an. Zunächst reagierte die Russin unwirsch. Da Hedda aber den Verdacht hegte, dass sie ihre Sprache verstand, ließ sie nicht locker.

»Ich suche meinen Mann. Bitte, bitte helfen Sie mir!«, bat sie immer wieder, bis die Frau endlich stehen blieb und in bestem Deutsch fragte, wie Hedda darauf käme, dass er in Krampnitz sei. Und dann erzählte Hedda – und die Frau hörte ihr aufmerksam zu. Wieder und wieder betonte Hedda: »Wir sind keine Nazis. Mein Mann ist kein Nazi.« Erst wollte sie auch erzählen, dass sie früher gute Kontakte zu den Angehörigen des Zarenreichs hatten, behielt das dann aber vorsichtshalber doch für sich, da sie sich nicht sicher war, ob die heute noch irgendetwas bedeuteten. Womöglich hätte sie damit sogar das Gegenteil bewirkt. Aber sie sagte, dass sie die russische Musik liebe und ihr Mann immer von der russischen Gastfreundschaft geschwärmt habe.

Die Frau schien Mitleid mit Hedda zu haben. Später fragte sie sich, ob sie trotz der Uniform vielleicht Dolmetscherin gewesen war und von den unmenschlichen Verhörmethoden gewusst hatte. Auf jeden Fall hatte Hedda das Gefühl, dass ihre Geschichte diese fremde Frau bewegt hatte. Sie versprach, sich nach Louis zu erkundigen, dabei wirkte sie erstaunlich zuversichtlich, dass sie trotz des allgemeinen Chaos in der riesigen Kaserne etwas über ihn in Erfahrung bringen würde. Für den nächsten Morgen bestellte sie Hedda an dieselbe Stelle. Und Hedda versprach, sie werde sich für die Hilfe erkenntlich zeigen. »Aber bitte, bitte verraten Sie mir, was mit meinem Mann ist! Und wann er wieder entlassen wird. Und was ich tun kann, um seine Unschuld zu beweisen.« Die Russin nickte. Dann verabschiedete sie sich und eilte in Richtung Straße.

Hedda fragte sich, wie man es als Frau unter solchen Bedingungen aushalten konnte. Wusste sie nichts von den

Morden und Vergewaltigungen? Oder hielt sie beides für gerechtfertigte Rachemaßnahmen? Wie ertrug man ein Leben, in dem Gewalt zum Alltag gehörte? Hedda verstand es nicht. Die Frau hatte auf sie einen ordentlichen und gebildeten Eindruck gemacht. Sie musste sich wie ein Fremdkörper zwischen diesen groben, ungewaschenen Barbaren fühlen. Aber vielleicht sollte man auch gar nicht versuchen, zu verstehen, wer in dieser Zeit – wie – welche Rolle ausübte. Nichts war zu verstehen. Der Krieg brachte alle und alles in einen Ausnahmezustand.

Wieder einmal dachte Hedda an die anderen Menschen in ihrem Leben. Wie schön wäre es jetzt, nicht allein zu sein. Ihre Schwestern kamen ihr in den Sinn. Sie konnte ihnen nicht einmal mitteilen, was Louis und ihr widerfahren war. Dass Louis verschleppt und sie aufgebrochen war, um ihn zu suchen. Und was war mit dem Hotel? Ob es noch stand? Wie ging es den Mitarbeiterinnen und Mitarbeitern? Sie war überzeugt, dass in Berlins Mitte weiterhin unerbittlich um jeden Meter Raum gekämpft werden würde. Und ihre Befürchtungen waren sehr nah dran an der Realität …

An diesem 27. April 1945 konzentrierte sich das Kampfgeschehen vor allem auf die Berliner Innenstadtbezirke, die von den sowjetischen Truppen mittlerweile von allen Seiten beschossen wurden. Auch der Pariser Platz, wo das Adlon stand, gehörte dazu. Viele Berliner hatten sich mittlerweile aus Angst vor den Granaten in den nicht mehr befahrenen U-Bahn-Tunneln verkrochen, wo verzweifelte Familien tagelang ohne Essen ausharren mussten, weil das Kämpfen kein Ende nehmen wollte. In Bayern dagegen warteten die meisten Menschen noch auf das Eintreffen der Truppen. Kempten im Allgäu wurde an diesem Freitag gerade kampflos übergeben, die Einnahme von Augsburg stand unmittelbar bevor. Und am Starnberger See, wo Louis' Tochter aus erster Ehe, Susanne – meine Omi –, mit ihrem zehnjährigen Sohn Paul Rudolf Parsifal – meinem Vater – lebte, beobachteten viele Bewohner mit Entsetzen einen Treck ausgemergelter KZ-Häftlinge aus Dachau. In ihren grau gestreiften Anzügen wurden sie von bewaffneten SS-Leuten und ihren scharfen Hunden vorwärtsgetrieben. Wohin ihr Todesmarsch führen sollte? Das lässt sich bis heute nicht klären. Als die amerikanischen Soldaten Tage später die teilweise schwer verletzten Häftlinge fanden – wenn sie diese Tortur überhaupt überlebt hatten –, hatten sich ihre Bewacher längst aus dem Staub gemacht. Überall im Land zeigte sich: Die Nazi-Herrschaft war zu Ende. Österreich hatte an diesem Tag im befreiten Wien seine Unabhängigkeit erklärt. Und Hitlers italienischer Verbündeter Benito Mussolini war zusammen mit seiner Geliebten auf der Flucht erkannt und festgenommen worden.

So viel war geschehen, seit Louis vor zwei Tagen verhaftet worden war. So viel, von dem die Menschen in und um Potsdam (und natürlich auch in anderen Teilen des Reichs) nichts mitbekamen. Hedda überlegte, ob sie erst einmal zur Villa Adlon zurücklaufen sollte. Schließlich lag die nicht weit entfernt. Aber ihr taten die Füße weh. Und außerdem hatte es sich als Vorteil erwiesen, in Louis' Nähe zu bleiben. Das erhöhte die Chance, dass sie mitbekam, wenn sich wieder irgendetwas veränderte. Und da Hedda nicht unter freiem Himmel schlafen wollte, beschloss sie, in einem dieser verlassenen Offiziershäuser Unterschlupf zu suchen. Es erschien ihr unwahrscheinlich, dass sich dort Russen einnisten würden, wenn sie doch mit reichlich Platz und viel sicherer in der Kaserne nächtigen konnten.

Vorsichtig schlich Hedda in das erste Gebäude – und prallte entsetzt zurück. Da saß eine ganze Familie tot am

Esstisch. Offenbar erschossen. Ermordet? Oder hatte der Vater erst seine Frau und Kinder getötet und dann sich selbst? Hedda stolperte zurück ins Freie und musste sich übergeben. Da sie nichts im Magen hatte, blieb es ein verzweifeltes Würgen. Gleichzeitig schüttelten sie heftige Heulkrämpfe, die sie auf die Knie sinken ließen. Am liebsten hätte sie sich zwischen die Stiefmütterchen in den Vorgarten gelegt und wäre nie wieder aufgestanden. Noch nie zuvor hatte sich Hedda dermaßen matt und kraftlos gefühlt.

Als sie ein Auto nahen hörte, überlegte sie einen kurzen Moment, einfach hocken zu bleiben. Nur der Gedanke an Louis gab ihr den Elan, sich aufzuraffen und sich erneut ins Haus zu schleppen. *Die Russen mögen keine Treppen*, erinnerte sie sich an die Worte der älteren Dame, die sie für eine Nacht aufgenommen hatte. In der Villa in Neu Fahrland waren sie zwar gleich mehrfach in der ersten Etage gewesen, dennoch stolperte Hedda nach oben, wo sie erleichtert vernahm, wie der Wagen am Haus vorbeifuhr. Wahrscheinlich wusste der Fahrer, dass hier nichts mehr zu holen war. Vermutlich hatten erst die Deutschen die Häuser geplündert – und dann die Russen. Unwahrscheinlich, dass man noch etwas Essbares finden würde. Dennoch wollte Hedda es versuchen. Schließlich musste sie bei Kräften bleiben.

Sie schlüpfte aus den schmerzenden Schuhen und begann, im ganzen Haus nach übersehenen oder übrig gelassenen Lebensmitteln zu suchen. Tatsächlich entdeckte sie unten in der Küche noch ein Gläschen Kompott und ein paar verteilte Haferflocken auf der Küchenzeile, die sie vorsichtig in ihre Hand wischte. Früher hatte sie opulente Sechs- oder gar Acht-Gänge-Menüs genossen. Jetzt freute sie sich über eine Handvoll Haferflocken mit Kompott. Hedda beeilte sich, danach wieder ins obere Geschoss zu gelangen. Dabei versuchte sie, möglichst nicht zu der Familie am Esstisch zu sehen. Einerseits fand sie ihre Anwesenheit beängstigend. Andererseits hoffte sie, dass dadurch andere Eindringlinge abgeschreckt wurden. So richtig konnte sie es sich später selbst nicht erklären, warum sie ausgerechnet in diesem Haus blieb.

Als sie in der Nacht von Männerstimmen geweckt wurde, war sie schlagartig hellwach. Wer trampelte dort unten herum? Was, wenn man sie entdeckte? Hedda wagte kaum zu atmen. Später erzählte sie, noch nie in ihrem Leben eine solche Angst gespürt zu haben wie in diesem Moment. Sie wusste nicht, ob es die tote Familie am Esstisch oder die Treppen waren – die Männer, die in das Haus eingedrungen waren, verschwanden so schnell, wie sie gekommen waren. Aber Hedda war danach so aufgewühlt, dass an Schlaf nicht mehr zu denken war. Dafür meldete sich der Hunger. Hedda nahm sich vor, im ersten Morgengrauen noch einmal nach etwas Essbarem zu suchen und sich bis dahin lieber oben versteckt zu halten. Ihr fiel ein, dass sie versprochen hatte, die Russin für ihre Dienste zu bezahlen, und tastete in ihrem BH nach den versteckten Schmuckstücken. Zuerst fischte Hedda die Manschettenknöpfe mit dem »Adlon oblige«-Schriftzug heraus. Nein, die würde sie nur im äußersten Notfall hergeben. Louis hing an ihnen ganz besonders, da die Manschettenknöpfe so alt wie das Hotel selbst waren. Irgendwie standen sie für alles, was dieses Haus bedeutete: Sie waren eine Erinnerung an die Kaiserzeit, an die unglaubliche Unternehmung eines Schustersohns, der in Berlin eines der schönsten Hotels der Welt eröffnet hatte. Sie standen für Louis' Treue zu seinem Vater, von dem er sich nie so richtig anerkannt und geliebt gefühlt hatte. Sie waren eng mit der Tradition des Hotels verknüpft und dafür gedacht – wie auch das Hotel –, von Generation zu Generation weitergegeben zu werden. Hoffentlich konnte Hedda sie durch diese Zeit retten!

Nachdem sie noch einige weitere Schmuckstücke betrachtet hatte, entschied sie, der Russin die goldenen Ohrringe zu geben, die Louis ihr einmal von einer Reise mitgebracht hatte. Falls die Frau überhaupt auftauchte. Hedda gehörte zu jenem Menschenschlag, der sich am liebsten auf sich selbst verließ – ganz im Sinne von Konfuzius: *Fordere viel von dir selbst und erwarte wenig von den anderen. So wird dir Ärger erspart bleiben.* Sie hatte Angst, dass die Frau nicht kommen könnte, auch wenn ihr Bauchgefühl ihr sagte, dass diese ihr helfen wollte. Nicht alle Russen waren schlecht ...

Da sie sich vor ihrem Aufbruch noch ein wenig stärken wollte, schlich Hedda leise nach unten, um zu schauen, ob sie am Vortag vielleicht etwas Essbares übersehen hatte. Leider fand sie keine einzige Haferflocke mehr, weshalb sie schließlich im Halbdunkel durch die Vorgärten zum nächsten Hauseingang huschte, in der Hoffnung, dass sie dort niemanden antreffen würde. Zumindest niemanden, der noch lebte. Sie war selbst überrascht, dass ihr die Toten lieber waren als die Lebenden. Doch zu ihrer Erleichterung schien dieses Haus leer zu sein. Es war allerdings ebenso durchwühlt worden wie ihre eigene Villa am Lehnitzsee. Und auch hier hatten die Plünderer die Küche am schlimmsten verwüstet. Hedda kam es plötzlich merkwürdig vor, einfach so in die Lebenswelt anderer Menschen einzubrechen. War der Familie, die hier gelebt hatte, die Flucht geglückt? Hatten sie noch mitbekommen, dass ihre Nachbarn erschossen wurden oder sich erschossen hatten? Waren sie von den Russen verschleppt worden?

Hedda versuchte, in den Räumen zu lesen, wer hier gelebt hatte. Am Boden lagen ein paar Fotos aus glücklichen Tagen. Ein Hochzeitsbild. Würde man so etwas nicht mitnehmen, wenn man freiwillig ging? Am liebsten hätte sie alles aufgesammelt und für die Menschen aufgehoben – sollten sie irgendwann heimkehren. Es bereitete ihr in diesem Moment geradezu körperliche Schmerzen, wie viel Verlust Krieg bedeutete. Im Großen. Im Kleinen. Es schien nichts zu gewinnen zu geben, aber unendlich viel zu verlieren.

Während sie durch die Räume stöberte, entdeckte sie noch ein paar Essensreste, die sie unter normalen Umständen im Müll entsorgt hätte – jetzt war sie froh, dass sie ihren Hunger zumindest ein wenig stillen konnte. Sie beschloss, nicht wieder nach nebenan zu gehen, sondern in diesem Haus darauf zu warten, dass es draußen hell wurde. Dann wollte sie sich wieder vor die Kaserne stellen, um auf die Frau zu warten und andere Menschen anzusprechen, die von dem Gelände kamen oder auf es zusteuerten. Nachdem sie ein wenig gegessen hatte, war auch ihre Zuversicht wieder gewachsen. Irgendjemand musste doch eine Ahnung haben, wo man die deutschen Gefangenen einsperrte. Sie, die im Hotel immer pedantisch auf die Einhaltung von Regeln und Vorgaben gepocht hatte, konnte sich nicht vorstellen, dass es in einer militärischen Einheit keinerlei Strukturen, keine geregelten Abläufe geben sollte.

Als die russische Frau zur vereinbarten Zeit durch das Kasernentor schritt, überschwemmte Hedda ein warmes Glücksgefühl. Es gab zumindest einen Menschen, der ihr half. Schlagartig fühlte sie sich ein bisschen weniger allein. Aber leider konnte die Russin ihr nichts über Louis' Verbleib sagen. Sie versprach, weiterhin etwas herausfinden zu wollen, und bat Hedda, am folgenden Tag noch einmal zur selben Zeit ans Tor zu kommen. Hedda hatte ihr dennoch die Ohrringe gegeben, weil sie so dankbar war für die Unterstützung. Außerdem hoffte sie, dass die Russin sich dann noch mehr bemühen würde. Wobei sie es vermutlich auch ohne den Schmuck getan hätte. Zumindest war das Heddas Eindruck. Die Frau schien ein freundlicher Mensch zu sein.

Und vielleicht fanden sich in der Kaserne noch weitere hilfsbereite Personen.

Den ganzen Tag verbrachte Hedda im Schatten des großen Wachtturms von Krampnitz und sprach jeden Vorbeikommenden an – ohne irgendetwas über Louis in Erfahrung zu bringen. Erst als es dunkel wurde, verließ sie niedergeschlagen ihren Posten und schlich zurück zu den Offiziershäusern. Ihre Nerven lagen blank, sie brachte es nicht über sich, noch eine weitere Nacht mit der toten Familie unter einem Dach zu verbringen. Erst stand sie unschlüssig auf der Schwelle. Schließlich beschloss sie, sich im Nachbarhaus eine Schlafmöglichkeit zu suchen. Dort waren ein paar Möbel verschwunden. Es fühlte sich merkwürdig an, dass offenbar noch andere Menschen in diesem Haus ein und aus gingen. Dennoch musste sie ja irgendwo schlafen. Und nach diesen kräftezehrenden Tagen hatte Hedda die Befürchtung, dass sie es gar nicht mehr bis nach Neu Fahrland schaffen würde. Ihr Geist wollte das alles durchstehen. Aber ihr Körper fühlte sich inzwischen unendlich schwach. Und furchtbar müde.

Dennoch war an einen ungestörten Schlaf auch in dieser Nacht nicht zu denken. Mehrfach schreckte Hedda hoch, sobald sie im Haus oder davor Geräusche hörte. Hunger quälte sie. Ihre wunden Füße schmerzten. Sie machte sich unendliche Sorgen um Louis. Gleichzeitig nistete sich ein leiser, sie aufbauender Gedanke ein: Was, wenn man ihn schon entlassen hatte? Es war ja immerhin vorstellbar. Möglicherweise hatte man ihn nicht durch das Haupttor geschickt, sondern durch den hinteren Eingang. Vielleicht sollte Hedda später am Tag doch einmal zur Villa Adlon laufen. Eventuell war Louis längst zu Hause!

Es kostete sie zwar einige Überwindung, dennoch brach Hedda am Morgen des 28. April noch einmal mit sich selbst verordneter Zuversicht zur Kaserne auf. Erst wollte sie auf die Russin warten. Und wenn die wieder keine neuen Informationen brachte, wollte sie zurück nach Hause laufen. Je länger sie darüber nachdachte, desto wahrscheinlicher erschien es ihr, dass ihr Mann längst dort war. Ein Verhörspezialist, der sich mit dem Fall befasste, musste doch merken, dass Louis zu Unrecht einsaß. Warum sollten sie ihn also hierbehalten? Vielleicht hatte die Russin genau aus diesem Grund nichts über ihn in Erfahrung bringen können.

Hedda musste nicht lange vor der Einfahrt stehen, als sie die Frau in ihrer russischen Militäruniform entdeckte, die zügig auf sie zusteuerte. Sie erkannte an ihrem Gesichtsausdruck, dass etwas geschehen sein musste. Ihr Herz begann zu rasen.

»Louis Adlon!«, rief die Russin ihr schon aus der Ferne zu. »Sie haben ihn nach Nedlitz gebracht. Heute früh. Es tut mir leid!« Sie schnaufte.

»Nach Nedlitz? In die Kaserne?« Hedda verstand nicht. »Warum denn jetzt nach Nedlitz?«

»Dort soll er weiter verhört werden«, antwortete die Russin. »Mehr weiß ich leider auch nicht.«

Dann verabschiedete sie sich eilig. Sie musste zurück. Und Hedda blieb allein vor der Kaserne, die ihr Mann in den frühen Morgenstunden verlassen hatte. Das Gute: Er war offenbar noch am Leben. Das Schlechte: Sie hielten ihn weiterhin fest und für verdächtig. Für sie unbegreiflich.

8

Berlin, 1930 bis 1940

Der Taj Mahal gilt noch heute als ein Symbol ewiger Liebe. Der Großmogul Shah Jahan hatte das Wahrzeichen Indiens vor etwa 600 Jahren bauen lassen. Als seine geliebte Frau Mumtaz Mahal bei der Geburt ihres 14. Kindes starb, soll der Herrscher ihr auf dem Sterbebett das Versprechen gegeben haben, niemals wieder zu heiraten – und für sie das schönste Grabmal zu bauen, das die Welt je gesehen hatte. Dieses Versprechen hatte er eingelöst. Und Hedda und Louis standen staunend vor diesem »Liebesgedicht« aus Marmor, einem der vollkommensten Bauten der Welt – und überwältigt von dessen Schönheit sprachen sie auch wieder von der Einzigartigkeit ihrer eigenen Liebe. Sie erinnerten sich an den ersten Moment ihres Kennenlernens. An das Versprechen, das sie einander gegeben hatten – das sie nicht einhalten mussten, aber einhalten wollten. Wie es der Großmogul Shah Jahan mit dem Bau des Taj-Mahal-Mausoleums getan hatte.

Fast 7000 Kilometer vom Adlon entfernt, erkannte Louis abermals, wie sehr Heddas Lebendigkeit sein Dasein bereicherte, und Hedda spürte, wie ruhig und sicher sie sich in seiner Gegenwart fühlte. Sie ergänzten sich – und hatten gleichzeitig einen ähnlichen Blick auf die Welt und die Menschen und die Haltung, mit der sie beidem begegnen wollten. Auf ihrer Indienreise fühlten sie sich wie frisch verliebt. Hedda schrieb im Nachhinein in einem Brief: *Louis war genau so, wie in vielen Dingen mir gleich und dies ist auch eines der Geheimnisse unserer unwahrscheinlich glücklichen, bezaubernden Ehe. Vom ersten bis zum letzten Moment.* Sie schwärmte: *Ein Mann, der im Frack und Anzug gleich gut aussah. Vom Reitdress oder Roten Rock ganz zu schweigen.* Der eheliche Frieden war wiederhergestellt. Und die Reise so exotisch, dass sie nichts an das Hotel und ihre Pflichten in Berlin erinnerte.

In der *New York Times* konnte man am 13. Februar 1930 von ihrer Indienreise lesen: »Nach einem Zwischenstopp in Bombay waren Herr und Frau Adlon Gäste des Maharadschas von Patiala im Moti-Bagh-Palast in Patiala, Punjab. Vor zwei Jahren bewirteten die Adlons den Maharadscha und eine Gruppe von 22 Personen in ihrem Landhaus in der Nähe von Potsdam. Herr Adlon hatte den aufgespießten Kopf eines wilden Bullen und die Felle einer Tigerin und eines Panthers dabei, die er in Sagar bei Jhansi erlegt hat. Herr und Frau Adlon waren auch Gäste des Maharadschas Rana von Dholpur im Talshai-Mahal-Bari-Palast, 35 Meilen von Agra entfernt, wo sich das Taj Mahal befindet. Das Taj Mahal wird von Herrn Adlon als das größte Monument der Welt bezeichnet. In Pinjore befindet sich eine Sommerresidenz des Maharadschas von Patiala, die die Adlons besuchten. Sieben Terrassen mit Wasserfontänen bereichern die Anlage. Die Springbrunnen wurden während der Mogul-Dynastie gebaut, so Herr Adlon, aber mit verschiedenfarbigen elektrischen Lichtern modernisiert.«

Die tierliebende Hedda dürfte von den Beute-Erfolgen ihres Ehemanns zwar weniger begeistert gewesen sein, dafür aber mit Sicherheit von dem Jagdfahrzeug des Maharadschas. Er hatte es für 140 000 Mark in London bauen lassen. Eine deutsche Zeitung berichtete damals: »Eine ungeheure Summe, wenn man bedenkt, dass das teuerste deutsche Luxusautomobil für 40 000 Mark zu haben ist. Was also machte den Wagen des Maharadschas von Patiala so wertvoll? Zuerst einmal ist er auf besonderen Wunsch nach eigenen Angaben als einziges Exemplar seiner Gattung hergestellt. Gattung? Jawohl, denn es handelt sich um ein Jagdauto für Dschungelwälder!«

Als die Adlons schließlich von ihrer Reise zurückkehrten, hatte Heddas anfängliche verbale Entgleisung auf dem Bahnhof allerdings noch ein Nachspiel. »Nach der Rückkehr des Ehepaares aus Indien strengte eine der beiden Damen, ein Fräulein K., die einer der besten Familien Berlins angehört, eine Beleidigungsklage an. Sämtliche beteiligte Damen waren zur Verhandlung erschienen. Auf Vorschlag des Vorsitzenden kam es zu einem Vergleich. Frau Adlon nahm die beleidigenden Worte mit dem Ausdruck des aufrichtigen Bedauerns zurück und erklärte sich im Übrigen bereit, der Berliner Mittelstandsfürsorge sofort einen Geldbetrag als Sühne zu überweisen.«

Sie war offenbar geläutert und deutlich friedlicher gestimmt. Nie wieder sang sich ein Musiker oder tanzte eine hübsche Tänzerin zwischen Louis und Hedda. Sie hatten verstanden, dass ihre Liebe zwar ein Geschenk war, sie aber auch an ihr arbeiten mussten, um sie zu erhalten. Dafür gönnten sie sich fortan bewusster gemeinsame Auszeiten. Zum Beispiel nach Bad Gastein. Von dort aus schrieb Hedda ihrer Nichte Lieselotte am 24. Januar 1931: *Ski heil, – wie geht es denn auf den Brettern? Wir hier fahren bereits wie die weißen Teufel. Ein herrlicher, aber gefährlicher Sport, darum bitte immer vernünftig! Auch Schlittschuh laufen wir nicht schlecht.*

Louis war zu diesem Zeitpunkt bereits 56! Hedda fesche 42. Und Lieselotte? Die war mittlerweile zu einer hübschen jungen Frau herangewachsen und hatte endlich ihr französisches Mädchenpensionat verlassen und nach Berlin zurückkehren dürfen, wo Hedda sich weiterhin um ihre Erziehung kümmern wollte. So hatte sie bestimmt, dass ihre Nichte zuerst eine Ausbildung als Buchbinderin absolvieren sollte, während sie diese gleichzeitig auf ein Leben als reiche Ehefrau vorbereitete: *Bitte auch von Anfang an für correcte Reitkleidung sorgen. Es gibt nichts schrecklicheres für einen alten Reiter, wie diese bunten fürchterlichen zusammengestellten Sonntagsreiter in Stadt und Land! Schwarz und dunkelblau sind die correcten Farben, – zum Sommer vielleicht ein Natur Bast Kleid. Zum Schwarz oder Blau immer die weiße Binde oder gar keine, nie bunte bitte, höchstens beige, wenn nicht weiß. Im Sommer darf man vielleicht in Bluse und Hose reiten, aber schön ist es nie – eine leichte Jacke ist immer vollkommen, selbst im Sommer. Wer reitet muss correct reiten, sonst soll er Circus Reiter werden.*

Tatsächlich zeichnete sich schon bald ein geeigneter Heiratskandidat ab: Cornelius Vanderbilt IV. Er stammte aus einer der reichsten Familien Amerikas – neben den Rockefellers. Sein Urgroßvater Cornelius Vanderbilt hatte im 19. Jahrhundert ein Eisenbahnimperium gegründet und damit den Grundstein für das Familienvermögen gelegt. Sein Onkel war Alfred Vanderbilt, der beim Untergang der *Lusitania* so viele Kinder rettete. Cornelius Vanderbilt IV. selbst galt als das Enfant terrible seiner Familie, seit er sich dafür entschieden hatte, als Journalist zu arbeiten. Für einen internationalen Skandal sorgte er, weil er Benito Mussolini während einer Autofahrt interviewte, auf der jener ein Kind überfuhr. Als Vanderbilt sich umdrehte, soll Mussolini ihm die Hand aufs Knie gelegt haben: »Nie nach hinten schauen, Vanderbilt. Schau im Leben immer nach vorne.« Die italienische Regierung bestritt, dass es einen solchen Vorfall jemals gegeben hätte. Vanderbilt blieb dabei. Als er im Adlon der sechzehn Jahre jüngeren Lieselotte einen Heiratsantrag machte, lehnte die aber ab. Sie fand ihn mit 35 Jahren zu alt. Zudem war sie dank Louis und Hedda ja ohnehin bestens versorgt. Zumindest vorerst.

Zwischen September 1929 und Februar 1932 war die Arbeitslosigkeit im Deutschen Reich von 1,3 auf über sechs Millionen angestiegen. Vor dem Adlon standen jeden Tag ordentlich frisierte junge Damen und Männer in feinen Anzügen – mit Schildern um den Hals, auf denen zu lesen war: »Nehme jede Arbeit gleich welcher Art sofort an.« Oder: »Fleißiger junger Mann sucht Arbeit.« Die Älteren und Invaliden stritten sich um die besten Bettelplätze Unter den Linden. Prostitution und Kriminalität stiegen sprunghaft an. Louis und Hedda hatten alle Hände voll zu tun, zumindest im Innern des Adlon den schönen Schein der heilen Welt zu wahren. Und dann kündigten auch noch Louis junior und sein Zwillingsbruder Carl ihre Rückkehr aus Amerika an. Sie waren inzwischen Mitte zwanzig, und jeder von ihnen hatte mittlerweile eine genaue Vorstellung davon, wie er sich seine Zukunft vorstellte.

Louis junior träumte von einer Karriere als Schauspieler. Er hatte sogar schon einige kleinere Rollen in verschiedenen Filmen ergattert. Der große Durchbruch ließ zwar noch auf sich warten, aber er prahlte mit seinen guten Kontakten in Hollywood. Zum großen Erstaunen – und Unbehagen – von Louis und Hedda reiste er tatsächlich im Schlepptau der Stummfilmdiva Pola Negri in Berlin an. Die Schauspielerin war jahrelang Stammgast im Adlon gewesen. Einst hatte sie hier Charlie Chaplin kennen- und kurzzeitig auch lieben gelernt. Nachdem ihre Karriere in Amerika ins Stocken geraten war, hatte sie ihren Arbeitsschwerpunkt nach Europa verlegt, wo es im Februar 1930 zu einem peinlichen Zwischenfall gekommen war: Ein Gerichtsvollzieher hatte der Diva im Adlon aufgelauert und ihr vom Hals weg eine teure Perlenkette gepfändet. Offenbar sollte damit eine ausstehende Rechnung ihres früheren Managers beglichen werden. Und nun hatte die frisch geschiedene Pola Negri ausgerechnet den zehn Jahre jüngeren Louis junior als ihren Privatsekretär angestellt. Es überraschte niemanden so richtig, als ein Zimmermädchen ihn kurz darauf in Pola Negris Schlafgemächern fand. Doch nur die Umstände sorgten für Getuschel: Louis junior posierte in Damendessous für seine Geliebte! Man kann sich Louis' und Heddas Begeisterung angesichts solcher Enthüllungen vorstellen. Und sein Zwillingsbruder Carl sollte sogar für einen noch größeren Skandal sorgen.

Da der älteste der drei Brüder, Larry, gar nicht genug Abstand zwischen sich, seine Heimat und das Adlon bringen konnte, ihn Luxus ohnehin so gar nicht interessierte und er es stattdessen vorzog, ein freies und einfaches Leben zu führen, hatte Carl gedacht: Bruder Louis will Schauspieler werden, Larry Lebenskünstler – da könnte er doch später einmal das Adlon übernehmen. Immerhin war Papa Louis inzwischen bereits 58!

Carl hatte eine Hotelausbildung in den Staaten absolviert, und aus diesem Grund gab ihm sein Vater zunächst tatsächlich eine Chance: Er wurde in Louis' etwas kleinerem und weniger pompösem Continental Hotel angestellt, das quasi um die Ecke vom Adlon und außerhalb der Reichweite der wenig von dieser Idee begeisterten Hedda lag. Schon nach zwei Monaten beförderte Louis ihn zum Concierge. Carls Gehalt lag damals bei etwa 200 Mark – nebst Logis und Verpflegung. Ein Jahr später übernahm der stolze Spross bereits den Posten des Empfangschefs mit 340 Mark Gehalt, weshalb er seinem Vater großmütig vorschlug, die Unterhaltszahlungen einzustellen – immerhin 500 Mark monatlich. Vermutlich wollte Carl seinen Vater beeindrucken und ihm zeigen, dass er sich selbst etwas aufbauen konnte und wollte. Da gab es nur ein Problem: Hedda. Der gefiel diese Entwicklung leider gar nicht.

Carl hatte in Amerika eine attraktive junge Frau kennengelernt: Mary Lou Eitel, die Tochter eines Chicagoer Hotelbesitzers. Die beiden verband eine recht ähnliche Familiengeschichte: Mary Lous Vater, in Stuttgart geboren, war 1891 nach Chicago ausgewandert und hatte dort zusammen mit seinem Bruder ein Luxushotel aufgebaut, das vor allem bei deutschen Reisenden beliebt war: das Bismarck Hotel. Angeblich hatte der ehemalige Reichskanzler Otto von Bismarck selbst die Genehmigung erteilt, seinen Namen für dieses Hotel benutzen zu dürfen. Papa Eitel dürfte entzückt gewesen sein, als sich seine Tochter einen Mann aus einer berühmten deutschen Hoteliersfamilie geangelt hatte. Es muss eine stürmische Liebe gewesen sein. Schon im Juni 1932 wollte das junge Glück in Berlin heiraten. Mary Lou malte sich bereits aus, wie sie später an Carls Seite das weltberühmte Adlon führen würde. Carl erzählte später, seine Braut hätte vor Hedda geschwärmt: »Wenn ich hier erst mal alle kenne, werde ich mich ums Social Life kümmern! Ich werde die Berühmtheiten begrüßen und tolle Partys organisieren ...« Sie war eben Amerikanerin – und die amerikanischen First Ladies kümmern sich traditionell ums Social Life. Das Problem war nur: Diese Aufgaben waren Heddas Bereich. Bereits am Tag nach diesem Treffen zitierte Louis seinen Sohn zu einem Gespräch und verlangte: »Sag die Hochzeit ab und schick diese Frau zurück nach Amerika!« Doch Carl weigerte sich.

Was dann folgte, sorgte nicht nur in Berlin, sondern gleich weltweit für Schlagzeilen: *»Adlon gegen Adlon / Familienkrieg im Hause Adlon / Adlon Vater gegen Adlon Sohn / Wegen seiner Heirat als Empfangschef abgebaut / Nur weil die Stiefmutter jung bleiben wollte.«* Die österreichische Tageszeitung das *Neue Wiener Journal* berichtete am 5. Oktober 1932 in einem großen Artikel: »Hotelbesitzer Louis Adlon kündigt seinem Sohn. Vor dem Amtsgericht Berlin gelangte heute unter starkem Andrang von Zuschauern eine Klage des Berliner Hoteliers Louis Adlon gegen seinen fünfundzwanzig Jahre alten Sohn Karl zur Verhandlung. Vor kurzem erhielt Karl Adlon von seinem Vater die Kündigung. Begründet wurde dieses Vorgehen damit, dass jetzt abgebaut werde und Karl Adlon als Dienstjüngster eben seinen Posten verlassen müsse. Der Sohn, der mit seiner Frau im Hotel seines Vaters lebte, erhielt die Aufforderung, seine Wohnung zu räumen. Als der Sohn das Hotel nicht freiwillig verließ, strengte der Vater gegen ihn die Klage an.«

Insgeheim ahnte jeder, dass *Stiefmütterlein* Hedda hinter dem Rauswurf steckte. Tilli, Louis junior und Carl schimpften mal wieder lautstark über das »Miststück«. Sogar öffentlich. So stand am 5. Oktober 1932 in der *Chicago Tribune*: »Der junge Adlon sagte heute vor Gericht aus, dass er und sein Vater sich nach der Hochzeit entfremdet hatten, weil seine Stiefmutter die soziale Konkurrenz seiner jungen amerikanischen Braut fürchtete. Das Gericht wies Mary Lou und ihren Mann an, das Hotelzimmer im Hotel Adlon bis zu den Verhandlungen zu räumen. Ein Vertreter von Adlon senior sagte, dass der Hotelbesitzer seinen Sohn entlassen habe, um einen unverheirateten Angestellten zu behalten, der seit 17 Jahren im Unternehmen tätig war. Der junge Adlon sagte aus, dass dies nicht stimme, da viele unverheiratete Männer, die noch nicht so lange bei der Firma sind, auf der Gehaltsliste des Vaters stünden. Meine Stiefmutter war gegen meine Heirat, weil das Auftauchen der jungen Frau Adlon sie automatisch zur alten Frau Adlon machte, sagte er. Sie überredete meinen Vater, mich zu beauftragen, meinen Schwiegervater um einen Job in Chicago zu bitten. Ich lehnte ab. Ich hatte einen guten Job, als ich heiratete. Alle waren mit meiner Arbeit zufrieden. Ich sehe nicht ein, warum ich meiner Arbeit beraubt werden sollte, nur um meiner Stiefmutter zu gefallen, und ich habe mich geweigert, meinen Posten aufzugeben.«

Letztlich zogen Carl und seine Ehefrau aber doch zurück nach Amerika. Ohne Job und ohne Unterhalt. Dafür schwer enttäuscht und unendlich verletzt. Kurz darauf scheiterte ihre Ehe. Als Carl 1940 vom amerikanischen Militär eingezogen wurde, waren Mary Lou und er schon längst geschieden.

Wie sehr Louis das zerrüttete Verhältnis zu seinen fünf Kindern belastete, lässt sich schwer sagen. Aber zumindest seiner Ältesten, Susanne, die mittlerweile alleinerziehend am Starnberger See – in der Nähe ihres Geliebten Rudolf Laubenthal – lebte, soll er, solange er lebte, üppige Fresspakete und Geld geschickt haben. Besucht hat er sie nie. Es heißt, Hedda hätte sich am wohlsten gefühlt, wenn Louis' Kinder möglichst weit weg waren. Weil sie Hedda daran erinnerten, dass Louis vor ihr eine andere Frau geliebt hatte? Fand sie Louis' Nachwuchs zu verwöhnt? Oder wusste sie, dass Tilli jüdische Eltern hatte und Susanne, Larry, Carl, Louis junior und Lisabeth damit Halbjuden und in Deutschland in Gefahr waren?

Schon nach dem verlorenen Ersten Weltkrieg wurden die Juden – mal wieder – zum Sündenbock erklärt: Rechte Propagandisten schoben ihnen die Schuld an der Kriegsniederlage, den folgenden politischen Unruhen, dem Hungern, der Weltwirtschaftskrise und der Arbeitslosigkeit in die Schuhe. Und ihre Stimmen wurden zunehmend lauter. Im Februar 1930 war in Berlin eine Synagoge geschändet worden. Im September 1931 war es auf dem belebten und beliebten Ku'damm zu Misshandlungen von Jüdinnen und Juden gekommen. Im Januar 1932 waren jüdische Dozenten der Universität angegriffen worden. In der ganzen Stadt häuften sich die Angriffe der nationalsozialistischen Sturmabteilung (SA) auf jüdische Bürger und Geschäfte. Noch wusste man nicht, wie diese Menschen auf Kinder jüdischer Mütter reagieren würden. Aber so viel stand fest: Im Zweifel war es sicherer, wenn sie sich nicht im Dunstkreis der Nationalsozialisten aufhielten.

Bei der Reichstagswahl von 1930 war die NSDAP mit 18,3 Prozent der Stimmen die zweitstärkste Partei in Deutschland. Hinter der SPD. Am 31. Juli 1932 wählten sie schon mehr als doppelt so viele: 37,3 Prozent aller Stimmen. Und am 30. Januar 1933 wurde Adolf Hitler schließlich zum Reichskanzler ernannt. In dieser eiskalten Berliner Nacht marschierte ein dichter Strom uniformierter Nationalsozialisten von SA und SS mit Fackeln durch das Brandenburger Tor. Louis und Hedda hatten das unheimliche Spektakel von ihrem Fenster in der zweiten Etage aus beobachtet. Nur knapp einen Monat später, am 27. Februar 1933, brannte das Reichstagsgebäude. Auch diesmal sahen Louis und Hedda den Feuerschein von ihrem Appartement aus. Am nächsten Tag lasen sie in der Zeitung, dass der niederländische Linksanarchist Marinus van der Lubbe im brennenden Gebäude festgenommen worden war. Er habe mit seiner Tat die Arbeiterschaft zum Widerstand gegen die NS-Herrschaft aufrufen wollen – noch im selben Jahr wurde er zum Tode verurteilt.

Und so wurden nach und nach immer mehr Kritiker von den Nationalsozialisten mundtot gemacht. Als besonders hartnäckig galt der ehemalige Polizeivizepräsident Bernhard Weiß. Konsequent hatte er über Jahre nationalsozialistische Straftaten gegen Juden und Sozialdemokraten verfolgt – während der Weimarer Republik als Leiter des Staatsschutzes und der Einsätze der Berliner Polizei. Doch nach der Absetzung der Regierung Preußens durch Reichskanzler

Franz von Papen verlor er sein Amt und kämpfte fortan als Rechtsanwalt weiter. Goebbels, der damalige Gauleiter der NSDAP von Berlin und Brandenburg, verunglimpfte Weiß wegen seiner jüdischen Herkunft öffentlich als Isidor Weiß. Das hielt den aber nicht davon ab, Goebbels über sechzig Mal erfolgreich zu verklagen. Doch Anfang März schaffte es die Schutzpolizei vor seiner Wohnung am Steinplatz 3 in Berlin nicht mehr, die aufgebrachte SA-Meute aufzuhalten. Weiß musste durch den Hintereingang ins Adlon flüchten, wo er schon häufig zu Gast gewesen war, weil einer seiner engsten Freunde, der Sänger Richard Tauber, dort als Dauergast wohnte. Weiß wusste, dass es ein weltoffenes Haus war und dass die Nazis deshalb das nahe gelegene Hotel Kaiserhof bevorzugten. Trotzdem war ihm klar, dass er sich nicht lange im Adlon verstecken konnte. Alle Zeitungen hatten am 5. März 1933 über sein Verschwinden berichtet: »Polizeipräsident Weiß wird gesucht. Wie *Der Angriff* meldet, wurde in der Nacht auf Montag eine umfangreiche Fahndung nach dem ehemaligen Reichsvizepräsidenten Bernhard Weiß durchgeführt. Es sei jedoch bisher nicht gelungen, seiner habhaft zu werden. Er habe Sonntag gegen 20 Uhr 30 seine Wohnung verlassen und sei seitdem dorthin nicht mehr zurückgekehrt. Er müsse sich jedoch noch in Deutschland befinden, da er seinen Pass nicht mitgenommen habe. Weiß werde im Zusammenhang mit einem Aktenfund gesucht, den die Polizei bei seinem Bruder gefunden habe.« Es war eine heikle Angelegenheit. Doch dem ehemaligen Polizeipräsidenten gelang schließlich die Flucht über Prag nach London.

Richard Tauber, der zwar einen jüdischen Vater hatte, aber selbst römisch-katholisch getauft war, fühlte sich zu diesem Zeitpunkt – trotz der gemachten Erfahrungen seines Freundes Bernhard Weiß – noch völlig sicher in Deutschland. Einerseits weil er sich selbst nicht als Jude verstand und ihn – andererseits – Politik ohnehin nicht interessierte. Seit der Trennung von seiner Frau Carlotta Vanconti hatte Tauber dauerhaft eine Suite im Adlon angemietet. Hans Dietzel, einer der Kellner des Hotels, geriet noch im fortgeschrittenen Alter ins Schwärmen, wenn er sich daran erinnerte, wie die Stimme des Sängers trotz der dicken Türen und Teppiche allmorgendlich über den Hotelflur schallte: »Der Herr Kammersänger Richard Tauber, der da ständig wohnte in der ersten Etage – eine Stimme! Morgens sang der immer: ›Gern hab' ich die Frau'n geküsst‹. Dann blieb ich draußen stehen mit meinem Tablett, habe zugehört, bis er fertig war.«

Tauber war in der Hauptstadt über viele Jahre ein gern gesehener Gast gewesen. Angeblich hatten ihn sogar die Verkehrspolizisten freundlich durchgewunken, wenn sie den Mann mit Monokel, Zylinder und weißem Schal erkannten, der sich regelmäßig vom Pariser Platz zu seinen Auftritten chauffieren ließ. Am 9. März 1933 gab es bei einem Auftritt von ihm im Berliner Admiralspalast zum ersten Mal antisemitische Zwischenrufe. Kurz darauf wurde er auf der Straße von einem braunen Mob verprügelt und beschimpft: »Judenlümmel, raus aus Deutschland!«

Schweren Herzens gab Tauber daraufhin seine Suite im Adlon auf und emigrierte in sein Geburtsland Österreich. Zuvor hatten Louis und Hedda bereits andere Gäste verloren – wie den Schriftsteller Heinrich Mann, der unmittelbar nach der Machtübernahme Deutschland verlassen hatte. Oder Albert Einstein, der aufgrund seiner jüdischen Abstammung lieber gar nicht erst von einer Auslandsreise zurückkehrte. Und auch Marek Weber, der zehn Jahre lang fester Bestandteil des Hotels war, erbat 1933 seine Entlassung, weil er sich als Jude in Deutschland nicht mehr sicher fühlte. Ein Journalist schrieb später über den Künstler im Exil: »Für ihn gab es nur zwei Themen: Musik und Frauen.

Er war ein Freund von Stresemann. Marek Weber verehrte Frau Adlon. Sie schenkte ihm eine Amati-Geige, als er für immer gehen musste.«

Louis und Hedda hassten die Nazis und alles, wofür sie standen. Als 1933 die Eingliederung des Deutschen Damen Automobil Clubs in den nationalsozialistischen Automobilclub drohte, überlegten Hedda und ihre Vereinskameradinnen fieberhaft, wie sie dem entgehen konnten, ohne sich in Schwierigkeiten zu bringen. Schließlich beschlossen sie, künftig ihre sportlichen Ambitionen herunterzuschrauben und sich nur noch informell zu treffen. Sie verzichteten also lieber auf ihr munteres Vereinsleben, als dass sie sich einem nationalsozialistischen Club angeschlossen hätten. So wurde auch ihr Alltag durch die Nazis immer mehr beschnitten. Hedda konnte zusehen, wie ihr Mann mit jedem Einschnitt, jedem Weggang und jeder neuen Nachricht besorgter und angespannter wurde. Sie beschrieb Louis als einen toleranten, weltoffenen und vor allem friedliebenden Menschen: *Er machte keine Unterschiede – sei es Religion, Rasse, Farbe, Reichtum, Armut, Gelehrter oder Primitiver – alle hatten in seinen Augen ein Recht zur Beachtung.* Und: *Er wusste um die Würde des Menschen, respektierte all und jeden Menschen.* Dementsprechend setzten ihm die ständigen Diskriminierungen und die einschüchternden und immer schärfer werdenden Machtdemonstrationen der Nazis besonders zu.

Im Mai 1933 fand Unter den Linden – etwa einen Kilometer vom Adlon entfernt – die erste Bücherverbrennung statt. Unter dem Motto »Wider den undeutschen Geist« setzten nationalsozialistische Studenten die Werke unliebsamer Autoren in Brand. Dazu gehörten: Bertolt Brecht, Lion Feuchtwanger, Leonhard Frank, Heinrich Heine, Franz Kafka, Alfred Kerr, Carl von Ossietzky, Carl Zuckmayer und Heinrich

Mann. Einiger dieser Männer waren Louis und Hedda Adlon gut bekannt. Was aber das Schlimmste war: Allmählich machten sich die Nazis auch *im* Adlon breit. Bislang waren Louis und Hedda froh gewesen, dass die braune Meute sich vor allem im Kaiserhof tummelte, doch nun hatte ihr Chefideologe Alfred Rosenberg das Außenpolitische Amt (APA) im Hotel einquartiert, um möglichst nah an der internationalen Presse zu sein.

Am 20. Juli 1934 nahm sich die Komikerin und Schauspielerin Senta Söneland in ihrem Appartement im Adlon das Leben. Das traf Louis und Hedda auch deshalb besonders, weil sie die 51-Jährige gut gekannt hatten. Senta Söneland hatte mit Louis junior zusammen einen Film gedreht. Nach dem plötzlichen Tod ihres Mannes im Sommer 1933 hatte sich Hedda mit besonderer Aufmerksamkeit um sie gekümmert. Weil sie nicht dem arischen Ideal entsprach, wurde sie aber zuletzt kaum noch für den Film oder das Theater gebucht. Die Zeitung *Der Sozialdemokrat* textete daher: »Das Hitlerregime, überreich an Menschenopfern, kann einen neuen Sarg registrieren. Senta Söneland, eine der eigenwilligsten Gestalten des deutschen Kabaretts, aber auch der Bühne, des Films, hat sich in einem Hotel im Berliner Zentrum das Leben genommen. Ihr Verzweiflungsschritt ist ganz offensichtlich die Konsequenz aus jener brutalen Aushungerungstaktik, die der Goebbels-Film und das gleichgeödete Theater ihr gegenüber eingeschlagen hatten ...«

Nach und nach gaben aus verschiedenen Gründen – und die meisten hatten mit den Nazis zu tun – viele Stammkunden ihre Bleibe im Adlon auf, und die finanzielle Lage wurde allmählich prekär. In dieser Situation merkte Hedda wieder einmal, wie sehr sie die eigene Familiengeschichte und das Scheitern ihres Vaters geprägt hatten. Mit wachsender Panik beobachtete sie, wie Louis auf die schrumpfenden

Einnahmen bei gleichzeitig zunehmendem Druck reagierte. Würde er diese Belastung dauerhaft aushalten? Oder würde er aufgeben und im Falle eines Scheiterns zusammenbrechen – wie ihr Vater? Um ihren Mann zu entlasten, ging Hedda ab sofort radikal auf Sparkurs. Keine teuren Reisen, keine teuren Kleider, keine Extravaganzen für Lieselotte, die, wenn man es genau betrachtete, mittlerweile ebenso verwöhnt war wie die Kinder von Louis. Das Lieseputtchen war über die ungewohnte Zahlungsknappheit allerdings ziemlich verstimmt, wodurch es zu einem unschönen Streit mit ihrer Tante und Ziehmutter Hedda kam. Der Kontakt brach komplett ab, als Lieselotte kurz darauf auch noch beichtete, heimlich den attraktiven, aber leider vollkommen mittellosen jungen Mann geheiratet zu haben, der den Fuhrpark der Familie betreute.

Auch Franziska und Agnes drehten ihr nun den Geldhahn zu. Ein Schock für die 22-Jährige, die Luxus gewohnt war und nun plötzlich von dem kümmerlichen Gehalt ihres Mannes leben sollte. Louis – wie immer um Frieden bemüht – schrieb ihr heimlich: »Liebe Lieselotte! Anbei die benötigten 90,- Reichsmark. Was Deine Vorwürfe Hedda gegenüber betrifft, sind dieselben nicht berechtigt. Hedda hat sich Deiner, als du noch klein warst, mit größter Liebe angenommen. Wir befinden uns selbst in einer fürchterlichen Krise. Ich wünsche Dir alles Gute und verbleibe mit herzlichsten Grüßen, Dein Onkel Louis.«

Wahrscheinlich wäre Hedda damals ziemlich stinkig gewesen, wenn ihr der Brief in die Hände gefallen wäre. Dabei kannte sie die Gutmütigkeit und Großzügigkeit ihres Mannes – und liebte ihn genau dafür. *Louis war sooooooo bescheiden und anspruchslos und ich hatte ja nur Arbeit und Sorgen alles zu erhalten. Für was, für wen?*, fragte sie sich. Ja, für wen eigentlich? Diese Frage war berechtigt. Aber Louis schien sie sich nicht zu stellen. Für ihn war es das Wichtigste, das Haus seines Vaters zu erhalten. Das war sein Trauma: der ewig Belächelte zu sein, der von seinem Vater für leistungsschwach und nichtsnutzig gehalten worden war, für einen verträumten Tänzer. Auch wenn sein Vater nicht mehr lebte, wollte Louis auf keinen Fall derjenige sein, der das berühmte Adlon zugrunde richtete. Das wäre auch sein Untergang gewesen. Das wusste er. Und Hedda wusste – und fürchtete – es ebenfalls. Umso größer war ihre Hoffnung, dass die Olympischen Sommerspiele, die 1936 in Berlin stattfinden sollten, wieder Geld in die Kasse spielen würden.

Ein paar Jahre zuvor, 1932, soll Hitler noch gewettert haben, die Olympiade sei ein Komplott aus Freimaurern und Juden. Deren völkerverbindende Idee widersprach komplett seinem Rasseverständnis. Doch dann musste ihn wohl jemand auf die PR-Möglichkeiten hingewiesen haben, die eine solche Veranstaltung bot. Die Spiele waren eine günstige Gelegenheit, Deutschlands Prestige in der Welt ein bisschen aufzupolieren und sich als blühende Nation zu präsentieren. Das hatte ihm wohl eingeleuchtet.

Und dann legten sich die Nationalsozialisten so richtig ins Zeug. 1933, während viele deutsche Sportvereine gerade ihre jüdischen Mitglieder ausschlossen, gaben sie dem Internationalen Olympischen Komitee gegenüber eine Erklärung ab, dass die Spiele selbstverständlich allen Rassen und Konfessionen offen stünden. Als Beweis ihrer Behauptung erlaubten sie sogar zwei Halbjuden, in den deutschen Mannschaften zu starten. Den Eishockeyspieler Rudi Ball lockten sie damit, dass sie dessen Eltern im Anschluss die Ausreise nach Südafrika genehmigen würden. Die Fechterin Helene Mayer, deren Vater ebenfalls Jude war, lebte zu diesem Zeitpunkt bereits in den USA, da sie in ihrem Fechtclub aufgrund ihrer Herkunft nicht mehr trainieren durfte. Aber von starkem Heimweh geplagt, nahm sie die Einladung der Nationalsozialisten dennoch an – zumal ihre Mutter noch immer in Deutschland lebte.

Und um die Show perfekt zu machen, spannte man das eher verhasste Adlon noch intensiver ein. So sollten zum Beispiel die Mitglieder des Internationalen Olympischen Komitees in dem Hotel untergebracht werden. Und viele Angehörige der internationalen Sportler. Louis und Hedda waren sofort voller Tatendrang und begannen damit, ausgeschiedenes Personal nachzubesetzen. Die meisten Betriebe stellten zu diesem Zeitpunkt keine Juden mehr ein. Schon im April 1933 waren jüdische Beamte aus dem Dienst entlassen worden. Zwei Jahre später erhielten nicht arische Ärzte bereits keine Approbation mehr, und nicht arische Studenten wurden nicht mehr zu Prüfungen zugelassen. Im Adlon spielte all das überhaupt keine Rolle, wie William Freemont, ein praktizierender Jude und ehemaliger Lehrling mir gegenüber bestätigte: »Normalerweise hat dich jeder gleich gefragt, ob du jüdisch bist. Aber im Adlon gab's solche Vorurteile nicht. Sie haben mich angestellt, und ich durfte am 1. April 1935 anfangen. Ich habe in der zweiten Etage gearbeitet. Das war derselbe Flur, auf dem Herr und Frau Adlon gewohnt haben.«

Kurz darauf, im September 1935, wurden die »Nürnberger Gesetze« verabschiedet. Damit schufen die Nationalsozialisten die gesetzliche Grundlage für die Diskriminierung und Verfolgung von Juden. Neben dem Reichsflaggengesetz, das die Farben Schwarz-Weiß-Rot wieder zu den Nationalfarben und die Hakenkreuzfahne zur Nationalflagge machte, wurde festgelegt, dass nur noch Bürger, die deutschen oder artverwandten Bluts waren, einen Anspruch auf politische Rechte hatten. Außerdem wurden Beziehungen zwischen jüdischen und nicht jüdischen Deutschen verboten. Sogar der Geschlechtsverkehr unter jüdischen und nicht jüdischen Deutschen wurde unter Strafe gestellt. Man unterteilte die Menschen mit jüdischen Großeltern in Voll-, Dreiviertel-, Halb- und Vierteljuden. In einem Interview, das Louis und Hedda 1935 der Zeitung *The West Australian* gegeben haben, wird deutlich, was sie von der Ausgrenzung und Herabsetzung in ihrem Heimatland hielten. Hedda sagte: *Uns Hotelleuten stecken Gastfreundschaft und Wohlgefühl in den Knochen. Wir wissen, dass Reisen wichtig für das gegenseitige Verstehen und die Freundschaft in der Welt ist. Reisen ist nicht nur gut fürs Business. Es ist auch gut für den Frieden.*

Völkerverständigung, Austausch, Frieden – davon wollte man in Nazi-Deutschland nichts wissen. Zwar gab man sich nach außen weltoffen – für die Dauer der Olympischen Spiele schraubte man sogar die Schilder wieder ab, auf denen Juden der Zutritt zu Geschäften oder Schwimmbädern untersagt wurde. Außerdem verbot Goebbels, mittlerweile Propagandachef, auch in den Medien jede antisemitische Hetze. Er erklärte die Spiele zu einem »Fest der Freude und des Friedens«. In den Straßen ertönte eher Swing als Marschmusik. Ganz Berlin wurde zu einer riesigen Bühne. Und sozusagen im dunklen Backstagebereich, zum Beispiel im nur wenige Kilometer entfernt liegenden Oranienburg, arbeitete man, als Hitler am 1. August 1936 die Olympischen Sommerspiele in Berlin feierlich eröffnete, gerade am Konzentrationslager Sachsenhausen, einer Ausbildungsstätte für KZ-Kommandanten. Doch davon bekamen die ausländischen Gäste nichts mit. Und auch die Deutschen blendeten die unerfreulichen Entwicklungen der vergangenen Jahre kurzzeitig aus. Selbst der ehemalige Adlon-Lehrling Freemont bekam noch als älterer Herr glänzende Augen, als er mir von der Olympiade vorschwärmte: »Alle Big Shots wohnten im Adlon.« Tatsächlich ließ sich dort endlich wieder der europäische Adel blicken: der König von Bulgarien, die Kronprinzessin und der Kronprinz von Italien, der Kronprinz von Griechenland, Mitglieder der schwedischen Königsfamilie, ebenso die Söhne Mussolinis ... Offenbar ging der Plan der Nationalsozialisten auf! Die ganze Welt war voll des Lobes für die Deutschen.

Aber kaum waren die internationalen Gäste wieder abgereist, setzten sich Hetze und Gewalttätigkeiten gegen die Juden und Andersdenkenden fort. Louis und Hedda sorgten sich ständig um die Mitarbeiterinnen und Mitarbeiter, aber auch um das Hotel. Vor allem Louis schien es innerlich zu zerreißen. Einerseits wollte er seinen jüdischen Angestellten helfen. Andererseits wollte er um keinen Preis die Nationalsozialisten gegen sich aufbringen, die jeden Tag aufs Neue bewiesen, zu welchen Grausamkeiten sie fähig waren.

Viele Juden flüchteten. Auch William Freemont wollte 1937 nach Argentinien auswandern. Allerdings fehlte dem jungen Mann bis zum Abschluss seiner Ausbildung noch ein halbes Jahr Lehrzeit. »Ich ging also zum Direktor des Adlons. Aber er weigerte sich, mir ein Abschlusszeugnis zu schreiben. Aber weil ich im zweiten Stock arbeitete und Louis Adlon kannte, ging ich zu ihm. Ich sagte ihm die Wahrheit, und er rief sofort seinen Sekretär und diktierte ihm mein Zeugnis.« Freemont sagte später, er hätte sich sein Leben lang an Louis' mitfühlenden Blick erinnern können. Etwa ein Jahr vor den Novemberpogromen verließ Freemont Deutschland. Rückblickend genau zum richtigen Zeitpunkt!

Vom 9. auf den 10. November 1938 schwappte in einer von den Nazis konzertierten Aktion eine Welle der Gewalt über alles jüdische Leben. Synagogen wurden angezündet, Gräber geschändet, mehr als 7000 jüdische Geschäfte und Wohnungen verwüstet und viele Juden ermordet. Die Nazis sprachen von 91 Personen, Historiker gehen von mehr als 1000 Opfern aus. Einige Deutsche applaudierten. Andere sahen zu, die meisten weg. Zum ersten Mal haben sich die jüdischen Mitbürgerinnen und Mitbürger vollkommen alleingelassen und ausgeliefert gefühlt. Kurz darauf begannen ihre Verschleppungen in die Konzentrationslager Dachau, Buchenwald und Sachsenhausen. »Louis Adlon hat mir das Leben gerettet«, sagte Freemont deshalb einmal zu mir. Und ich bekomme heute noch eine Gänsehaut, wenn ich daran denke. Der zurückhaltende Louis – was für ein mutiger Mann! Und wie stolz Hedda auf ihn gewesen sein musste! Sie wussten genau, dass sie das Richtige taten. Gleichzeitig wuchs ihre Angst, dass ihr Handeln irgendwelche Konsequenzen haben könnte. Für sie oder das Hotel. *Gewalt hat noch nie zum guten Ende geführt*, war Heddas Überzeugung. Und damit behielt sie auf lange Sicht auch recht. Aber erst einmal gab in Deutschland leider die Gewalt den Ton an.

Nachdem Martin Freemont Deutschland verlassen hatte, meldeten sich weitere jüdische Mitarbeiterinnen und Mitarbeiter bei Louis und Hedda, um nach ihren Papieren zu fragen. Immerhin genoss das Adlon über Deutschlands Grenzen hinaus den besten Ruf – wer ein gutes Zeugnis vorlegen konnte, fand in jedem Hotel der Welt eine neue Anstellung. Louis und Hedda wussten das. Manchmal verfassten sie sogar Empfehlungsschreiben. Laut meinen Recherchen sollen es 33 jüdische Mitarbeiterinnen und Mitarbeiter gewesen sein, denen Louis und Hedda damit die Ausreise ermöglichten. Gleichzeitig standen auf den Gästelisten immer wieder Menschen, die auf ihrer Flucht vor den Nazis kurzzeitig im Adlon untertauchten. Jeder wusste, dass dieses Hotel viele ausländische Journalisten beherbergte. Und die Regierung wollte sich den durch die Olympiade frisch aufpolierten Ruf garantiert nicht gleich wieder ruinieren. Darauf spekulierten auch Louis und Hedda. Dennoch muss Louis befürchtet haben, zu weit gegangen zu sein. In seiner schönen geschwungenen Schrift schrieb er – mit Mitte fünfzig und in bester gesundheitlicher Verfassung – an seine Hedda:

Mein Sonnenschein! Bezüglich meiner Beerdigung will ich alles dir überlassen. Diesmal muss ich ja leider selbst dabei sein. Für den Fall, dass du Wert auf ein katholisches Begräbnis legst, brauchst Du nur dem Curatus Reiseck vom St. Hedwigs-Dom die Versicherung zu geben, dass wir in der letzten Zeit wie Schwester und Bruder gelebt haben. Gelegentlich eines Besuches bei Curatus Reiseck wegen der Kirchensteuer fragte ich, wie sich die katholische Kirche bei meiner Beerdigung verhalten würde. Da die Kirche keine Scheidung anerkennt, verweigert sie das Begräbnis und macht eine Ausnahme nur, wenn der Überlebende die vorher genannte Erklärung abgibt. Ich habe aus Taktgefühl nicht ja und nicht nein gesagt und überlasse auch ganz deinem Taktgefühl, was Du tun willst. Leb' wohl und habe tausend innigsten Dank für alles Liebe und Gute, das Du mir in reichstem Maße während der ganzen Zeit unserer Ehe erwiesen hast. Kein Stäubchen auf deinen Sonnenschein! Dein dankbarer L.

Wie wird Hedda sich gefühlt haben, als sie das las? Gerührt? Oder vor allem alarmiert? Dieser Brief beweist, in welchem Ausnahmezustand sich die beiden in dieser Zeit befunden haben müssen. Und eine Entspannung war nicht in Sicht.

Da die Nationalsozialisten ebenso in Österreich die Macht übernommen hatten, sorgten sich Louis und Hedda um ihren alten Stammgast Richard Tauber, der in seiner Heimat nun nicht mehr sicher war. Und sie waren erleichtert, als sie erfuhren, dass er erst auf eine Welttournee aufgebrochen und dann in Großbritannien geblieben war. Dafür fand sich nun eine andere berühmte Österreicherin auf ihrer Gästeliste, wie Hedda sogleich feststellte, als man ihr die Aufstellung – wie jeden Tag – vorlegte: Es war die Kernphysikerin Lise Meitner. Sie war zwar protestantisch erzogen und getauft worden, aber als Tochter jüdischer Eltern war ihr 1933 die Lehrbefugnis entzogen worden. Dennoch hatte sie sich als Österreicherin in Deutschland einigermaßen sicher gefühlt und zumindest ihre Forschungen fortsetzen dürfen. Nachdem das Nachbarland nun aber annektiert worden war, verlor Meitners österreichischer Pass seine Gültigkeit. Ab sofort durfte sie Deutschland nicht mehr verlassen. Aus Angst vor den Nazis zog die Wissenschaftlerin sofort ins Adlon, weil auch sie hoffte, dass man ihr vor den Augen der ausländischen Presse nichts antun würde. Vorsichtshalber vermied sie es dennoch, das Hotel durchs Foyer zu betreten oder zu verlassen. Stattdessen nutzte sie den Seiteneingang in der Wilhelmstraße. Bis ihr im Juli 1938 die Flucht über die Niederlande nach Schweden gelang.

Auch Walter Quittner, ein jüdischer Kaufmann, der seit 1931 im Erdgeschoss des Adlon – links vom Haupteingang – sein kleines, sehr feines Pelzgeschäft geführt hatte, konnte sich kurz darauf im Ausland in Sicherheit bringen. *Die Besten gingen in diesen Tagen*, soll Hedda einmal gesagt haben. Und wären sie nicht an ihr Hotel gebunden gewesen, hätten Louis und sie wohl auch darüber nachgedacht, nach Amerika zu verschwinden. Deutschland war nicht mehr das Land, in dem sie leben wollten. Jede Leichtigkeit war verschwunden. Alles Unbeschwerte. Das Dasein war nicht mehr Jazz, sondern nur noch Marsch. Louis schien unter alldem fast zu zerbrechen. Hedda versuchte, ihn aufzumuntern: *Hauptsache gesund und kampfbereit allen Unwettern zum Trotz!* So trug sie Louis und das ganze Haus durch seine bislang schwierigste Zeit.

Im Sommer musste sie ihren Mann überreden, trotz der belastenden Umstände ihr jährliches Fest mit den Angestellten zu feiern. Dabei hatte dieses Fest eine lange Tradition, die so besonders war, dass darüber auch regelmäßig in den Zeitungen berichtet wurde: »Herr und Frau Louis Adlon vom Hotel Adlon in Berlin halten die von Herrn Adlons Vater begonnene wohlwollende Tradition aufrecht, alle Angestellten zu einem Festtag einzuladen, bei dem sie selbst den Vorsitz führen und mitmachen. In diesem Jahr wurde die gesamte Belegschaft in zwei Gruppen von jeweils etwa 200 Personen aufgeteilt und verbrachte einen Tag in Grunewald, wo alle unter der freundlichen Schirmherrschaft der Adlons Kaffee trinken und tanzen konnten.« Es dürfte eines der letzten Feste dieser Art gewesen sein. Noch feierten auch jüdische Mitarbeiterinnen und Mitarbeiter mit. Zum Beispiel ein Koch, der Hedda erklärte, dass er seinen Posten nicht aufgeben wolle, sondern hoffe, dass es nicht noch schlimmer werden würde. Ein fataler Irrtum! Ein paar Monate später tauchte er nicht mehr auf. Es hieß: Man hätte ihn abgeholt.

Obwohl Louis und Hedda politisch interessiert und allein durch die vielen ausländischen Journalisten im Haus immer auf dem Laufenden waren, traf es sie dennoch jedes Mal wie ein Donnerschlag, wenn es wirklich so schlimm kam, wie die Korrespondenten es ihnen bei ihren abendlichen Diskussionen in der Adlon Bar prophezeit hatten. So wurde zum Beispiel schon lange mit einem Kriegsausbruch gerechnet. Bereits am 24. August 1939 erzählten die britischen Journalisten, sie seien von ihrer Botschaft aufgefordert worden, schnellstmöglich Deutschland zu verlassen. Ein sicheres Zeichen, dass der Krieg nun unmittelbar bevorstand.

Obwohl sie selbst vom Ersten Weltkrieg weitestgehend verschont geblieben war, graute Hedda vor dem erneuten sinnlosen Sterben, dem Hungern, dem Leid. Die Meldung von dem angeblichen Überfall Polens auf Deutschland versetzte sie kurzzeitig in eine Art Schockstarre. Am 1. September 1939 hatten einige SS-Männer – als Polen getarnt – den schlesischen Reichssender Gleiwitz überfallen und Hitler damit den Vorwand für seinen lange vorbereiteten Angriff geliefert. »Seit 5 Uhr 45 wird jetzt zurückgeschossen! Wer mit Gift kämpft, wird mit Giftgas bekämpft!«, verkündete Reichskanzler Hitler daraufhin in seiner Rede. England und Frankreich lösten umgehend ihre Verpflichtungen gegenüber Polen ein und erklärten zwei Tage später Deutschland den Krieg.

Schon am 27. September 1939 kapitulierte das militärisch deutlich unterlegene Warschau. Kurz darauf wurden der Reichsgau Wartheland und der Reichsgau Danzig-Westpreußen dem Deutschen Reich angegliedert, die polnische Führungsschicht ermordet, die Bauern von ihren Höfen gejagt, um Platz zu schaffen für die Volksdeutschen, die dort nun angesiedelt werden sollten. Man dachte an die in der Sowjetunion lebenden deutschstämmigen Balten und Ostpolen, an die Menschen in Rumänien, Bukowina, Bessarabien. Ziel der nationalsozialistischen »Lebensraum«-Politik war es, dass in diesen Gebieten in spätestens zehn Jahren nur noch Deutsche leben sollten. Und so wandte man sich an die »rassisch wertvollen Volksgruppen«, damit sie die sehr wichtige Ostaufgabe erfüllten, das besetzte Polen zu germanisieren. In der *Rigaschen Rundschau* wurde am 30. Oktober 1939 folgender Aufruf gedruckt: »Wir stehen unter dem Befehl unseres Volkes. Wer sich in diesen Tagen von seiner Volksgruppe löst, um im Lande zu bleiben, scheidet sich für alle Zeiten vom deutschen Volke. Er muß das wissen, denn sein Entschluß gilt für Kinder und Kindeskinder. Und er ist nicht rückgängig zu machen ... Volksgenossen! Wir alle erleben die Größe dieser Stunde. Es ist eine Stunde des Handelns und nicht der Worte. Der Führer hat uns gerufen. Wir folgen.« Kurz darauf sprach Hitler zum ersten Mal von der geplanten Umsiedlung der Volksdeutschen. Sie seien »nicht haltbare Splitter des deutschen Volkstums«. Hedda erinnerte sich später an ein Foto von einem riesigen Banner, das sie damals in der Zeitung gesehen hatte. Auf dem stand geschrieben: »Großdeutschland grüßt euch!«

Mit dem Kriegseintritt änderte sich auf einen Schlag auch der Alltag der Deutschen: Lebensmittelkarten für Fett, Fleisch, Zucker und Brot wurden eingeführt, ab Oktober für Bekleidung. Noch musste keiner hungern. Dafür sorgte unter anderem die Ausbeutung der besetzten Gebiete im Osten. Aber die Völlerei war vorbei – auch im Adlon. Bei jedem Kellner baumelte nun eine kleine goldene Schere um den Hals, mit der fortan die Essensmarken der Gäste abgeschnitten wurden. Panik kam kurz auf, als die Gäste, Angestellten, Louis und Hedda an einem Morgen beobachteten, wie Männer in Malerkleidung auf das Dach der benachbarten amerikanischen Botschaft kletterten und in großen weißen Buchstaben »USA« auf die Ziegel schrieben. Rechnete man hier am Brandenburger Tor etwa mit einem Angriff aus der Luft? Was würde dann mit dem Adlon geschehen?

9

Neu Fahrland und Nedlitz, 29. April bis 7. Mai 1945

»Unser Glück besteht nicht darin, dass wir nie fallen, sondern darin, dass wir immer wieder aufstehen.« Eine weitere Weisheit von Konfuzius, die Hedda nun Schritt für Schritt vorwärtstrug. »Nicht aufgeben!«, betete sie sich vor, während sie Krampnitz hinter sich ließ und die drei Kilometer in Richtung Nedlitz marschierte, wohin sie Louis angeblich verschleppt hatten. Erst die Villa in Neu Fahrland, dann die Kaserne in Krampnitz, nun die in Nedlitz. »Was soll das?«, fragte sich Hedda, während sie über die große Verbindungsstraße lief, auf der nun noch mehr tote Menschen und Tiere und noch mehr Dreck und Unrat lag. Vor und hinter ihr liefen Männer und Frauen, die voll bepackte Räder neben sich herschoben oder schwere Taschen und Säcke schleppten. Ob sie auf der Suche nach Essen oder auf der Flucht waren – Hedda wollte es gar nicht wissen. Sie senkte den Kopf und dachte nur an den nächsten Schritt, dann wieder an den nächsten und noch einen weiteren.

Mittlerweile hatte sie sich ihre Füße blutig gelaufen, weshalb sie ihre Schuhe auszog und barfuß weiterlief. Ihr ganzer Körper schrie nach Pause und Erholung. Und nach Louis. Hedda verstand nicht, warum sie ihn schon wieder verlegt hatten. Was versprachen sie sich von diesen ständigen Ortswechseln? Welche Aussagen erhofften sie sich von einem Mann, der beinahe sein ganzes Leben lang ein weltoffenes Hotel geführt hatte, das auch vielen sowjetischen Bürgern ein Zuhause in der Ferne, eine Herberge gewesen war? Sie konnte und wollte das nicht begreifen.

Alle Zuversicht war verpufft und einer bohrenden Angst gewichen. Denn: Es bedeutete vermutlich nichts Gutes, wenn Louis' Unschuld in mindestens zwei Verhören nicht erkannt worden war. Irgendetwas lief gerade schief. Und Hedda hatte weder eine Erklärung dafür noch eine Chance, einzugreifen. Sie fühlte sich machtlos und handlungsunfähig wie selten zuvor in ihrem Leben. Eigentlich hatte sie eine solche Ohnmacht bislang nur ein einziges Mal erlebt – und jede Zelle ihres Körpers schien sich in diesem Moment an das alte Trauma zu erinnern. Als ihr Vater zusammen mit seinem ganzen Geld auch seinen Lebensmut verloren hatte. Und sie – sein Nesthäkchen – hatte nichts tun können, um ihn aufzumuntern. Hilflos hatte sie zusehen müssen, wie die Familie erst ihr großes Haus, die Pferde, ihr gutes Ansehen und schließlich den Vater verlor. Hedda hatte das Gefühl, kurz vor einem Nervenzusammenbruch zu stehen.

Umso erleichterter war sie, als sie in der Ferne die Straße erblickte, in der die Villa Adlon stand. Zu Hause! Zumindest würde sie nun kurz die Füße hochlegen und kühlen können, ehe sie weiter nach Nedlitz lief. Und etwas essen. Wahrscheinlich würden ihr die Hausangestellten auch erzählen können, was sich in der Zwischenzeit zugetragen hatte. Vielleicht hatten sie etwas von Louis gehört? Oder von Berta, Trudchen und Lieselotte? Vom Hotel? Oder einfach vom aktuellen Tagesgeschehen? Hatte Deutschland bereits kapituliert? War Hitler inzwischen in Haft? Oder hatte er sich feige durch Selbstmord der Verantwortung entzogen? »Das würde zu ihm passen«, hatte Louis immer vermutet.

Während Hedda ihren Gedanken nachhing, bereitete in etwa dreißig Kilometer Entfernung Adolf Hitler, Reichskanzler des Deutschen Reichs, tatsächlich seinen Suizid vor. Er schrieb sein politisches Testament: »Nach einem sechsjährigen Kampf, der einst in die Geschichte trotz aller Rückschläge als ruhmvollste und tapferste Bekundung des Lebenswillens eines Volkes eingehen wird, kann ich mich nicht von der Stadt trennen, die die Hauptstadt dieses Reiches ist. Da die Kräfte zu gering sind, um dem feindlichen Ansturm gerade an dieser Stelle noch länger standzuhalten, der eigene Widerstand aber durch ebenso verblendete wie charakterlose Subjekte allmählich entwertet wird, möchte ich mein Schicksal mit jenem teilen, das Millionen anderer auch auf sich genommen haben, indem ich in dieser Stadt bleibe. Außerdem will ich nicht Feinden in die Hände fallen, die zur Erlustigung ihrer verhetzten Massen ein neues, von Juden arrangiertes Schauspiel benötigen. Ich hatte mich daher entschlossen, in Berlin zu bleiben und dort aus freien Stücken in dem Augenblick den Tod zu wählen, in dem ich glaube, dass der Sitz des Führers und Kanzlers selbst nicht mehr gehalten werden kann. Ich sterbe mit freudigem Herzen angesichts der mir bewussten unermesslichen Taten und Leistungen unserer Soldaten an der Front, unserer Frauen zuhause, den Leistungen unserer Bauern und Arbeiter und dem in der Geschichte einmaligen Einsatz unserer Jugend, die meinen Namen trägt.«

Und er schrieb sein persönliches Testament: »Da ich in den Jahren des Kampfes glaubte, es nicht verantworten zu können, eine Ehe zu gründen, habe ich mich nunmehr vor Beendigung dieser irdischen Laufbahn entschlossen, jenes Mädchen zur Frau zu nehmen, das nach langen Jahren treuer Freundschaft aus freiem Willen in die schon fast belagerte Stadt hereinkam, um ihr Schicksal mit dem meinen zu teilen. Sie geht auf ihren Wunsch als meine Gattin mit mir in den Tod. Er wird uns das ersetzen, was meine Arbeit im Dienst meines Volkes uns beiden raubte.«

Beide Schriftstücke wurden unterzeichnet: »Gegeben zu Berlin, den 29. April 1945, 4.00 Uhr.« Noch am selben Tag heiratete er Eva Braun. Während »sein Volk« ausbaden musste, was seine »Arbeit im Dienst« desselben ihm eingebrockt hatte. Kaum ein Deutscher, der keinen Verlust zu verkraften hatte ...

Hedda lief schneller. Die Aussicht, im Kreis vertrauter Menschen die Tür hinter sich schließen und durchschnaufen zu können, verlieh ihr neue Kraft. Jetzt, wo ihr Zuhause so nah war, konnte sie es kaum erwarten, es zu erreichen. Doch sobald sie in die Straße Am Lehnitzsee einbog, hatte sie das Gefühl, ein Blitz wäre direkt in ihren Magen eingeschlagen: Vor der Villa Adlon standen mehrere Militärfahrzeuge. Viele Soldaten wuselten vor und in der Einfahrt herum. Es war ein Bild, das sie mittlerweile gut kannte – unter anderem von der Villa, in der die russischen Soldaten Louis in der ersten Nacht gefangen gehalten hatten. Hedda trat langsam näher, die letzten Meter rannte sie fast über die Einfahrt auf die Haustür zu. Sofort wurde sie von uniformierten Männern gestoppt.

»Das ist mein Haus«, brüllte Hedda. »Hier wohne ich!« Sie wollte sich nach Louis auf keinen Fall auch noch ihr Zuhause nehmen lassen. »Wo sind die Menschen aus diesem Haus?«, fragte Hedda forsch. »Was machen Sie hier?«

Immerhin zeigten sich die Männer diesmal kooperativer. Sie jagten die Frau, die ganz offensichtlich die Eigentümerin dieses Anwesens war, nicht einfach mit ihren Gewehren vom Grundstück, sondern gaben sich Mühe, möglichst schnell jemanden zu finden, der Deutsch sprach. Schließlich kehrten sie mit einem Soldaten zurück, der in Heddas Erinnerung eine Brille getragen hatte, deren Gläser so kugelrund und dick wie Flaschenböden waren. Er erklärte ihr, dass alle Menschen ausgezogen seien und diese Villa vorerst besetzt. Hedda schnaufte fassungslos. Erst nahmen sie ihr ihren Mann und jetzt ihr Heim.

»Und wo soll ich schlafen?«, rief sie aufgebracht, woraufhin der Soldat nur mit den Schultern zuckte. »Ihr könnt mir doch nicht mein ganzes Leben entreißen!« Ihre Verzweiflung schien ihn vollkommen kaltzulassen.

Hedda sank vor ihrer Villa zusammen. Sie wusste später nicht mehr, wie lange sie dort gesessen hatte. Die meisten Soldaten hatten sie einfach ignoriert. Als wäre sie ein Blumenarrangement oder eine steinerne Statue auf dem Treppenabsatz. Keiner sprach sie an. Und wenn man ins Haus oder aus dem Haus lief, machte man einen Bogen um sie. Nur einmal tippte sie ein junger Soldat mit warmen dunklen Mandelaugen und krausem schwarzem Haar an und reichte ihr den Rest einer Schokoladentafel und ein Stückchen Wurst. Hedda aß beides sofort. Dann besann sie sich, dass sie nicht ewig hier hocken konnte – schließlich wurde es immer später. Und mit dem Einsetzen der Dunkelheit und steigendem Alkoholkonsum stieg auch die Gefahr, dass die Russen ihr wieder mehr Beachtung schenkten, als ihr lieb war. Zudem hatte sie noch einen weiten Marsch vor sich – und keine Ahnung, wo sie schlafen sollte.

Mühsam rappelte Hedda sich auf, versuchte, den Schmerz in ihren Füßen möglichst auszublenden, und schleppte sich mit schwerfälligem Gang, der eher an eine alte übergewichtige Frau als an die energiegeladene Hotelkönigin erinnerte, zurück zur großen Straße. Diesmal musste sie sich links halten – in Richtung Potsdam und Nedlitz. Noch einmal schaute sie wehmütig in ihren Garten. Ob die Besatzer schon ihr geheimes Versteck entdeckt hatten? Sie hatte von Hausdurchsuchungen gehört, bei denen die Russen sogar die Kohlen durchwühlt hatten, um versteckte Wertgegenstände zu finden. Sie seufzte. Momentan konnte sie eh nichts tun.

Da die Nordbrücke gesprengt war, blieb Hedda nichts anderes übrig, als an unzähligen Leitern herauf- und wieder herunterzuklettern, um über die Trümmerteile zu gelangen, was sich mit den vielen Kleiderschichten und wunden Füßen als unerträgliche Quälerei entpuppte. Dass sich ihre Kleidung bis zu den Knien mit Wasser vollsog, erschwerte die Kletterei noch zusätzlich. Einmal entdeckte sie neben sich im Wasser die Leiche einer Frau, die ein Bündel vor der Brust trug, das von der Größe her ein Baby gewesen sein könnte. Hedda hatte lieber nicht genauer hinsehen wollen, war sich später aber ziemlich sicher, dass es ein Kind gewesen sein muss. Zumal man in dieser Zeit häufiger von Frauen hörte, die mit Taschen voller Backsteine ins Wasser gegangen waren, um sich gemeinsam mit ihrem Nachwuchs zu ertränken. Es waren grauenhafte Schicksale. Manchmal starben die Kinder, aber die unglücklichen Mütter konnten gerettet werden. Andere Male blieben die Kleinsten am Leben – obwohl die Mütter ihnen zusätzlich die Pulsadern aufgeschnitten hatten. Dann begann die beschwerliche Suche nach den nächsten Verwandten. Noch Monate und Jahre später veröffentlichte man ihre Beschreibungen in Zeitungsanzeigen und Rundfunkbeiträgen, später suchte man mit Bildplakaten oder Filmaufnahmen in der Wochenschau *Der Augenzeuge* nach ihnen. Bei etwa 33 000 sogenannten Findelkindern erwies sich die Suche als besonders schwierig, weil sie noch zu klein waren, um ihren Namen oder Geburtsort zu nennen. Die Älteren konnten zumindest sagen, wer sie waren und woher sie stammten. Und auch, was ihnen zugestoßen war: »Meine Mutter hat sich vergiftet, mein Vater war zuletzt auf einem Kriegsschiff …« Etwa 300 000 solcher Kinderschicksale konnte der DRK-Suchdienst seit 1945 klären.

Noch heute bemüht sich das Deutsche Rote Kreuz um solche Menschen, die ihre wahre Identität nie erfahren haben, vielleicht doch noch Angehörige zu finden. Und was besonders beachtlich ist: Schon sehr früh, im Mai 1945, hatte der Suchdienst seine wertvolle Arbeit aufgenommen. Angesichts der unübersichtlichen Lage von Millionen vermisster Soldaten und der großen Flüchtlingsströme eine Mammutaufgabe!

Hedda war erstaunt, wie viele Menschen unterwegs waren. Mittlerweile strömten auch sehr viele ehemalige Kriegsgefangene in die entgegengesetzte Richtung – also weg aus Deutschland, zurück nach Hause. Familien aus den Ostgebieten wiederum drängten weiter gen Westen. Hedda musste immer wieder warten, bis jemand die Leitern erklommen hatte oder sie hinabgestiegen war. So dauerte es eine gefühlte Ewigkeit, bis sie endlich die Straße am anderen Ufer erreichte. Aber jeder Schritt war ein Schritt in Richtung Louis. Die ganze Zeit dachte sie nur daran, dass sie ihm mit jedem Fuß, den sie nach vorne setzte, ein Stückchen näher kam. Und so kämpfte sie sich vorwärts, bis es dämmerte und sie den Wald erreichte, durch den sie schon so oft mit Louis geritten war und von dem es nun hieß, hier hätten sowjetische Soldaten ihr Lager aufgeschlagen. Sie wusste nicht, ob an diesen Gerüchten etwas dran war. Warum sollten die Rotarmisten in Wäldern leben, wenn sie doch die Kasernen besetzt hatten? Unschlüssig blieb Hedda stehen. Bis nach Nedlitz würde sie es im Hellen auf keinen Fall mehr schaffen. Noch dazu hatte sie dort keine Übernachtungsmöglichkeit, sondern müsste sich erst einmal einen Unterschlupf suchen. Es erschien ihr daher vernünftiger, sich im Wald nach einem Versteck umzusehen – auch wenn ihr die Vorstellung, die Nacht im Freien zu verbringen, überhaupt nicht behagte. Noch dazu mit ziemlich nasser Kleidung. Doch dann fiel ihr ein kleines Bootshaus ein, das in Ufernähe lag. Sie hatte es immer vom Wasser aus gesehen, wenn sie früher zusammen mit Louis und den gemeinsamen Gästen über den Weißen See geschippert war. Dort hätte sie in der Nacht zumindest ein Dach über dem Kopf. Sie musste es nur finden.

Also schlug Hedda sich ins Unterholz. Kleine Äste und Zweige bohrten sich in ihre Fußsohlen. Wenn etwas in die offenen Wunden stach, knickten ihr die Beine weg. Gleichzeitig versuchte sie, sich möglichst lautlos zu bewegen, damit kein Russe auf sie aufmerksam wurde. Bei jedem Knacken zuckte sie erschrocken zusammen und lauschte. Ihre größte Sorge war es, hier im Nirgendwo irgendwelchen Soldaten in die Arme zu laufen. Das würde sicher nicht gut ausgehen! Aber sie hatte Glück und fand die Hütte, ohne irgendeinem Menschen zu begegnen. Die Tür des morschen Holzhäuschens war nur angelehnt. Mittlerweile war es schon Dämmergrau, sodass Hedda beim Eintreten erst einmal gar nicht bemerkte, dass sie nicht allein war. Als eine Frau sie plötzlich aus dem Dunkel heraus ansprach, schrie sie vor Schreck auf.

»Nicht erschrecken«, sagte die Stimme. »Wir haben uns hier auch versteckt.«

»Wir?«, keuchte Hedda atemlos.

»Wir sind zu acht«, sagte die Stimme. »Plus zwei Kinder.«

Hedda sah niemanden. Aber jetzt nahm sie die Anwesenheit der anderen wahr. Die Bewegungen der Kinder. Das Atmen der Frauen.

»Wir sind vor den Russen geflohen«, sagte eine zweite Stimme. »Seit vier Tagen verstecken wir uns schon hier.«

»Ich bin erst vorgestern gekommen«, sprach eine sehr leise Stimme.

»Und ich bin auf der Suche nach meinem Mann«, flüsterte Hedda. »Die Russen sollen ihn nach Nedlitz verschleppt haben.«

Die Gemeinschaft der Frauen tat ihr gut. Sie alle erzählten, wie sie die letzten Kriegstage verbracht hatten – im Dunkeln und im Flüsterton, da die Angst, entdeckt zu werden, groß war. Einige waren geflohen, um den Belästigungen durch die Russen zu entkommen, andere, nachdem sie von mehreren Rotarmisten im Beisein der Eltern oder anderer Hausbewohner vergewaltigt worden waren und weiteren Übergriffen entgehen wollten. Eine hatte beobachtet, wie sie einer Frau, die sich wehrte, den Schädel eingeschlagen hatten. »Sie lag dann tot neben mir – noch in der Stellung, in der sie sie zuvor vergewaltigt hatten.« Es waren albtraumhafte Schilderungen, die alle Ängste zu bestätigen schienen, die viele Deutsche vor dem Einmarsch der Russen beschäftigt hatten. Hedda war froh, nicht allein in der Hütte übernachten zu müssen. Auch weil die Frauen Essen bei sich hatten, das sie völlig selbstverständlich mit Hedda teilten. Später schliefen sie eng nebeneinander im Sitzen auf dem kalten und steinharten Boden. Nur den Kindern hatten sie aus den Jacken kleine Liegeflächen gebaut.

Als es am nächsten Morgen hell wurde, verabschiedete sich Hedda und sah zum ersten Mal die Gesichter der Frauen. Eine hatte sich mit Jod eingeschmiert, um möglichst krank und unattraktiv auszusehen. Eine andere hatte sich mit Schuhcreme ihre blonden Haare geschwärzt. Sie scherzte: »Wenn die Russen immer von den schönen deutschen Frauen gehört haben, werden sie sich wundern, was sie hier vorfinden.« Die anderen lächelten schief. Eine Ältere reichte Hedda ein Stück Brot. »Für den Weg. Und viel Glück bei Ihrer Suche!«

Glück – das würde Hedda brauchen. Die Kaserne in Nedlitz erschien ihr zwar kleiner und übersichtlicher als die Krampnitzer Anlage, allerdings war sie bislang auch nur auf dem Weg in die Potsdamer Innenstadt an ihren Mauern und Zäunen vorbeigefahren. Einfach auf das Gelände zu spazieren, war auch hier nicht möglich. Louis und sie hatten die Rote Kaserne immer mit einer gewissen Ehrfurcht bestaunt. Es war ein wilhelminischer Prachtbau mit Giebeln, Türmen und Spitzbogenfenstern. Im Abendlicht, wenn die Sonne unterging, schien der rote Backstein jedes Mal zu leuchten. Hedda wollte sich nicht vorstellen, dass es in diesem schönen Gebäude verwahrloste Zellen geben könnte. Sie hoffte, dass Louis zumindest ordentlich untergebracht war. Und noch mehr, dass sie diesmal mit dem Kommandanten sprechen konnte, um den schrecklichen Irrtum endgültig aufzuklären.

Die Nacht – so unbequem sie auch gewesen war – hatte ihr neue Kraft gegeben. Das Essen, die Gemeinschaft dieser Frauen und deren Wille zum Überleben. Menschen waren robust. Zum ersten Mal dachte Hedda daran, dass es nach all dem Schrecklichen wieder ein normales Leben geben würde. Dass sie irgendwann mit Louis auf der Bank am Lehnitzsee sitzen könnte. Vielleicht würden sie sogar weiterhin ihr Hotel betreiben können. Und sollte es zerstört sein, könnten sie es neu aufbauen – oder auch nur das kleine Gästehaus in der Villa Adlon führen. Louis war siebzig, da durfte man sich den Gedanken, alles etwas ruhiger anzugehen, erlauben. Hedda wollte daran glauben, dass alles gut werden würde, als sie mit blutigen Füßen durch den Wald zurück auf die Straße in Richtung Potsdam zur Kaserne Nedlitz stapfte.

Mittlerweile waren fast fünf Tage vergangen, seitdem Louis verschleppt und ihr Leben komplett auf den Kopf gestellt worden war. Wobei genau genommen ganz Deutschland gerade auf den Kopf gestellt wurde. In München marschierten an diesem Montag, den 30. April, die US-Truppen in das schwer zerstörte München ein. Am Nachmittag schieden Adolf Hitler und seine Frau Eva Braun aus dem Leben –

er angeblich durch einen Kopfschuss, sie durch Gift. Später am Abend würden russische Soldaten auf dem Berliner Reichstag die rote Fahne hissen, während im amerikanisch besetzten Aachen bereits so etwas wie ein normaler Alltag begann, indem sogar die ersten Geschäfte wieder öffneten. Eine Normalität, von der die Menschen in Brandenburg zu diesem Zeitpunkt meilenweit entfernt waren. Rückblickend war es Hedda so vorgekommen, als hätte der Krieg Brandenburg zurück ins Mittelalter katapultiert. Es gab keinen Strom, kein Gas, keine Nachrichten, kein Wasser. Vor den Wasserpumpen am Straßenrand bildeten sich lange Warteschlangen. Gekocht wurde meist auf provisorisch hergerichteten Feuerstellen aus Ziegelsteinen oder Trümmerteilen. In der Regel stand mehr als nur eine Familie um die sehr spärlich gefüllten Töpfe herum. Hedda schien es, als wären die Menschen in diesen Tagen enger zusammengerückt – wahrscheinlich der einzig positive Nebeneffekt dieses Nachkriegselends. An vielen Straßenecken hingen Plakate, auf denen stand, dass die Menschen ab abends 22 Uhr bis morgens acht Uhr ihre Wohnungen und Häuser nicht mehr verlassen durften. Außerdem wurden sie aufgefordert, innerhalb von 72 Stunden alle Waffen, sämtliche Munition, Radios und Fotoapparate abzugeben, Schreibmaschinen mussten angemeldet werden.

Hedda dachte voller Bitterkeit daran, dass die Russen bei ihr nicht nur Radios und Fotoapparate, sondern gleich alles konfisziert hatten. Mühsam schleppte sie sich vorwärts. Später erzählte sie häufig, wie schmerzhaft ihr *Weg des Elends und des Jammers* gewesen war. Als endlich die roten Backsteinbauten der Kaserne Nedlitz vor ihr auftauchten, spürte sie eine riesige Erleichterung und gleichzeitig einen Auftrieb, weil sie sich nun wieder in Louis' Nähe wusste. Ganz nah ging Hedda an dem schmiedeeisernen Zaun vorbei, der auf einer flachen Mauer stand und einen Blick auf die imposanten Bauten der Kaserne zuließ. Dabei scannte ihr Blick jedes Detail. Konzentriert lauschte sie auf die Geräusche, die aus der Kaserne drangen. Zu gern hätte sie gewusst, wo die Rotarmisten ihre Gefangenen untergebracht hatten, fand aber keinen einzigen Anhaltspunkt. Aber wie hätte der auch aussehen oder sich anhören sollen? Ihr Wunsch, irgendein Lebenszeichen von Louis zu bekommen, ihn im besten Fall sogar zu sehen, war übergroß. Wenn die Wachleute sie doch wenigstens auf das Gelände oder mit ihrem Vorgesetzten sprechen lassen würden ...

Sie lief weiter, bis sie das Haupttor in der Mitte der lang gestreckten Anlage erreicht hatte. Wie schon in Krampnitz patrouillierten auch hier Soldaten. Hedda ging direkt auf sie zu und bat darum, mit dem Kommandanten sprechen zu dürfen. Die Soldaten lachten sie aus.

»Nix Kommandant«, höhnten sie bloß. Es erschien ihnen vollkommen abwegig, dass eine deutsche Zivilistin mit ihrem Vorgesetzten sprechen wollte.

Aber Hedda ließ nicht locker. »Dann mit einem Offizier?«

Die Wachleute legten die Stirn in Falten. Sie hatten keine Ahnung, was Hedda von ihnen wollte, und offenbar auch keine Lust auf diese nervige Frau. Rabiat schubsten sie Hedda weg und brüllten etwas, das Hedda auch ohne Russischkenntnisse als deutliche Aufforderung verstand, hier zu verschwinden.

In diesem Augenblick geschah etwas, das die Aufmerksamkeit aller auf sich lenkte. Zwei russische Soldaten schleppten einen Jungen, der sich kaum auf den Beinen halten konnte, in Richtung Tor. Er war vielleicht vierzehn Jahre alt. So alt wie die jüngsten Pagen im Adlon. Seine blonden Haare waren verwuschelt. Das kindliche Gesicht verdreckt. Ein Auge geschwollen. Und über seiner Augenbraue zeigte sich eine dunkle Blutkruste. Unnötig grob schleuderten sie ihn vom Kasernengelände. Dann drehten sie sich um und marschierten davon.

Der Junge saß wie benommen am Boden und rieb sich den Kopf. Hedda beugte sich zu ihm. »Geht es dir gut?« Er sah sie verwirrt an. Sie hielt ihm die Hand hin, um ihm beim Aufstehen zu helfen. »Was haben die mit dir gemacht?« Der Junge schaute in Richtung Kaserne. »Warst du hier in Gefangenschaft? Hast du andere Gefangene gesehen?«, hakte Hedda weiter nach. Doch er sah sie nur wortlos an. Dann stolperte er eilig davon. »Warte! Bitte!«, rief Hedda ihm nach, aber das beschleunigte sein Tempo nur. Er wollte weg.

Später dachte Hedda noch häufig an diesen Jungen. Und sie hätte viel dafür gegeben, herauszufinden, wer er war, um einmal mit ihm zu sprechen. Sie war sich sicher, dass er sie verstanden hatte. Er war in diesem Moment nur nicht in der Lage gewesen, ihr zu antworten – und Hedda hatte die Kraft gefehlt, ihm nachzulaufen. Lange warf sie sich vor, dass sie damit wahrscheinlich ihre einzige Chance, etwas über das Schicksal von Louis herauszufinden, verpasst hatte. Zudem ließ sein Zustand sie Schlimmes befürchten. Sie versuchte, sich zu beruhigen, indem sie sich einredete, dass er womöglich etwas angestellt hatte, was seine offensichtlich schlechte Behandlung rechtfertigte. Oder dass er vielleicht schon in diesem erbärmlichen Zustand festgenommen worden war.

Sie drehte sich wieder zu den Wachleuten, die ihr etwas zuriefen, was wie eine Beschimpfung klang. Hier würde sie nichts erreichen – das war eindeutig. Hedda dachte, dass es sicher noch andere Eingänge geben müsste, und überlegte, einmal um das Gelände zu laufen. Doch dann sah sie, wie eine Frau, ungefähr in ihrem Alter, in ziviler Kleidung mit gesenktem Blick an den Wachleuten vorbeieilte. Als Hedda sie ansprach, zuckte sie zusammen. Sie wirkte verängstigt, deutete Hedda aber dennoch an, ihr zu folgen.

»Nicht hier«, flüsterte sie. »Lassen Sie uns ein paar Schritte gehen.«

Hedda nickte und konnte der Fremden kaum folgen. So eilig hatte sie es. Als sie ein Stück gelaufen waren – Hedda kam es vor, als wären sie es gerannt –, verlangsamte die Frau ihr Tempo, sodass Hedda endlich aufschließen konnte.

»Ich suche meinen Mann. Er soll nach Nedlitz verschleppt worden sein«, setzte sie noch einmal an. Sie hatte Sorge, dass sie dieser Frau hinterhergelaufen war, ohne dass diese ihr helfen konnte. Schließlich bedeutete jeder Schritt eine Qual – dementsprechend wollte sie keine unnötigen Wege gehen.

Die Frau nickte. Sie erzählte, dass sie als Dolmetscherin in der Kaserne arbeitete. Dort hatte sie es auch immer wieder mit Deutschen zu tun – allerdings waren das keine Gefangenen, sondern eher Menschen, mit denen man über die Verwaltung und Versorgung der besetzten Stadt sprach. Einmal hatte sie aber gesehen, wie ein junger Deutscher von sowjetischen Soldaten über das Gelände geschubst wurde. »Aber ob der nur vorübergehend festgenommen worden war oder verhört werden sollte – dazu kann ich ihnen nichts sagen«, meinte die Frau.

»Könnten Sie mir einen Termin bei Ihrem Kommandanten verschaffen?«, fragte Hedda.

Die Dolmetscherin schüttelte sofort heftig den Kopf.

»Auf keinen Fall!«, rief sie. Ihr erschien ihre Arbeit in der Kaserne ohnehin wie ein täglicher Tanz auf dem Vulkan, nachdem sie von sowjetischen Soldaten dazu quasi zwangsverpflichtet worden war. »Und jetzt sterbe ich jedes Mal vor Angst, wenn ich in die Kaserne muss«, sagte sie. »Aber ich habe einen Soldaten getroffen, der wie ich Deutsch-Balte ist. Den werde ich fragen.«

Mehr konnte Hedda wohl nicht erwarten. Sie blickte zurück in Richtung Kaserne.

»Sie sollten sich nicht davorstellen«, riet noch die Dolmetscherin. »Die sind unberechenbar. Es sind in den vergangenen Tagen so viele Menschen verschwunden.« Etwas unschlüssig standen die beiden Frauen auf der Straße. »Wohnen Sie weit weg?«, wollte die Frau noch wissen.

Hedda zuckte mit den Schultern. »Mein Mann ist weg. Mein Haus besetzt. Ich habe kein Zuhause.«

Die Frau, die sich Hedda nun als Inge vorstellte, nahm ihre Hand. »Kommen Sie mit zu meiner Familie. Dort ist es zwar eng, aber auf eine Person mehr kommt es auch nicht an. Morgen kümmere ich mich um Ihren Mann.«

Und dann ließ Hedda sich von ihr einfach mitziehen. Zu einem der wenigen Häuser in der Straße, das von den Zerstörungen weitestgehend verschont geblieben war.

Auch hier hatte man im Vorgarten zwischen unzähligen bunten Tulpen eine provisorische Stelle zum Kochen eingerichtet, um die nun mehrere Hausbewohner herumstanden. Sie alle sprachen Deutsch miteinander – in einer Mundart, die Hedda nicht kannte. So klang das »ö« eher wie »e« – es »kechelt« statt es »köchelt«. Und es hieß: »selten lecker« anstelle von »sehr lecker«. Hedda begriff, dass sie in einer baltendeutschen Familie (heute sagt man eher Deutsch-Balten) gelandet war. Bislang hatte sie von dem Schicksal dieser Volksgruppe nicht viel mitbekommen. Nur, dass die Nationalsozialisten sie vor einigen Jahren mit viel Tamtam und propagandistischem Getöse »Heim ins Reich« geholt hatten.

Von Inge erfuhr sie, dass die Umsiedlung aus Lettland damals, im Oktober 1939, nicht ganz freiwillig erfolgt war. Einerseits wurden die Baltendeutschen damit gelockt, bei ihrer »Rückkehr« ins Deutsche Reich großzügig entschädigt zu werden. Andererseits wurde ihnen damit gedroht, dass sie, wenn sie blieben, als »Verräter am Volkstum« ihre deutsche Volkszugehörigkeit verlieren würden. Viel weniger wegen der Aussicht auf Entschädigung oder des Verlusts der deutschen Volkszugehörigkeit, sondern vor allem aus Angst vor der drohenden sowjetischen Besetzung Lettlands war der Großteil von Inges Familie dann tatsächlich aufgebrochen – nur zwei Wochen nach der ersten Aufforderung der Reichsregierung. Es hatte zwar geheißen, die Umsiedlung sei eine Rückkehr, aber in Wirklichkeit hatten viele Baltendeutsche schon vor Generationen die deutsche Heimat verlassen. Ihre gefühlte Heimat war und blieb Lettland. Daher hatte sich ein kleiner Teil der Familie auch entschieden, dort zu bleiben. Von ihnen wusste man, dass die Jüngeren später von der Roten Armee zwangsverpflichtet worden waren, gegen die Deutschen in den Krieg zu ziehen.

Inge erzählte, dass ihnen die Umsiedlung ins neue Reichsgau Wartheland schwergefallen war. Das annektierte polnische Gebiet war von den Nationalsozialisten als Mustergau geplant worden, weshalb zum Beispiel Inges Schwester, die nach nationalsozialistischer Terminologie mit einem »Halbjuden« verheiratet war, nicht mitziehen durfte, sondern in einem anderen Teil Polens angesiedelt worden war. Inge, ihren Eltern, ihrem Mann und den Kindern war ein Hof zugewiesen worden, in dem das schmutzige Geschirr vom Frühstück noch auf dem Tisch gestanden hatte. »Das war erschütternd. Die bemitleidenswerten Bewohner hatten offenbar noch sehr viel überstürzter ihr Zuhause verlassen müssen als wir«, erinnerte sich Inge. Sie hatte die persönliche Habe der enteigneten Polen in Kisten gepackt und im Keller verstaut, wodurch sie sich auch nach Jahren noch als Gast gefühlt hatte.

Anfang 1945 hieß es dann trotz der anrückenden russischen Truppen erst, das Warthegau sei sicher. Und plötzlich:

»Die Russen kommen! Wir müssen weg!« Die Dolmetscherin war daraufhin – viel zu spät – mit ihren Töchtern zu Verwandten nach Potsdam geflohen, wo die Russen sie schließlich eingeholt hätten.

»Und wo ist Ihr Mann?«, wollte Hedda wissen.

»Der hatte sich leider bei seiner Arbeit im Lazarett bei einem Soldaten angesteckt und ist gestorben«, sagte die Frau.

Kaum ein Mensch, der in dieser Zeit keine erschütternde Geschichte zu erzählen hatte, dachte Hedda.

Als Inge am Folgetag zur Arbeit aufbrach, hätte Hedda sie am liebsten begleitet, aber die Dolmetscherin wiegelte ab: »Das macht keinen Sinn!«, meinte sie und versprach, sofort nach dem Soldaten zu suchen. »Der kann sich in der Kaserne frei bewegen und Erkundigungen einholen.«

Das sah Hedda ein. Außerdem war sie froh, ihre Füße einen Tag schonen zu können. Inge hatte ihr eine selbst hergestellte Salbe gegeben, die die Wundheilung fördern sollte. Dennoch fühlte sie sich in ihrer passiven Rolle nicht wohl. Sie konnte es kaum erwarten, dass Inge von ihrer Arbeit zurückkehrte, und war enttäuscht, als die keine weiteren Informationen mitbrachte, da sie ihren Landsmann offenbar nicht gefunden hatte. Daher entschied Hedda, am folgenden Tag zur Kaserne zu laufen, um vielleicht selbst jemanden zu finden, der ihr helfen konnte.

Wieder sprach sie jeden an, der ihr entgegenkam. Ein betrunkener Russe lachte sie an. »Gitler kaputt! Nemetzki kaputt!«, sang er, bevor er in die Kaserne wankte. Erst im Nachhinein verstand Hedda, was er ihr damit hatte sagen wollen. Inge platzte gleich damit heraus, sobald sie nach Feierabend die Wachleute hinter sich gelassen hatte.

»Hitler soll tot sein!«, rief sie ihr entgegen.

Hedda konnte es nicht glauben. Nach all der Zeit! Nun war es also wirklich vorbei!

Zwar war schon in der Nacht zum 2. Mai 1945 im Reichssender Berlin die Nachricht von Hitlers Tod verkündet worden, aber nur wenige Menschen hatten sie gehört, da in der SBZ mittlerweile die meisten Radiogeräte eingesammelt waren. So dauerte es eine Weile, ehe sich die Nachricht ausbreitete. Und auch von der Erklärung von dem von Hitler ernannten Nachfolger Großadmiral Karl Dönitz erfuhren die meisten nur vom Hörensagen. »Deutsche Männer und Frauen! Soldaten der deutschen Wehrmacht! Unser Führer Adolf Hitler ist gefallen. In tiefster Trauer und Ehrfurcht verneigt sich das deutsche Volk ...« In Wahrheit war von Trauer und Ehrfurcht sehr wenig zu spüren. Die meisten Menschen waren eher erleichtert oder mit dringlicheren Problemen beschäftigt: Sie sorgten sich um Angehörige, mussten Lebensmittel organisieren, um nicht zu hungern, und sich vor den sowjetischen Besatzern in Sicherheit bringen, die vor allem im angetrunkenen Zustand unberechenbar waren. Sätze wie diese machten die Runde: »Jetzt haben sie das Fräulein K. aus dem Nachbarhaus geholt.« Oder: »Im Keller haben zwei Soldaten Frau M. aus dem Dachgeschoss vergewaltigt.« Obwohl es mittlerweile deutsche Frauen gab, die sich für Lebensmittel den Soldaten anboten, rissen diese furchtbaren Meldungen nicht ab.

Ganz leise, hinter vorgehaltener Hand machte man sich aber auch über die russischen Besatzer lustig. Es gab Gerüchte, dass Rotarmisten Wasserhähne abmontiert hätten in dem Irrglauben, dass sie damit zu Hause fließendes Wasser hätten. Außerdem hieß es, sie benutzten Badewannen als Toiletten und wuschen ihre Kartoffeln im Klo. Hatten sie versehentlich die Spülung betätigt, brüllten sie etwas, das wie »Sabotage« klang. Einige stapften dann wütend in das Geschoss unter ihnen und verlangten die Kartoffeln zurück. Über die »Lappen vor den Fenstern« (Gardinen) sollen sie entzückt gewesen sein. Sie waren begehrtes Raubgut. Hedda hielt die Russen inzwischen für sehr viel weniger kultiviert, als Louis behauptet und sie es im Hotel erlebt hatte.

Leider hatte Inge über Louis noch immer nichts in Erfahrung bringen können. Und Hedda hatte keine Idee, was sie tun konnte. Mehr, als Leute anzusprechen, blieb ihr nicht, solange sie keine Möglichkeit fand, in die Kaserne zu gelangen und mit dem Kommandanten zu sprechen. Über die deutsche Polizei und Stadtverwaltung muss sie es in diesen Tagen ebenfalls versucht haben. Aber auch die konnten ihr nicht helfen, da sie vor allem damit beschäftigt waren, für die Menschen wieder einen normalen Alltag herzustellen. Dazu gehörte es unter anderem, die Ausbreitung von Diphterie und Typhus zu bekämpfen, Krankenhäuser und Apotheken wiederzueröffnen, Enttrümmerungen und Wohnungsreparaturen zu organisieren und Lebensmittel heranzuschaffen. Sie sollen Hedda geraten haben, sich direkt an die sowjetische Kommandantur zu wenden. Doch dort ließ sie niemand vorsprechen. *Es war zum Verzweifeln!*

Die Familie, bei der Hedda untergekommen war, erzählte ihr wieder und wieder von den erstaunlichsten Fluchtgeschichten und Familienzusammenführungen, die sie erlebt oder von denen sie gehört hatte, damit Hedda die Hoffnung nicht verlor. Und die bedankte sich für so viel Warmherzigkeit und Gastfreundschaft, in dem sie auf dem Schwarzmarkt einzelne Schmuckstücke – allerdings nicht die Manschettenknöpfe, die hütete sie weiter wie einen Schatz – gegen Speck, Kartoffeln, Zucker und Brot tauschte. Offiziell waren solche Schwarzmarkt-Geschäfte streng verboten, dennoch erzählte Hedda später sogar von russischen Soldaten, die Lebensmittel, die ganz eindeutig aus Armeebeständen stammten, gegen wertvolle Familienerbstücke von nichts zu essen habenden Deutschen eintauschten, derer sie zuvor bei den Plünderungen noch nicht habhaft geworden waren. Man kann nicht behaupten, dass Hedda sich auf dem Schwarzmarkt wohlgefühlt hatte, aber sie stellte fest, dass ihr das harte Verhandeln mehr lag als vielen anderen. Sie sorgte auf jeden Fall dafür, dass ihre baltendeutsche Familie und sie nicht hungern mussten, solange sie dort war. Und das zog sich länger hin, als Hedda lieb war.

Immerhin kehrte Inge am Folgetag mit der freudigen Botschaft zurück, dass sie den baltendeutschen Soldaten gefunden und er versprochen hatte, etwas herauszufinden. Allerdings war Louis mittlerweile seit über einer Woche in russischer Gefangenschaft! Daher kreisten Heddas Gedanken nun nicht mehr ausschließlich um Louis' Freilassung. Sie machte sich inzwischen zunehmend Sorgen um seine Gesundheit. Wie würde ihr empfindsamer Mann eine solch lange Haft durchstehen? Es wusste ja niemand so genau, wie die Bedingungen dort waren. Nicht einmal die eigenen Leute hatten eine Ahnung, was mit den Gefangenen passierte. Der Bekannte ihrer Gastgeberin hatte zunächst sogar bezweifelt, dass in Nedlitz überhaupt deutsche Gefangene untergebracht waren. Später erfuhr er, dass man sie in Ausnahmefällen durchaus kurzfristig in der Kaserne verhörte – wobei Hedda nicht verstand, warum ausgerechnet Louis zu diesen Ausnahmefällen gehören sollte. Bis zu ihrem Tod fand sie keine Erklärung dafür, warum man ihn nicht wieder freigelassen hatte. Wobei sie auch einsehen musste, dass es nicht für jede Inhaftierung durch die Russen eine sinnhafte Erklärung gab.

Zumindest fand der baltendeutsche Soldat irgendwann heraus, wo in der Kaserne die deutschen Gefangenen eingesperrt sein sollten. Jetzt musste er nur noch einen Kameraden finden, der ihn zu ihnen ließ. Dann könnte er Louis suchen und sprechen. Hedda war ganz aufgeregt. Voller

Spannung wartete sie jeden Tag darauf, dass Inge mit neuen Nachrichten aus der Kaserne kam. Doch sie musste sich bis zum 7. Mai 1945 gedulden. An diesem Montag hatte die Dolmetscherin besonders lange in der Kaserne zu tun. Auch diesmal erkannte Hedda, die ungeduldig auf sie gewartet hatte, an ihrem Gesichtsausdruck, dass etwas Entscheidendes vorgefallen sein musste.

»Er ist weg!«, rief Inge schon von Weitem. Hedda hatte das Gefühl, ihr Herz würde zerspringen.

»Weg?«, echote sie. Das konnte doch nicht sein! »Warum denn weg? Wohin?«

Inge war völlig aus der Puste. »Nedlitz ist kein Gefangenenlager. Sie haben alle nach Falkensee geschickt«, sagte sie.

»Falkensee?«, wiederholte Hedda. Das lag kurz vor der Berliner Grenze. Bestimmt zwanzig Kilometer entfernt. Warum hatten sie Louis dorthin verlegt? Und wann? Am liebsten wäre Hedda ihm sofort gefolgt, aber Inge hielt sie zurück.

»Das schaffen Sie nicht bis zur Ausgangssperre um 22 Uhr! Gehen Sie morgen früh gleich um acht los. Das ist sicherer. Außerdem sind die Gefangenen vermutlich bereits vor fünf Tagen weggeschafft worden. Da kommt es auf die paar Stunden nun nicht mehr an«, glaubte die Dolmetscherin.

Keiner ahnte, dass gerade an diesem Tag jede Stunde entscheidend gewesen wäre ...

10

Berlin, 1940 bis 1945

Der amerikanische Diplomat und Korrespondent John Cudahy berichtete am 20. April 1940 in *The Sunday Star Washington*, dass er bei seinem Besuch im Berliner Adlon – angesichts der Kriegssituation – eigentlich eine Begräbnisstimmung erwartet hatte. Stattdessen spielte die Hauskapelle und an den Tischen saßen vergnügte Leute beim Kaffeekränzchen. Als der Journalist Louis auf diesen Widerspruch ansprach, antwortete der: »Es ist genau wie im letzten Krieg. Zuerst denken die Leute, dass alle sterben werden und alles zu Ende gehen wird. Aber nach ein paar Wochen merken sie dann, dass das Leben weitergehen muss, dass die Geschäfte weiterlaufen müssen. Und dann kommen sie auch wieder nach Berlin. Wir sind auf Wochen im Voraus ausgebucht.«

Tatsächlich schafften es Louis und Hedda, den Hotelbetrieb trotz der Kriegswirren am Laufen zu halten. Aber ganz so unbeschwert, wie Louis es in dem Interview darstellen wollte, war die Stimmung im Adlon natürlich nicht. In Wahrheit bedeutete es für Louis und Hedda einen täglichen Kampf, in ihrem Haus ein Gefühl von Ruhe und Luxus zu erhalten, während die Gestapo durchs Foyer schlich, ringsherum Bomben fielen und sich eigentlich jeder ständig mit dem Tod konfrontiert sah. Denn anders als im Ersten Weltkrieg traf es diesmal auch die Zivilbevölkerung weit abseits der Fronten.

Bereits im Juni 1940 – knapp ein Jahr nach Kriegsbeginn – waren die ersten Bomben auf Berlin gefallen. Einem französischen Piloten war es gelungen, bis in die Hauptstadt zu fliegen und seine Geschosse gezielt über einem Industriegebiet abzuwerfen. Ende August 1940 wurden dann zum ersten Mal Wohngebiete in Kreuzberg, Lichtenberg, Reinickendorf und Wedding angeflogen. Diesmal mit Toten und Verletzten. Louis und Hedda hatten schnell reagiert und auf den Etagen Gongs installieren lassen, die jeden Fliegerangriff ankündigten, damit sich ihre Gäste rechtzeitig im Keller in Sicherheit bringen konnten. Aber nicht nur von außen nahm die Bedrohung zu, sondern auch im Inneren.

Mittlerweile hatte der Sprachendienst des Auswärtigen Amts die dritte und vierte Hoteletage belegt und damit gut ein Drittel des Hotels, um dort unter strengster Geheimhaltung Hitlers noch unveröffentlichte Reden in verschiedene Sprachen zu übersetzen. Seitdem lebten – vollkommen isoliert – etwa 150 Dolmetscher und Stenotypistinnen im Adlon. Sie durften weder ihre Räume verlassen noch Besuch empfangen. Den Zimmermädchen und Etagenkellnern standen jedes Mal strenge Leibesvisitationen bevor, sobald sie eine der beiden Etagen betreten wollten. Sogar die Telefonleitungen waren in den entsprechenden Zimmern gekappt worden. Und rund um die Uhr schlichen Mitarbeiter des Geheimdiensts um das Haus herum, um zu verhindern, dass jemand von außen in eines der Zimmer gelangte. In Louis' und Heddas Wahrnehmung hatten die Nationalsozialisten einen Teil des Hotels einfach besetzt, wodurch sie sich nicht mehr als Herren ihres Hauses fühlten.

Umso mehr versuchten Louis und Hedda, sich – so gut es eben möglich war – dem Nazi-Gebaren zu entziehen. Es heißt, dass Louis anstatt mit dem üblichen »Heil Hitler!« vornehm mit »Exzellenz!« grüßte. Und in der Küche antwortete ihm der Koch mit obligatorisch ausgestrecktem rechtem Arm: »Halber Liter!« Ein riskantes Verhalten. Man wusste, dass derartige Grüße im schlimmsten Fall zu Gefängnisstrafen unbestimmter Dauer führen konnten. Zumal die Gestapo im Haus allgegenwärtig und der damalige stellvertretende Hoteldirektor Hans Büttner bekanntermaßen ein Parteimitglied und überzeugter Nazi war. Er hatte sogar – ohne die Hotelleitung zu fragen – die Kaiser-Büste im Foyer durch die in Hotels übliche goldene Hitler-Büste ersetzt. Louis und Hedda hatten das Gefühl, ständig auf einem Pulverfass zu sitzen. Zwischen all den Parteimitgliedern und ausländischen Journalisten wuchs der Druck auf die beiden, endlich in die Partei einzutreten. Es war unmöglich, dass ein Mann mit dermaßen vielen Auslandskontakten nicht eindeutig hinter Hitler stand! Hedda schrieb in ihrem politischen Lebenslauf: *Wir leisteten im Betrieb Widerstand, solange es nur möglich war. Es war kein leichter Stand, wir wurden ständig bedrängt und bedroht. Es wurde geklagt, der Betrieb sei nicht nationalsozialistisch und das ginge für das erste Haus am Platze nicht an. Schließlich kam die Drohung, den Betrieb zu kassieren.* Damit bekam man Louis sofort. Dazu war er auf keinen Fall bereit.

1941 gaben Hedda und er dem Druck der Nationalsozialisten nach. Der damalige Adlon-Concierge Walter Storz erzählte, dass Louis' Parteieintritt damals ein Riesenthema unter den Angestellten war: »Soviel mir dann bekannt wurde, hat's geheißen: Herr Adlon tritt in die Partei ein. ›Welche Vereine gibt's denn da?‹ Hat er nämlich gesagt. ›Na ja, dann treten wir eben in alle ein.‹ Dann ist er also vom NS-Frauenkorps bis zur NS-Motorradstaffel eingetreten.« Das war Louis' Form des Widerstands. Sein Versuch, zu zeigen: Wenn ihr mich dazu zwingt, in die Partei einzutreten, mache ich das. Aber ich nehme es nicht ernst.

Auch beim Führungspersonal wurde nun der Druck erhöht. Der Chefkoch Hermann Reußner drohte damit, sofort seine Schürze abzulegen, wenn man ihn zum Parteieintritt zwingen würde. Louis winkte ab. Und Reußner blieb. Zum Glück! Er war so etwas wie die gute Seele der Küche. Jeder wusste, dass er immer die Essensreste einpackte, um sie Kollegen mit kleinen Kindern mitzugeben. Nie hat ihn jemand angeschwärzt. Offenbar galt auch unter den Angestellten: »Was im Adlon geschieht, bleibt im Adlon.« Außerdem wusste man von Reußner, dass er ein großes Geschick und gute Kontakte besaß, wenn es darum ging, trotz der Lebensmittelrationierung mal etwas anderes auf den Tisch zu bringen als Brot und Kartoffelsuppe. Louis und Hedda befanden sich diesbezüglich ebenfalls ständig auf der Pirsch. Manchmal gelang es ihnen über Umwege, Besonderes für die Gäste zu organisieren. Mal waren es frische Garnelen, mal ukrainische Mastgänse. Meist waren sie aber froh, wenn sie überhaupt etwas Warmes anbieten konnten.

Ein Journalist der *Detroit Evening Times* ermöglichte in einem Artikel mit der Überschrift »Speisekarten zeigen den Kontrast zwischen den USA und Deutschland« einen Blick in das Menü vom 9. November 1941:

Am neunten November saß ich in dem weithin bekannten und exklusiven Hotel Adlon in Berlin. Das goldene Wappen leuchtete mir von der Sonntagskarte entgegen, in deren rechter Ecke mit teutonischer Sorgfalt die Preise für die Speisen aufgeführt waren. Es kam mir in den Sinn, diese Speisekarte an der wachsamen Gestapo vorbei nach New York zu bringen und sie neben die Speisekarte meines jetzigen Hotels mit ihren 200 Gerichten zur Auswahl zu stellen. Das Ergebnis ist, dass ich die Essenssituation in Europa und Amerika schwarz auf weiß vor mir habe, veranschaulicht durch zwei Speisekarten des jeweiligen Tages. Hier das Mittagsangebot des Adlon am 9. November:

Kohl mit gekochtem Rindfleisch (50 Gramm Fleisch, 50 Gramm Fett).

Sauerkraut mit Püree oder Erbsen

(10 Gramm Fett).

Kartoffelsuppe (keine Rationskarten).

Wenn man am Adlon-Tisch Kohl oder Suppe essen wollte, musste man mit Trinkgeld und allem drum und dran mindestens 1,50 Dollar hinblättern. Brot, das in letzter Zeit etwas grauer geworden war, als hätte man Kartoffelmehl hineingemischt, gab es nebenbei, wenn man Brotkarten hatte. Ein winziges Stück Butter für 10 Gramm Butterkarten. Aber der Ansturm auf die Hotels und Restaurants ist nach der Schließung zahlreicher anderer so groß, dass jeder, der an diesem Tag nach 13.00 Uhr kam, zu seinem Leidwesen die Speisekarte bis auf die Suppe zerkratzt vorfand. Also macht man das Beste aus dem Schlimmsten und bestellt Brot und Suppe, egal ob an Thanksgiving oder Weihnachten. Ein Cocktail oder ein Highball oder sogar ein Schluck gutes deutsches Bier kann den Gaumen aufhellen und den Geschmack von Brot und Suppe, die in Gerichten für die Besten serviert werden, wegspülen.

Interessant ist auch, was er über die Essenversorgung der normalen Bevölkerung schrieb:

Die Hausfrau, die selbst kocht, trifft es vielleicht am härtesten, denn sie muss auf den Markt gehen und durch Ausdauer und viel Schlangestehen genug zusammenbekommen, um den Einkaufskorb und die hungrigen Mäuler zu Hause zu füllen. Aber ihre Kost ist einfach und spartanisch im altdeutschen Sinne und ein Topf Suppe, gefolgt von Gemüse, Reis, einem gelegentlichen Bissen Fleisch und Kartoffeln mit Brot beendet tagein, tagaus ihr Küchenproblem. Es gibt schlechte und bessere Tage, die bis zu einem gewissen Grad davon abhängen, wie man in die Stadt kommt und was die Behörden aus den Lagerbeständen für den Markt freigegeben haben.

Der einst hohe Adlon-Standard ließ sich in dieser Zeit nur noch auf der Weinkarte halten – dank Louis' Spleen, von jeder Sorte mindestens hundert Flaschen vorrätig zu haben. Dementsprechend gut besucht war jeden Abend die Bar im Adlon. Hedda dachte voller Wehmut daran, dass sich dort früher vor allem ausländische Journalisten getummelt hatten. Aber bereits Ende 1940 waren die meisten in ihre Heimatländer zurückgekehrt oder kamen nur noch für kurze Abstecher nach Berlin. Als im Dezember 1941 die Japaner überraschend den amerikanischen Hafen Pearl Harbour angriffen und Deutschland und Italien den USA den Krieg erklärten, mussten sich Louis und Hedda auch von ihren letzten amerikanischen Gästen verabschieden. Jeden Einzelnen brachten sie persönlich zum Wagen. Das ließ sich diesmal sogar Louis nicht nehmen. Denn es war für Louis und Hedda nicht nur ein Abschied von lieb gewonnenen Gästen, sondern auch ein Abschied von dem Hotelleben, wie sie es sich vorstellten, wie sie es jahrelang gelebt hatten.

Mit der Internationalität, einem freundlichen Miteinander, der selbstverständlich gelebten Völkerverständigung war es weitestgehend vorbei. Wenn jetzt noch Briten oder Amerikaner in die Hauptstadt kamen, dann vor allem mit Flugzeugen, aus denen sie Bomben warfen. Erstaunlicherweise blieb das Adlon trotz seiner zentralen Lage in der Nähe sämtlicher Regierungsgebäude lange schadenfrei. Im Dezember 1941 krachten drei Blindgänger in den Goethegarten des Hotels. Danach blieben sie eine lange Zeit verschont. Erst im März 1943 traf eine Brandbombe den Dachstuhl. Glücklicherweise konnten die Mitarbeiter diesen Brand schnell löschen, weil auf allen Fluren und in jedem Raum neuerdings Eimer und Spritzen mit trockenem Löschschaum standen. Außerdem Sand und Spaten, weil der Phosphor aus den Brandbomben zwar mit Wasser gelöscht werden konnte, der Phosphor sich nach dem Trocknen aber wieder entzündete, wenn er nicht mit Sand abgedeckt war. Das Adlon erinnerte zwischenzeitlich eher an eine Baustelle als an ein Luxushotel. Ständig liefen Männer in Arbeitskleidung hin und her, um die notwendigen Umbaumaßnahmen vorzunehmen. So zog man beispielsweise in den Keller zusätzliche Balken ein, falls das Haus doch einmal nach einem Treffer zusammenbrechen sollte.

Das Adlon war schon immer ein eigenes kleines Universum gewesen, aber zu früheren Zeiten war es eines, in dem sich Louis und Hedda wohlgefühlt hatten. Jetzt ging es ihnen nur noch darum, diese schwierige Zeit irgendwie zu überstehen – und dieses kleine Universum, das sie sich aufgebaut hatten, zu erhalten. Um zu verstehen, was das für einen Drahtseilakt bedeutete, muss man sich das Adlon ein bisschen wie Facebook vorstellen. Es war der Ort, an dem man sich vernetzte: ein Treffpunkt der Politik, der Wirtschaft, der Kultur, aber ebenso der Verschwörer und Spione. Es gab wenig vergleichbare Orte in der Zeit. Aus Spanien, Italien oder Rumänien reisten Verbündete an. Ufa-Stars wie Hans Albers und Heinz Rühmann gingen im Adlon ein und aus. Hedda erzählte, dass diese Leute, sobald sie etwas getrunken hatten, durchaus eine »deutliche« Meinung über die Nationalsozialisten hatten. Allerdings standen sie auf der Payroll von Goebbels Propagandaapparat – und daher lieferte man, was gewünscht war. Und es war viel gewünscht – einige bezeichneten den Propagandaminister als geradezu vom Kino besessen. Sowohl er als auch die anderen oberen Herren der Ufa bestimmten, wer Karriere machte und wer nicht. Später berichtete Hedda von Ufa-Bossen, die sich regelmäßig Schauspielerinnen oder sogar die Damen aus der Schminkabteilung oder Garderobe ins Bett geholt hatten. Namen nannte sie nicht. Sie hielt sich an das alte Motto: »Was im Adlon geschieht ...«

Mit jedem Tag ging es weiter bergab. Spätestens seit der Vernichtung der deutschen Truppen im Winter 1942/1943 in Stalingrad hatte Hedda das Gefühl, dass bei ihren Gästen allmählich die Gewissheit durchsickerte, dass Deutschland diesen Krieg verlieren und allen schwere Zeiten bevorstehen würden. Am 31. Mai 1943 wurden dann die Lebensmittelrationierungen neu festgelegt: Es gab nun 400 Gramm Fleisch weniger im Monat, dafür 50 Gramm mehr Fett. »Bald geht wieder das Hungern los«, raunten sich die Mitarbeiter zu, was Hedda einigermaßen in Panik versetzte. Im Gegensatz zu den anderen hatte sie noch nie gehungert. »Es wird schon nicht so schlimm werden«, versuchte Louis, sie zu beruhigen. Bislang hatte er nicht hungern müssen und vertraute darauf, dass sie schon irgendwie durchkommen würden. So wie Hedda früher ihren Mann angetrieben hatte, als Veränderungen nötig waren, beruhigte nun Louis seine Frau, wenn sie kurz davorstand, die Nerven zu verlieren. Gerade in der Krise zeigte sich wieder, wie perfekt die beiden sich ergänzten. Hedda bewunderte ihren Mann für seine Gemütsruhe. Sie schrieb: *Eine Ausgeglichenheit seltener Art, nie unbeherrscht, es übertrug sich diese herrliche Ruhe auf Haus und Angestellte.*

Im Sommer 1943 machten Gerüchte die Runde, dass in Düsseldorf bereits ein Fünftel der Häuser zerstört sein sollte. Und in Bochum hatte es angeblich 7000 Tote gegeben. Als gebürtige Rheinländerin hörte Hedda bei Berichten aus dieser Region immer mit besonderer Aufmerksamkeit zu – schließlich kannte sie jede dieser Städte. Hatten die feindlichen Flieger bislang vereinzelte Bomben abgeworfen, kam es jetzt zu Flächenbombardements und »kombinierten Bomberoffensiven«. Am Tag flog die US-Flotte Präzisionsangriffe, in der Nacht warf die britische Air Force Bombenteppiche über den Städten ab. Es hieß: Durch Flächenbrände sollten mittlerweile auch 120 000 Berliner obdachlos sein. Hedda hörte, dass Menschen in nasse Tücher gehüllt in ihren Kellern saßen, um nicht wie Fackeln zu brennen, wenn in ihrer Nähe eine Phosphorbombe hochging. Denn wurde man getroffen, klebte das brennende Zeug am Körper und verbrannte alles bis auf die Knochen. Wollte man die Flammen mit den Händen ausschlagen, klebte und brannte es an den Händen. Manche munkelten auch, dass Phosphorwunden zur sofortigen Erblindung führten. Keiner wusste etwas Genaues, Gerüchte hatten Hochkonjunktur, da jeder Zeitungsartikel der Zensur unterlag und nie die Wirklichkeit abbildete. Aber die schlimmsten Befürchtungen schienen bestätigt, als sich im August 1943 plötzlich Handzettel in den Briefkästen fanden, in denen Kranke, Frauen und Kinder aufgerufen wurden, Berlin zu verlassen. Sogar ein Drittel der Berliner Schulen wurde ins ländliche Umland verlegt. Auf den Bahnhöfen herrschte ein dichtes Gedränge, da viele Berliner dem Aufruf folgten und aus der Stadt flohen.

Hedda blieb. Sie hatte nicht einmal darüber nachgedacht, dass sie zum Personenkreis der Frauen gehörte und damit ebenfalls aufgerufen war, die Stadt zu verlassen. Für sie war es selbstverständlich, im Adlon, an der Seite von Louis, die Stellung zu halten. Es beruhigte sie ein wenig, dass unter der Rasenfläche des Pariser Platzes, zwischen dem Adlon und dem Brandenburger Tor, ein Luftschutzbunker errichtet wurde, der mit einer etwa zehn Meter dicken Stahlbetondecke einer der sichersten der Hauptstadt werden sollte.

Damit beauftragt wurde die Organisation Todt (OT), Hitlers paramilitärische Bautruppe, die zuvor unter anderem den West- und den Atlantikwall errichtet hatte und sich neuerdings vorzugsweise um den Bau von zivilen Luftschutzeinrichtungen kümmern sollte.

Der Adlon-Bunker war – mit zwei Notausgängen in Richtung Brandenburger Tor – für den Schutz von ausländischen Diplomaten, Beamten des Auswärtigen Amts in der Wilhelmstraße, den Gästen des Hotels, dessen Angestellten und Besitzern vorgesehen.

Wer ihn erreichen wollte, musste im Souterrain des Adlon durch den Friseursalon laufen, um schließlich durch ein Gewirr von Gängen in die einzelnen Bunkerräume zu gelangen. Es gab insgesamt zwanzig Zimmer, die auf ein Ober- und ein Untergeschoss verteilt waren. Sie alle hatten eine Klimaanlage, Parkettfußböden und getäfelte Türen. Vor allem im vorderen Teil des Bunkers standen die einfachen Holzpritschen. Weiter hinten kamen die Räume, die – Adlon oblige! – geradezu feudal eingerichtet waren: mit Teppichen, bequemen Sesseln, Rundfunkgeräten, Schreibmaschinen, kleinen Schränkchen und dem notwendigen Geschirr.

Ursprünglich war eine Trennung zwischen den Gästen und Angestellten des Hotels und den – wie Hedda es ausdrückte – bedeutenderen Zeitgenossen geplant. Aber offenbar fand bei jedem Alarm eine bunte Durchmischung der Bunker-Gemeinschaft statt. Hedda beschrieb es in ihrem Buch: *der Nachtjäger neben dem spanischen Grafen, die anmutige blonde Schauspielerin neben dem Bankier aus Schweden, der Beamte des Auswärtigen Amtes neben dem großen Dirigenten, und der Filmregisseur neben dem Chirurgen aus der Charité.*

Der berühmte Mediziner Ferdinand Sauerbruch besaß – genau wie die Diplomaten – eine spezielle Zugangskarte, damit er den Bunker nutzen durfte. Es war ein Privileg, hier zu sein. Zwar sorgte der märkische Sand, auf den der Bunker gebaut war, während der Luftangriffe für beängstigende Erschütterungen. Dafür servierten Kellner mit weißen Handschuhen Wein, und der Schauspieler Emil Jannings teilte großzügig seine Pralinen mit allen anderen. Hedda kümmerte sich höchstpersönlich und mit größter Aufmerksamkeit um die Schutzsuchenden in jedem Raum, plauderte mit ihnen über Gott und die Welt, nicht aber über die Schrecken der Zeit. Denn das war politisch heikel. Man wusste nie, wer zuhörte.

War das Adlon früher für seine komfortablen Zimmer, den hervorragenden Service und seine ausgezeichnete Küche bekannt, lockten jetzt also der extrasichere Bunker und die hoteleigene Strom- und Wasserversorgung. Egal, was in der Hauptstadt geschah: In diesem Hotel konnte alles seinen halbwegs gewohnten Gang gehen. Deshalb fanden sich nach und nach auch immer mehr prominente Dauermieter im Hotel ein, neben Jannings irgendwann auch der Starchirurg Ferdinand Sauerbruch, der junge Leiter der Berliner Staatskapelle, Herbert von Karajan, und Josef Neckermann. Der später sehr erfolgreiche Dressurreiter und Versandkaufmann soll gegenüber meinem Urgroßvater immer wieder geschwärmt haben: »So ein Bombenalarm klingt im Adlon ganz anders als auf der Straße.« Und auch Frau von Karajan blieb den Angestellten in Erinnerung. Hannelore Plötz war damals Telefonistin und erzählte: »Frau von Karajan, die trug immer sehr schöne Pelze. Und die kam dann immer – da wir unsere Telefonzentrale unten in der Halle hatten – und brachte uns ihren Pelzmantel, den sie dann nicht an der Garderobe abzugeben brauchte, und hat dann immer gebeten, wenn Alarm ist, wir möchten den doch mit in den Bunker nehmen. Und so sind wir dann immer bei Fliegeralarm mit unseren persönlichen Sachen, mit unseren Gästebüchern und mit dem Pelz von Frau von Karajan in den Bunker gezogen.«

Den Versuch, zumindest ein paar der Wertsachen zu retten, unternahm auch Hedda bei jedem neuen Fliegeralarm. Das erzählte mir vor ein paar Jahren Friedrich-Wilhelm von Hase, der Sohn von Heddas sehr enger Freundin Margarethe, die in unmittelbarer Nähe des Adlon wohnte. Ihr Mann, Paul von Hase, war der Berliner Stadtkommandant. »Ich kann mich noch gut erinnern, meine Mutter hat immer von Hedda erzählt, und vom Adlon und dem Bunker«, sagte er und blinzelte mich an. Hedda hatte seinen Geschwistern – vor allem seinem älteren Bruder Alexander – bei den Luftangriffen jedes Mal durch die Halle zugerufen: »Alexander! Meine Perlen! Lauf schnell und hole mir meine Perlen aus dem Safe!« So ganz recht war das seiner Mutter nicht gewesen, erinnerte sich Friedrich-Wilhelm. Schließlich war das nicht ungefährlich! Aber Hedda hatte genug mit der Koordinierung der Gäste und Telefonistinnen zu tun, die den Auftrag hatten, noch einmal alle Zimmer abzutelefonieren, damit sie sicher sein konnten, dass jeder die Warnung mitbekommen hatte. »Luftalarm! Luftalarm!«, riefen sie in die Hörer. Parallel schickte Hedda die Pagen los, um in jeden Raum zu gucken, ob auch keiner den Anruf verschlafen hatte. Erst danach stiegen Louis und sie in den Bunker hinab, wo sie sich mit Familie von Hase ein Zimmer teilten. Manchmal verbrachten sie ganze Tage und Nächte miteinander, da es inzwischen meist gegen dreizehn Uhr einen »Amerikaner-Alarm« gab, der zwei bis drei Stunden dauerte. Und im Anschluss flogen die Briten Nachtangriffe, die etwa 45 Minuten währten. Zwischendurch steckte Jannings seinen Kopf zur Tür herein und fragte: »Praline gefällig?«, was Hedda selten ablehnte.

Louis und sie wussten, dass Paul von Hase seit 1938 an einer großen Verschwörung beteiligt war, die den Sturz Hitlers zum Ziel hatte. Gelegentlich traf er sich im Adlon mit seinen Mitverschwörern zu Unterredungen. Louis sorgte dafür, dass diese Gäste »ungestört« blieben. Da das ganze Hotel mittlerweile von der Gestapo verwanzt worden war, warnte Louis beispielsweise vor unvorsichtigen Gesprächen in der Nähe des Fensters, an dem es doch »recht ungemütlich« ziehen konnte. Oder er empfahl, nicht zu nah an der Heizung Platz zu nehmen, wo es »ziemlich warm« werden konnte. Außerdem gab es extradicke Kissen, um die Zimmertelefone abzudecken, für die sich seine eingeweihten Gäste bei ihrer Abreise häufig ebenso verschlüsselt bedankten: Durch das Kissen hätten sie sich viel besser »erholen« und eine »ungestörte« Nachtruhe genießen können. Man kann es sich vorstellen: Ich bin sehr stolz auf die Haltung von Louis und Hedda. Auch wenn sie mich nicht überrascht. Beide hatten jüdische Ehepartner, führten ein internationales Hotel. Ich möchte mir gar nicht ausmalen, unter welchem Druck sie an jedem Tag standen. Und welch große Ängste sie ausstanden.

Am 23. November 1943 ging in unmittelbarer Nachbarschaft auf dem Pariser Platz der Geschäftsbau der I.G. Farben in Flammen auf. Fuhren Louis und Hedda durch das Brandenburger Tor in Richtung Großer Stern, sahen sie versackte Autos und ausgebrannte Lastwagen am Straßenrand. Auf dem Ku'damm erinnerten nur noch die Überreste an die einst alles überragende Kaiser-Wilhelm-Gedächtniskirche. Berlin war inzwischen ein großes Ruinenfeld. Und das Adlon eine seiner letzten Oasen. Die Ausgebombten, die es sich leisten können, aßen hier zu Mittag. Allerdings in Abendstimmung. Es war nämlich eine Schutzmauer um das Haus gebaut worden. Sie reichte von der Straße bis zur ersten Etage, sodass kaum mehr Licht in die Empfangshalle fiel.

Hedda fand, dass sich dieses Haus durch die Mauer kaum noch nach ihrem Hotel anfühlte: *Sie verlieh dem Haus, dessen festliche Architektur unverlierbar zum Bild der Linden und Berlin gehörte, mit einem Mal einen seltsam abweisenden und verschlossenen Charakter. Es war nun, als handle es sich nicht mehr um ein Hotel, dessen weltweite Gastlichkeit berühmt war, sondern um eine Festung.*

Allmählich gaben Louis und Hedda es auf, ihr Haus als Hotel führen zu wollen. Es war schlicht nicht mehr möglich. Allein zwischen dem 27. und 29. Januar 1944 ging über Berlin eine Bombenlast von 3715 Tonnen nieder. Fliegeralarmmeldungen wurden über den Drahtfunk (Leitungsnetz) gesendet, da der Antennenempfang häufig gestört war. Dann hieß es beispielsweise: »Reihenweiser Bombenabwurf, zahlreiche Brände, es ist mit einem schweren Angriff zu rechnen.«

Als im Februar 1944 ein argentinischer Diplomat mit seiner Ehefrau anreiste, konnte man ihm nur noch ein Einzelbett in einem ungeheizten Zimmer anbieten. Und zum Souper Kartoffelsalat und kaltes Fleisch. Dafür spielte am Abend die Kapelle, und sehr viele elegante Männer und nur wenige Frauen kamen, um ausgelassen ihr Leben zu feiern. Oder ihr Überleben – denn das war in diesen Tagen alles andere als selbstverständlich. Hedda erzählte, dass sich die Männer, deren Frauen evakuiert waren, nur allzu gerne von den Damen trösten ließen. Vor allem nach den Angriffen herrschte jedes Mal eine gelöste Stimmung. Hedda hatte das Gefühl, dass angesichts des möglichen nahen Todes nichts mehr ernst genommen wurde. Es schien, als hätten sich die meisten – mit Ausnahme ihres geliebten Louis – von Moral und Menschlichkeit verabschiedet. Man feierte, während man wusste, dass in den Nachbarstraßen unter Häuserruinen vereinzelt Klopfzeichen zu hören waren von Verschütteten, die in den Kellern eingeschlossen langsam auf ihr Ersticken warteten. Als am 15. Februar 1944 nur wenige Häuser entfernt das Bristol, neben dem Adlon eines der vornehmsten Hotels der Stadt, von einer Luftmine getroffen wurde und lichterloh brannte, schickten Louis und Hedda ihre speziell dafür ausgebildeten Adlon-Mitarbeiter raus zum Löschen. Aber auch dieses altehrwürdige Haus war nicht zu retten. Hedda erzählte, dass blaue Phosphorblitze immer wieder in der Dunkelheit aufzuckten, dazwischen der rote Feuerschein. Und irgendwann standen nur noch die kargen Reste des einst prunkvollen Gebäudes.

In den nächsten Monaten bestimmte weiterhin das Kriegsgeschehen alles Leben im Land. Im Mai gab es wieder einmal besonders starke Gefechte über der Stadt. Anfang Juni landeten die Alliierten in der Normandie. Plötzlich machte das Gerücht die Runde, das ein Gaskrieg unmittelbar bevorstand. Am 21. Juni griffen 2500 amerikanische Kampfflugzeuge gezielt das Regierungsviertel und bestimmte Industrieanlagen der Hauptstadt an. Knapp einen Monat später – am 20. Juli 1944 – fand dann endlich das geplante Hitler-Attentat statt.

Louis und Hedda hatten mit Margarethe und Paul von Hase und ihren Kindern Alexander und Gisela den Vorabend im Adlon verbracht. Laut dem Bericht von Alexander hatten sie »am Abend des 19. Juli, berührt von dem, was zu erwarten war, ein Glas Sekt getrunken. Mit diesem wollte sich mein Vater von uns verabschieden, da er nicht an den Erfolg des anstehenden Staatsstreichs glaubte.«

Louis und Hedda hofften und beteten. Sie wünschten sich nichts mehr, als von den Nationalsozialisten befreit zu werden. Vermutlich würden dann auch schlagartig die Angriffe aufhören. Sie hatten das große Glück, dass ihr Hotel noch stand. Sie könnten sofort mit den notwendigen Aufräumarbeiten beginnen, und vielleicht würde man Silvester schon wieder befreit feiern können. Den ganzen Tag wirbelten Louis und Hedda angespannt durch das Haus, warfen sich verschwörerische Blicke zu. Schließlich konnten sie ihre Aufregung mit niemandem teilen. Als eine junge Journalistin mit einer Druckfahne ihrer Zeitung ins Adlon stürzte, konnten sie schon von Weitem den dunklen Rand erkennen. War das ein Trauerrand? Heddas Herz machte einen Sprung. Neugierig folgte sie der Journalistin, die im Speisesaal augenblicklich von einigen Herren umringt wurde. Erst als Hedda näher kam, erkannte sie, dass die dunkle Umrandung ein Metallrahmen war. Und sie hörte, wie die junge Frau atemlos berichtete: »Vier Offiziere sind gestorben. Aber Hitler hat überlebt, weil eine schwere Tischplatte wohl den Druck der Bombe abgefangen hatte.« Damit waren alle Hoffnungen auf ein baldiges Ende des Krieges gestorben. Hedda eilte in Louis' Büro. Sie wusste, was das Scheitern des Attentats bedeutete. Ihr Freund Paul von Hase würde zum Tode verurteilt werden. Was aus Margarethe und den Kindern wurde? Vollkommen unklar. Wie betäubt müssen Louis und Hedda im Büro gesessen haben, ehe sie sich wieder nach draußen wagten und das Theater mitspielten, das von ihnen erwartet wurde.

Am 8. August wurde Paul von Hase gehängt. Margarethe kam nach unzähligen Verhören in Sippenhaft, genau wie ihre ältesten Kinder. Der siebenjährige Friedrich-Wilhelm wurde in Bad Sachsa zur nationalsozialistischen Umerziehung gemeinsam mit von Stauffenbergs Kindern und 43 weiteren Sprösslingen aus dem Kreis der Verschwörer in ein Heim gesteckt. Geschwister wurden getrennt, man nahm ihnen die Identität und gab ihnen »arische« Namen. Hitler bezeichnete die Verschwörer als »Elemente, die jetzt unbarmherzig ausgerottet werden«. Bis zum Kriegsende suchte er verbissen nach Mitwissern der Verschwörung und ließ sie, wurden ihm welche genannt, gnadenlos hinrichten. Nur wenige Eingeweihte überlebten. Auch Louis und Hedda fürchteten, ins Visier der Gestapo zu geraten. Mir ist nicht bekannt, ob sie zu einem Verhör geladen wurden. Man muss es fast annehmen, da jeder wusste, wie eng die Familien miteinander befreundet waren.

Margarethe von Hase gab am 12. Juli 1946 folgende eidesstattliche Erklärung ab: »In der Zeit vom Dezember 1940 – zum 20. Juli 1944 war mein Mann, Generalleutnant von Hase, Kommandant von Berlin. Mein Mann, der schon im Jahre 1938 zugesagt hatte, sich an einem Putsch gegen Hitler zu beteiligen, war zu politischen Besprechungen fast täglich im Adlon. Herr und Frau Adlon, die unseren Bunker auch bei Fliegerangriffen mit uns teilten, teilten auch die politischen Ansichten voll und ganz mit meinem Mann. Ich bin gern bereit, unter meinem Eid von Herrn und Frau Adlon auszusagen, dass sie Hitler und seine Regierung hassten und hofften, dass es Männer gibt, die uns vom Nationalsozialismus befreien würden. Herr und Frau Adlon gehörten seit 1941 gezwungenermaßen der Partei an. Es solle kein Verdacht auf das Hotel Adlon fallen, da die Gestapo ihre Agenten öfters hinschickte, da mein Mann sich mit seinen Herren fast täglich zu politischen Gesprächen im Hotel traf. Mein Mann gehört zu den Hauptbeteiligten des 20. Juli 1944, er wurde am 8. August 1944 von den Nationalsozialisten hingerichtet. Wie ein Wunder erschien es mir, dass Herr und Frau Adlon von der Gestapo nicht verhaftet wurden, wo wir bis zum letzten Tage vor dem 20. Juli 1944 fast täglich (auch ich und meine Kinder noch am Abend des 19. Juli 1944) zusammen waren. Mein Mann hat stets offen mit Herrn und Frau Adlon sprechen können, da er wusste, dass sie zu den erbittertsten Feinden des Nationalsozialismus gehörten. Margarethe von Hase. Opfer des Faschismus.«

Nun konnten Louis und Hedda nur noch auf die feindlichen Truppen hoffen, dass sie Deutschland befreiten. Hedda hoffte, dass es die Westalliierten sein würden. Louis meinte, das sei vollkommen egal, Hauptsache, keine Nazis. Und viele Angestellte erklärten hinter vorgehaltener Hand: »Die Russen sollen ruhig kommen. Uns kleinen Leuten tun die nichts. Und dann ist der Krieg wenigstens vorbei.« Kaum einer glaubte noch an einen Sieg, als am 25. September 1944 ein Führererlass alle noch nicht eingezogenen Männer zwischen sechzehn und sechzig zum Volkssturm beorderte. »Da werden jetzt Kinder und Alte in einen aussichtslosen Kampf geschickt«, schimpfte Hedda.

Die deutsche Schriftstellerin Lally Horstman berichtet in ihrem Buch *Kein Grund für Tränen*, wie sie 1944 im Adlon ankam:

Ich mußte ewig warten, bis der weißhaarige Besitzer liebenswürdig auf mich zukam und mir einen der Tische besorgen wollte, die sich vom überfüllten Restaurant und der Bar bis in die Halle reihten.

Louis Adlon sah distinguierter aus als viele seiner Gäste, über deren Manieren er sich leise ausließ. Er zeigte mir eine Gruppe bramarbasierender ›Goldfasane‹ in Uniform mit dem häßlichen, hochrasierten Haarschnitt, der für sie so charakteristisch war; dabei hob er seine Augen vielsagend zur Decke. ›Auch die Ober sind heute ungeschliffen‹, und beugte sich vorsichtig zu mir, ›wie sollte es anders sein, mit solchen Exemplaren hier vor der Nase!‹ Er zeigte mir Abetz, den Botschafter in Paris während der Okkupation. ›Sieht doch aus wie ein alternder Tenor‹, und er monierte seine Eitelkeit, seine Unrast. ›Aber der Hausanstreicher Hitler hat ja keinen blassen Schimmer von Diplomaten.‹ Für ihn, der noch die Zeit vor 1914 erlebt hatte, sei die Bedienung dieser Parvenus ohne Kinderstube eine Strafe. Ver-

folgung und Verbrechen schockierten ihn weniger als die schier unerträgliche Demütigung, von einem Mann regiert zu werden, dessen obskure Abkunft er weit unter dem Niveau seiner eigenen Geburt und Erziehung betrachtete. Als ich warnend das Wort ›Mikrophon‹ signalisierte, fast ohne dabei die Lippen bewegend, lächelte er nur connoisseurhaft, packte das vor uns stehende Tischchen am Bein, drehte es um und bewies mir, daß dort nichts dergleichen angebracht war. Ich sollte bei Zentralheizungskörpern aufpassen, sagte er mit einem leichten Augenblinzeln. Aber wir alle wußten längst, in den Röhren waren Abhöranlagen installiert, und wenn wir hier im Hotel Diplomaten besuchten, legten sie zuerst ein Kissen auf den Telephonapparat. Nur im Flüsterton konnten wir offen miteinander reden, uns dabei aus dem Fenster lehnend. »In den Wänden und unter den großen Tischen sind Apparate‹, fuhr er fort, ›ich kann mir aber nicht vorstellen, wie sie aus der Masse des ganzen widersprüchlichen Gequassels irgendeine brauchbare Information herausfiltern wollen.« Adlon schaute sich um, niemand beachtete uns. »Natürlich ist es das Hauptziel der Obernazis, sich gegenseitig auszuspionieren. Jetzt, wo sich die Lage überhaupt verschlimmert, wächst das Mißtrauen auf der einen wie auf der andern Seite. Von den Feinden aus ihren eigenen Reihen haben sie mehr zu fürchten als von den Außenseitern. Die sind seit dem verunglückten Putsch nicht mehr organisiert.«

Eine Aussage, die bei der falschen Person lebensgefährlich war. Aber Louis war geübt darin, seine Meinung hinter einer Fassade erlesener Höflichkeit zu verbergen. Heddas Gefühle waren dagegen eher ein offenes Buch, was Louis zunehmend Sorgen bereitete. Ihr fiel es zunehmend schwerer, ihre Abneigung gegen das Regime zu verbergen.

Als es im September 1944 hieß, dass künftig alle Theater geschlossen wurden, weil nun auch der »totale Kriegseinsatz der Kulturschaffenden« notwendig erschien und Schauspieler, Sänger und Komponisten zu »kriegswichtigen Tätigkeiten« herangezogen wurden, zitierte Hedda häufig einen Satz, der von Goebbels stammen soll, der sich gern als Schirmherr der deutschen Kunst darstellte: »Ein Volk, das seine Kunst aufgibt, hört auf, ein Kulturvolk zu sein.« – »Tja«, bemerkte sie dann meist, »so weit hatten sie uns nun schon gebracht.«

Wie anders waren dagegen die Aufenthalte in Neu Fahrland: keine Luftangriffe, keine Nächte im Bunker, keine Gestapo, die ihr Ohr scheinbar überall hatte. Die Adlon-Villa erschien Louis und Hedda wie eine Oase der Ruhe. Dort, weit weg von Berlin, feierten sie im Herbst auch Louis' letzten, seinen 70. Geburtstag. Im Oktober 1944 schrieb mein Urgroßvater seinen drei Schwägerinnen, die mittlerweile nach Hessen umgezogen waren, noch fröhlich:

Meine sehr verehrten drei Grazien von Berg! Liebe Franziska, liebe Maria und liebe Berta - Bettina! Tausend Dank für Eure lieben Glückwünsche zu meinem 17. Geburtstag, die herzerfrischend für den Jüngling waren. Dass Ihr statt eines Paris-Apfels ein großes Füllhorn köstlichen Bergobsts geschickt habt, hat Grazie Hedda und mich hoch erfreut. Auch dafür wärmsten Dank! Wir beide haben meinen Geburtstag in aller Stille gefeiert und niemand bei uns gesehen. Wir haben Gott Bacchus nicht geopfert – auch Göttin Hedda nicht und sind doch sehr vergnügt gewesen. Verschiedene Zeitungen wollten Bild und Beschreibung bringen. Ich habe alles abgelehnt. Hedda hatte die Parole ausgegeben: »Adlons sind verreist mit unbekanntem Ziel.« Trotzdem trafen eine Menge schönster Blumen Arrangements ein, so daß aus unserer Terrasse ein Blumenhain wurde. Unsere liebe Agnes Thomas ist ein Jahr nach ihrem Mann gestorben. Unsere Hedwig ist zu ihren Verwandten gezogen, die ihre Hilfe brauchten. Hedda macht nun alles allein und sie macht alles sehr gut. Sie bedauert keine Zeit zum Briefe schreiben zu haben und sendet Euch durch mich ihre liebsten Grüße. Ich selbst umarme Euch alle drei herzlichst und verbleibe mit lieben Grüßen, Euer Louis

Aber lange hielten sie es in Neu Fahrland nicht aus. Vor allem Louis drängte auf die Rückkehr zum Hotel. Sie mussten nicht mehr lange aushalten, war er sich sicher. Lange konnte der Krieg nicht mehr dauern. Das Ende wurde spätestens nach der Besetzung Aachens im Oktober 1944 immer abseh- und vor allem greifbarer. Umso absurder erschienen Hedda die Schlagzeilen aus dem Januar 1945, in denen es hieß: »Unsere ungebrochene Entschlossenheit.« Oder: »Abwehrerfolge an den Flanken.« Oder: »Wir werden die Wendung erzwingen.« Die Leute lasen sie in ungeheizten Wohnungen und Häusern, während der Briefverkehr eingestellt war und U-Bahnen und Straßenbahnen kaum noch fuhren. Draußen lag Neuschnee, und alle bibberten bei den niedrigen Temperaturen. Wer sollte das noch glauben? Zumal sich die Alliierten das Ziel gesetzt hatten, Berlins Mitte zu zerstören, und ständig Angriffe auf das Regierungs- und Zeitungsviertel flogen, in dem auch das Adlon lag.

Am 3. Februar 1945 fand der bislang schlimmste Luftangriff statt. 1056 Flieger waren mit insgesamt 2000 Tonnen Spreng- und 250 Tonnen Brandbomben Richtung Hauptstadt gestartet. Um kurz nach elf Uhr fielen die ersten Bomben. Doch nun geschah etwas, das zumindest an diesem Tag das Adlon gerettet haben dürfte. Ganz Berlin lag anfangs unter einer dicken Wolkendecke. Doch dann riss plötzlich der Himmel auf, und es wurde windig. Böen von der Windstärke acht bis neun trugen den Bombenteppich weiter, bis nach Kreuzberg. Und da entstand nun ein gewaltiger Feuersturm. Der bildete, gleich einem Tornado, einen so starken

Sog, dass die Menschen Ketten über die Straßen bildeten, um nicht ins Feuer gezogen zu werden. Die Amerikaner sagten später, es sei ihnen nie mehr gelungen, einen solch flächendeckenden Bombenteppich abregnen zu lassen.

Tatjana Fürstin Metternich war in diesen Tagen noch Gast im Adlon, das mittlerweile überhaupt nicht mehr an das herrschaftliche Haus erinnerte, das es einst gewesen war. Sie erinnerte sich: »Ich glaube, im Februar 1945 bin ich nach einer abenteuerlichen Reise dort gelandet. Da blieb nur ein Überrest vom Hotel mit einer Art Bauchbinde von Sandsäcken und Zement. Und der zerschlissene Portier, immer noch sehr höflich, in einer kaputten Uniform vor der Tür, versuchte, mir irgendein Frühstück herzuholen. Ich war ja Tage unterwegs gewesen und bin in einen Waschraum geführt worden, wo nichts mehr lief. Der Tee war kein Tee, Bisquit war kein Bisquit. Also, es war wirklich eine Art Stimmung vom Ende der Welt, nicht nur vom Ende des Krieges. Und das war symbolisch eigentlich für den Untergang Deutschlands in diesem Moment.«

Am 13. und 14. Februar 1945 brannte Dresden. Man sprach von 50 000 Toten – auch durch die Feuerstürme, die durch die mit Flüchtlingen überfüllte Stadt tobten. Es waren geradezu apokalyptische Zustände.

In Berlin hatte die Reichsregierung nach einer kurzen Überlegung ihre Evakuierungspläne aufgegeben, da sie sich außerstande sah, vier Millionen Berliner aus der Stadt zu schaffen. Stattdessen wurden nun drei Verteidigungsringe festgelegt, den innersten bildete das Regierungsviertel. Im wie durch ein Wunder noch immer stehenden Adlon wurde nun eine Kommandantur eingerichtet. Am 23. März 1945 berichtete das *Londoner Deutsche Wochenblatt*: »Eine Kommandostelle wurde in die Keller des Hotel Adlon gelegt, eine andere ins Hansaviertel, das mit dem gesamten Gebiet westlich des Lehrter Bahnhofs, einschließlich Moabit und der Jungfernheide, das letzte Bollwerk Berlins bilden soll.«

Damit stand das Adlon fortan unter Kriegsrecht. Louis und Hedda hatten nichts mehr zu melden. Sie stellten ihren Angestellten frei, zu gehen oder zu bleiben. Da viele inzwischen ausgebombt waren und außer dem Adlon kein Zuhause mehr hatten, entschieden sich die meisten fürs Bleiben. Auch wenn nur noch wenige Gäste im Haus waren, gab es für sie weiterhin viel zu tun. Brände mussten gelöscht, Essen organisiert werden. Ende Februar sammelte sich plötzlich Tauwasser im Adlon-Bunker, sodass die Angestellten teilweise aus Türen und Schrankteilen provisorische Stege zu den Kabinen im Schutzraum legen mussten, wo die Menschen dann stundenlang mit den Füßen im eiskalten Wasser ausharrten. Der Bunker zitterte und schwankte unter den schweren Einschlägen. Zwischendurch erlosch die Beleuchtung, sodass Hedda sich in diesen Tagen manchmal wie lebendig begraben fühlte. Ging sie auf die Straße, strömten zwischen den Trümmern schmutzige Fluten durch die Straßen. Das war nicht mehr ihre Stadt. Das war nicht mehr ihr Hotel. Hedda begann darüber nachzudenken, vielleicht besser dauerhaft in Neu Fahrland auf das Eintreffen der feindlichen Truppen zu warten. Dort waren sie zumindest weniger unter Beschuss. Außerdem war es fast gleichgültig, ob sie im Adlon waren – dort ging ohnehin nichts mehr seinen gewohnten Gang. Alle schienen nur noch auf das Ende des »Dritten Reichs« und den erhofften Neuanfang zu warten, während Goebbels, solange das Radio noch funktionierte, weiterhin Durchhalteparolen ausgab: »Der Führer wird seinen Weg bis zu Ende gehen, und dort wartet auf ihn nicht der Untergang seines Volkes, sondern ein neuer glücklicher Anfang zu einer Blütezeit des Deutschtums ohnegleichen.« Er warnte eindringlich vor den kaltblütigen und verbrecherischen Russen, um den Kampfwillen der deutschen Männer und Jungen aufrechtzuerhalten – wenn schon nicht aus Überzeugung, dann doch wenigstens aus Angst um die daheimgebliebenen Kinder und Frauen, Mütter und Schwestern. Er peitschte die Menschen noch einmal auf für die letzte große Schlacht des Zweiten Weltkriegs in Europa: die Schlacht um Berlin.

11

Nedlitz und Falkensee, 8. Mai 1945

Am 8. Mai 1945, Punkt acht Uhr, brach Hedda aus Nedlitz in Richtung Falkensee auf, wohin die Russen Louis nun verschleppt haben sollten. Es war genau ein Tag nach der Kapitulation der deutschen Wehrmacht – damit war der Krieg offiziell zu Ende. Überall in der SBZ fanden große Feierlichkeiten statt. Hedda erzählte, dass über den Straßen Plakate gespannt waren: »Die Hitler kommen und gehen. Das deutsche Volk bleibt bestehen.« Sie wusste es damals nicht, aber ein ähnlicher Text war schon auf Flugblättern zu lesen gewesen, die an die deutschen Soldaten an der Ostfront adressiert waren. Angeblich handelte es sich um ein Zitat Stalins: »Die Erfahrungen der Geschichte besagen, daß die Hitlers kommen und gehen, aber das deutsche Volk, der deutsche Staat bleibt.« Hedda fand diesen Spruch ermutigend – zumal sie nicht wusste, dass er mutmaßlich von einem Diktator stammte. Und Mut konnte sie gut brauchen, denn mit jedem ihrer Schritte schien ihre Zuversicht zu schrumpfen. Sie konnte es sich selbst nicht erklären. Aber zum ersten Mal erschien ihr ihre Suche vollkommen aussichtslos. Was hatte sie bislang schon erreicht? Nichts! Sie hatte es nicht einmal in die Nähe von Louis geschafft. Nun war er bereits zum dritten Mal direkt vor ihrer Nase verlegt worden – und sie hatte es wieder verpasst. Außerdem dachte sie, dass die Verlegung nach Falkensee nichts Gutes bedeutete. Als sie ihn nach Krampnitz und Nedlitz verschleppt hatten, konnte sie sich noch einreden, dass man nicht so recht wusste, was man mit ihm anfangen sollte. Wenn man ihn aber so lange in Gefangenschaft hielt und dann so weit wegbrachte, hielt man ihn vielleicht wirklich für schuldig.

Niedergeschlagen nahm sie genau den Weg zurück, auf dem sie vor über einer Woche gekommen war. Überall hatten die Menschen mit dem Aufräumen begonnen. Viele Tote waren einfach in den Vorgärten verbuddelt worden. Russische Gräber erkannte man an den roten Schleifen und Sowjetsternen – es waren unzählige. Die russischen Soldaten waren nicht nur Täter, sondern genauso Opfer. Im Vorbeigehen schnappte Hedda das Gerücht auf, dass Hitler nicht gestorben war, sondern sich wie Göring abgesetzt hatte. Dafür hieß es nun, Goebbels sei tot.

In einem Strom aus feiernden Russen und erschöpften Menschen auf der Flucht lief Hedda weiter, an dem Wald vorbei, in dem sie übernachtet hatte. Anschließend kletterte sie über die zerstörte Brücke, um deren Wiederaufbau sich gerade ein paar Rotarmisten bemühten. Der rege Betrieb vor ihrer Villa verriet ihr, dass die noch immer besetzt war. Hedda fragte sich, was von ihrer über Jahre liebevoll zusammengesuchten Einrichtung und ihrer Notration im Versteck noch vorhanden war ... Sie hatte wirklich alles verloren. Ihren Mann, ihr Zuhause, ihre Pferde, ihre Hunde, ihre Kraft und ihre Zuversicht.

Vor der Kaserne Krampnitz ließen Artilleriefeuer Hedda zusammenzucken – auch wenn sie schnell erkannte, dass die von den Russen diesmal aus Freude über das Kriegsende abgefeuert wurden. Sogar kleine Kampfflugzeuge ratterten über den Himmel und warfen – was für ein perverser Spaß! – Splitterbomben ab. Aus jedem Fahrzeug riefen ihr die Soldaten, die an diesem Tag bereits früh am Morgen betrunken zu sein schienen, irgendetwas zu. »Gitler kaputt!

Nemetzki kaputt! Krieg kaputt!«, hörte sie immer wieder, bis sie irgendwann in den Wald in Richtung Dallgow abbog, um die Strecke nach Falkensee ein wenig abzukürzen. Ihre Füße schmerzten. Die Wunden von ihrem ersten Marsch waren wieder aufgebrochen. Die Woche Pause hatte nicht gereicht, um gesunde Haut nachwachsen zu lassen. Hedda schlüpfte aus ihren Schuhen. Kurz hatte sie überlegt, lieber auf den Straßen zu bleiben, weil ihr das sicherer erschien. Aber dann spürte sie, dass es ihr in diesem Moment eigentlich vollkommen egal war, ob sie überfallen, ausgeraubt oder sonst etwas wurde. Es kam ihr vor, als ob alle Energie aus ihrem Körper entwichen wäre. Sie fühlte sich wie taub.

Schon vor sechs Tagen war Louis nach Falkensee verschleppt worden! Vermutlich über die Straßen, durch Seeburg hindurch, an Staaken und am Fort Hahneberg vorbei. Zum ersten Mal dachte Hedda, was sie sich bislang verboten hatte: Was, wenn Louis nicht mehr am Leben war? Bei der Vorstellung, dass er diesen weiten Weg womöglich zu Fuß zurückgelegt haben könnte, nachdem er bereits eine Woche in Haft hinter sich hatte, zog sich alles in ihr zusammen. Unweigerlich schossen ihr die Bilder der schrecklichen Gefangenentransporte in den Kopf: Menschen, die vollkommen mut- und kraftlos vorwärtsgestolpert waren, mehr tot als lebendig – angetrieben von wütenden, bewaffneten Soldaten. Sie dachte an die Leichen an den Straßenrändern, an die Männer und Frauen, die auf ihren Märschen entkräftet zusammengebrochen und gestorben waren. Auch wenn die meisten dieser Menschen eine längere Haft und eine weitere Strecke hinter sich hatten – Hedda konnte sich nicht gegen das ungute Bauchgefühl wehren, das sich in ihr ausbreitete. Was, wenn Louis es nicht geschafft hatte? Die Angst trieb sie weiter und ließ sie den Schmerz in ihren Füßen vergessen.

Richtig viel wusste Hedda nicht über das Arbeitslager Falkensee, nur, dass es zum KZ Sachsenhausen gehörte. Die etwa 2500 Insassen sollen während des Krieges zur Zwangsarbeit in der nahe gelegenen Rüstungsfabrik gezwungen worden sein. Nach der Befreiung ließen die sowjetischen Machthaber die Maschinen als Reparationsleistung abbauen und nach Russland transportieren. Hätte Louis dabei helfen sollen? Oder war Falkensee der Ort, an dem endgültig über sein Schicksal entschieden werden sollte? Ob er freigelassen, vor ein Militärtribunal gestellt oder in die gefürchteten sowjetischen Arbeitslager transportiert werden sollte? All das ist auch heute noch vollkommen unklar. Es liegen verschiedene Berichte von Zeitzeugen vor, die in den Kellerräumen des Falkenseer Rathauses und besetzten Villen wiederholt verhört worden waren. In dem Ausstellungsheft des Vereins der Freunde und Förderer des Heimatmuseums Falkensee e. V. mit dem Titel *Falkensee und Sachsenhausen. Biografien unter der Sowjetischen Besatzungsmacht 1945–1950* ist zu lesen, dass in diesem kleinen Vorort Berlins unterschiedliche Einheiten der sowjetischen Geheimdienste ihre Sitze hatten. Das würde erklären, warum in den örtlichen Verhörkellern nicht nur Falkenseer landeten, sondern auch viele Menschen aus benachbarten Orten – wie Louis. Man vermutet, »dass die Gemeinde als Sammelpunkt fungierte, von dem aus Überstellungen in das Speziallager Sachsenhausen erfolgten«.

Später hörte Hedda von einem Generaldirektor der Bahn, dessen Familie sich seine Festnahme genauso wenig erklären konnte. Der Bahndirektor war erst nach Sachsenhausen und im Anschluss in ein russisches Arbeitslager gebracht worden, von dem er nicht mehr zurückkehrte. Das traurige Schicksal von vielen – nicht nur in Brandenburg, sondern in allen sowjetisch besetzten Gebieten. Und das offenbar nicht nur in den Wirren der letzten Kriegstage. Im November 1947 warnte Iwan S. Kolesnitschenko, der Chef der SMAD in Thüringen: »... wenn wir weiterhin das ›rätselhafte Verschwinden‹ von Deutschen zulassen, werden wir mehr und mehr an Popularität verlieren ...« Die SMAD war die Sowjetische Militäradministration in Deutschland und damit die oberste Besatzungsbehörde in der SBZ. Das Zitat lässt annehmen, dass es den Besatzern bewusst war, dass sie in dieser Zeit massenhaft Unrecht begingen. Wer sich darüber beschwerte, bekam häufig zu hören, dass sich die Deutschen in Russland auch nicht besser benommen hätten. Einige waren daraufhin sogar verhaftet und wegen angeblicher Agententätigkeit zu mehreren Jahren Lagerhaft verurteilt worden. Die Deutschen waren der sowjetischen Willkür vollkommen ausgeliefert.

Das dämmerte auch Hedda allmählich. Dennoch folgte sie weiter Louis' Spur. Mit zunehmender Verzweiflung. Als sie nach einem etwa vierstündigen Marsch bei Dallgow-Döberitz wieder aus dem Wald stolperte, staunte sie, wie viele sowjetische Soldaten hier ebenso unterwegs waren. Einmal hielt ein Militärwagen neben ihr, und der uniformierte Fahrer bot ihr an, sie mitzunehmen. Aber so reizvoll der Gedanke an eine Mitfahrgelegenheit war – Heddas Bauchgefühl lief dagegen sofort Sturm. Sie schüttelte den Kopf und lief mit gesenktem Kopf weiter. Als der Fahrer sie daraufhin lautstark beschimpfte, war sie sicher, die richtige Entscheidung getroffen zu haben.

Es war nun nicht mehr weit bis Falkensee. Doch die Strecke, für die sie früher mit dem Auto etwa zehn Minuten gebraucht hatte, zog sich an diesem Tag endlos hin. Auf der Straße lagen Tote, die so entstellt waren, dass Hedda kaum hinzusehen wagte. Vermutlich waren sie von einem Panzer überrollt worden. Während man viele Leichen schon notdürftig unter die Erde gebracht hatte, hatte sich an diese Toten noch niemand herangewagt. Wann immer ein Militärfahrzeug nahte, sprang Hedda aus Angst vor den Soldaten in den Straßengraben. Einmal sah sie, wie im Feld neben ihr eine Frau vergewaltigt wurde. Panisch lief sie weiter, wofür sie sich vor sich selbst schämte. Aber ihr fehlte die Zivilcourage. Oder sie war ihr zusammen mit der Zuversicht verloren gegangen. Hedda schaffte es kaum, ihren eigenen Weg fortzusetzen und sich nicht völlig in der Hoffnungslosigkeit zu verlieren, die von ihr Besitz ergriffen hatte, seit sie von Louis' erneuter Verlegung erfahren hatte. Anders als bei den Malen zuvor spürte Hedda diesmal nicht diesen Energieschub, wenn sie Louis näher kam – stattdessen durchfluteten sie Kälte und Verlorenheit. Auch hatte sie keinen Anhaltspunkt, wo genau sie nach Louis suchen sollte.

Sobald sie Falkensee erreicht hatte, begann Hedda erneut damit, die entgegenkommenden Menschen nach der Unterbringung deutscher Gefangener zu fragen. Die meisten zuckten nur mit den Schultern und liefen schnell weiter. Andere raunten, dass es mehrere Stellen gebe, man sich aber lieber nicht in deren Nähe wagen sollte. »Sehr viele wurden dorthin bestellt – und danach hat man sie nie wiedergesehen!«, warnten einige. Irgendwann muss Hedda auf jemanden gestoßen sein, der ihr erzählte, dass man schon mehrfach stark geschwächte Gefangene vor dem Reservelazarett in der Großdeutschenstraße abgelegt hätte. »Die taugen nicht mehr zum Arbeiten. Deshalb brauchen sie die nicht«, war der lapidare Kommentar, der Hedda frösteln ließ, weil sie sich ausmalte, in welchem Zustand diese bemitleidenswerten Menschen sein mussten. Vor dem Lazarett abgelegt … Was für eine schreckliche Vorstellung!

Andererseits: Wenn Louis dort wäre, bedeutete es auch eine Chance, ihn endlich zu finden. Hedda hoffte, dass man sie dort eher zu ihrem Mann durchlassen würde als in einem russischen Verhörkeller. Sie beschloss, dieser Spur zu folgen. Und sollte sie Louis dort nicht antreffen, erhöhte das die Wahrscheinlichkeit, dass es ihm einigermaßen gut ging. Und mit etwas Glück fand sie im Lazarett sogar einen anderen Gefangenen, der ihr etwas über Louis oder das sowjetische Haftsystem verraten konnte, irgendetwas, das ihr weiterhalf. Leider musste sie dafür einmal quer durch die Stadt bis in den Norden Falkensees laufen.

Ihr Herz schlug schneller, als sie das Lazarett erreichte. Früher hatte die Nationalsozialistische Volkswohlfahrt (NSV) in dieser weitläufigen Anlage ihre Mitarbeiter – beziehungsweise überwiegend Mitarbeiterinnen – für Kindergärten und -heime ausgebildet. Schließlich sollte gewährleistet sein, dass schon die Jüngsten die NS-Propaganda in sich aufsaugten. Ihr Motto lautete: »Händchen halten, Köpfchen senken – immer an den Führer denken. Er gibt euch euer täglich Brot und rettet euch aus aller Not.« Aufgrund der hohen Zahlen von Verwundeten während des Krieges musste die Ausbildung künftiger Kinderbetreuerinnen zurückgestellt werden, stattdessen wurde hier ein sogenanntes Reservelazarett eingerichtet. Zuerst für die verwundeten deutschen Soldaten, inzwischen schienen es aber die Russen übernommen zu haben – wie eigentlich alles. Mit einem mulmigen Gefühl beobachtete Hedda ausschließlich Männer in erdbraunen Uniformen, die über das Gelände liefen und in den Gebäuden verschwanden oder herauskamen. Sie beschloss, erst einmal Menschen auf der Straße anzusprechen, was sie über das Lazarett gehört hatten, bevor sie sich ins Innere wagte. Besser man wusste, was einen erwartete!

So erfuhr sie, dass hier derzeit tatsächlich vor allem russische Soldaten behandelt wurden, die bei den Kämpfen in der Stadt verletzt worden waren. Eine Frau, die deutlich jünger war als Hedda, beschwerte sich, dass sie sogar abgewiesen wurde, als sie ihr Kind mit einer schweren Beinentzündung einem Arzt vorstellen wollte. »Dafür hätten sie keine Zeit, behaupteten sie und meinten noch: ›Gehen Sie zu Ihrem Hausarzt!‹« Die Frau schüttelte den Kopf. »Als ob das momentan so einfach wäre! Der Viehdoktor hat uns schließlich geholfen.« Sie schnaubte.

»Aber was ist mit den deutschen Gefangenen? Ich habe gehört, dass die Russen sie hier manchmal ablegen, wenn sie zu schwach sind«, nahm Hedda das Gespräch wieder auf.

Die Augen der Frau blitzten auf. »O ja, das habe ich auch gehört«, bestätigte sie. »Aber die nehmen sie ebenfalls nicht auf.«

Das war nachvollziehbar. Man kann sich vorstellen, wie ratlos und frustriert Hedda gewesen sein muss. Denn das bedeutete, dass der Weg hierher umsonst gewesen war. »Die Russen haben meinen Mann mitgenommen«, versuchte sie es nun. »Er soll in Falkensee sein. Aber ich weiß nicht, wo ich ihn suchen soll.«

»Oh.« Nun wirkte die Frau betroffen. Mittlerweile hatte jeder Geschichten von Menschen gehört, die nach ihren Festnahmen nicht mehr aufgetaucht waren. Dann beugte sie sich zu Hedda vor. »Ich weiß, dass sich der Pfarrer von St. Konrad um diese Menschen kümmert. Das ist ein feiner Mann. Er ist erst im Krieg in unsere Gemeinde gekommen, und er versucht zu helfen, wo er kann.«

»Wie heißt er? Wie finde ich ihn?«, fragte Hedda aufgeregt.

Die junge Frau wusste, wo Pfarrer Johannes Seidel lebte. Sie beschrieb Hedda auch, wie sie sein Haus in der nahe gelegenen Sonnenstraße erkennen würde. »Es steht auf einer kleinen Anhöhe und ist nicht zu übersehen«, meinte sie.

Hedda gab ihr als Dankeschön ein gekochtes Ei, das sie seit ihrem Aufbruch in Nedlitz in der Manteltasche trug. Dann stapfte sie los – zum Pfarrer. Doch leider musste sie von seiner Haushälterin erfahren, dass der sich im Augenblick in einem Wohnhaus gegenüber vom Lazarett aufhielt. Also genau da, wo Hedda gerade herkam. »Er kümmert sich mit einer Krankenschwester um die Menschen, die Hilfe brauchen«, sagte die Haushälterin. »Auch um die, die vom russischen Geheimdienst zurückgelassen wurden. Manchen kann er nur noch die letzte Ölung geben.«

Heddas Schritt wurde schneller. Mittlerweile war sie fest davon überzeugt, dass der Pfarrer ihr etwas über Louis würde mitteilen können. Sie fühlte es. Während sie also auf exakt demselben Weg zurücklief, den sie vor etwa einer Stunde in die entgegengesetzte Richtung genommen hatte, liefen Tränen über ihr Gesicht. Vor Anspannung, Aufregung und Angst. Als sie zum zweiten Mal an diesem Tag in der Großdeutschenstraße stand, musste sie nicht lange darüber nachdenken, welches Haus das richtige sein könnte. Zielsicher steuerte sie ein Mehrfamilienhaus an. Es konnte gar kein anderes sein.

Die Eingangstür zum Treppenhaus stand offen. Hedda fragte sich, was sie in diesem Haus erwarten würde. Würde sie gleich Louis sehen? Würde sie etwas über seinen Verbleib erfahren? Vielleicht, so hoffte sie, lag Louis genau in diesem Moment hinter einer der Wohnungstüren. »Hallo!«, rief sie und horchte dem Hall nach. Keine Reaktion! Dann nahm sie die ersten Stufen. Im Hochparterre klopfte sie gegen alle Wohnungstüren. Irgendwer musste doch etwas wissen! Kurz darauf öffnete ihr eine Frau mit einem erschrockenen Gesichtsausdruck. Ihre Züge entspannten sich, als sie Hedda sah. »Immerhin keine sowjetischen Soldaten!«, schienen ihr Blick und ihre Körperhaltung zu sagen.

»Ich bin Hedda Adlon, ich suche meinen Mann«, erklärte Hedda – und schon nach dem ersten Teil des Satzes wurde ihr klar, dass ihre Suche hier endete. Die Frau musste gar nichts erwidern. Hedda sah es in ihren Augen. In ihrer Haltung. In der Geste, mit der sie sie einlud einzutreten. Louis war tot.

Hedda begann zu schluchzen. Ihre Schultern bebten. Später schrieb sie in ihren Briefen: *Vielleicht hat Gott mir dieserhalb diese Boxerschultern gegeben – damit ich sie durchdrücke und was drauf nehmen kann – an die Seele hat der gute Mann da oben scheint es nicht gedacht – dann hätte er sie etwas robuster ausstatten müssen.* Mit Louis hatte sie das Wichtigste in ihrem Leben verloren. Die Frau erzählte ihr, dass ein anderer Gefangener ihn vor wenigen Tagen in dieses Haus gebracht hatte. Ein paar Wochen später gab der Pfarrer dem Standesamt folgende Erklärung ab:

Falkensee, den 13. Juni 1945

An das Standesamt Falkensee
in Falkensee

Unterzeichneter Pfarrer der katholischen Kirchengemeinde von Falkensee bestätigt, Herrn Louis Adlon tot aufgefunden zu haben. Herr Adlon war am 2. Mai 1945 von der NKWD-(früher GPU-)Kontrollstation im ehemaligen Reservelazarett, Grossdeutschenstr. zurückgelassen worden; da er sehr geschwächt war, brachte ihn ein ebenfalls zurückgelassener Mitgefangener in ein gegenüberliegendes Mietshaus in der Grossdeutschenstr., wo Herr Adlon am 7. Mai 1945 gestorben ist. Sowohl die z. Zt. anwesenden Mieter des Hauses wie auch unsere Krankenschwester und ich selbst haben den Tod einwandfrei festgestellt.

Gez. Seidel, Pfarrer

Louis war nur einen Tag vor Heddas Ankunft gestorben. So knapp hatte sie ihn verpasst. Wie grausam konnte das Leben sein? Die Frau erzählte, sie hätten den geschwächten Louis auf ein Sofa gelegt, von dem er sich nicht mehr erhoben hat. Während sein Mitgefangener sich noch am selben Tag wieder verabschiedet hatte, fehlte Louis die Kraft, aufzustehen und zu essen – letztlich fehlte ihm die Kraft zum Weiterleben. Die Haft hatte ihn gebrochen. *Wenn das verdammte Nedlitz nicht gewesen wäre, wäre Louis am Leben*, war sich Hedda zeitlebens sicher gewesen. Fünf Tage lang hatten die Bewohner des Hauses um sein Leben gekämpft, ihm schlückchenweise Wasser und dünne Suppe eingeflößt. Sie hatten ja selbst nichts ... Am Ende hatte es nicht gereicht. Ganz ruhig soll Louis eingeschlafen sein.

»Wo ist er jetzt?«, hatte Hedda gefragt, woraufhin die Frau sie an das Fenster geführt und ihr eine frisch gegrabene Stelle im Garten gezeigt hatte. Hedda konnte es nicht glauben. Wie konnte ein Mann, der vor dreizehn Tagen noch so lebendig und voller Liebe und Freude gewesen war, jetzt dort unter der Erde liegen? Louis war nie krank gewesen. Trotz seines fortgeschrittenen Alters hatte er sich bester Gesundheit erfreut. Kein Rheuma, keine Herzbeschwerden – gar nichts. Ein Gedanke durchfuhr Hedda wie ein Blitz. Vielleicht war es ein Missverständnis? Vielleicht war es gar nicht Louis, der dort unter der Erde lag?

Obwohl es bereits dämmerte, rannte Hedda in den Garten und begann, mit den Händen die Erde abzutragen. Sie buddelte, bis ihre Haut aufgerissen und blutig war. Sie grub weiter, bis sie irgendwann ein Stück Stoff spürte. Es war mittlerweile zu dunkel, um zu erkennen, ob es Louis' Kleidung war. Zumal es ja auch sein konnte, dass er sie gewechselt hatte. Also arbeitete sich Hedda in Richtung Kopf vor. Ganz vorsichtig wischte sie die Erdkrümel beiseite. Und dann sah sie ihn. Es bestand kein Zweifel: Dieser tote Mensch war ihr *Louischen*. Sie erkannte seine feinen Gesichtszüge trotz des fahlen Lichts, streichelte über die Furchen seiner Haut und strich vorsichtig seine weißen Haare aus der eiskalten Stirn. Er hatte es gehasst, wenn seine Frisur nicht ordentlich saß. Hedda konnte nicht mehr an sich halten. Sie brach auf der provisorischen Grabstelle zusammen, bis sie jemand ins Haus führte und auf ein Sofa setzte.

Dreizehn Tage lang hatte Hedda seine Spur verfolgt. Nun war ihr alles egal. *Mit seinem Leben erlosch auch meines und ich vegetiere nur noch. Wieso wir nur solches Elend verdient haben?*, beschrieb sie ihren Zustand, der sich bis zu ihrem Lebensende nicht mehr maßgeblich verbessern sollte. Von einer alten Dame kaufte sie ein Laken – das wurde sein Leichentuch. Von einem Mann, der in der Nähe eine Hütte baute, kaufte sie Holz – und ließ daraus einen Sarg zimmern. Weil eine Überführung in den Westsektor unmöglich war, befand sich Louis' Grab zunächst in der russischen Zone. Jahre später bestach Hedda einige Arbeiter, ihren Mann auszugraben und nach Berlin zu bringen. *Dann kaufte ich ihm eine Linde. Er mochte die Linde so sehr*, erzählte Hedda später einmal einer Journalistin. Auch nach Louis' Tod schien sie sich an Konfuzius zu halten: *Wer unsere Träume stiehlt, gibt uns den Tod.* Louis war ihr Traum. Von ihrer dreizehntägigen Suche nach ihm und seinem grausamen Tod sollte sie sich nie wieder erholen. *Mein Leben ist fertig ohne Louis … meine Wünsche liegen neben Louis im Grab.*

Wenn ich nochmal zu leben hätte, ein kleines Häuschen, ein Heim, kein Palazzo … und für sich gelebt, neben der Arbeit, aber nicht nur für die Arbeit und anderer Wohlergehen.

Hedda Adlon, im Sommer 1955

12

Berlin, 1945 bis 1967

Der Letzte aus unserer Familie, der Hedda noch erlebte, war Louis jr., der Bruder meiner Großmutter, Louis' Sohn, Heddas Stiefsohn. Weil er in Hollywood lebte, hatte er von den Kämpfen um Berlin und den Dramen, die sich in seiner Heimat abgespielt hatten, nicht viel mitbekommen. Vermutlich wusste er nicht einmal, dass sein Vater tot war, als William Randolph Hearst, der US-amerikanische Zeitungszar, ihn unmittelbar nach Kriegsende nach Berlin schickte.

Hearst hatte sich seit den frühen Dreißigerjahren zu so etwas wie einem Ersatzvater für den Playboy Louis jr. entwickelt. Der Zeitungsmacher war fest davon überzeugt, dass es zwischen dem Adlon-Bunker und dem Führerbunker einen Verbindungstunnel geben müsste. Und er hoffte, Louis Adlon jr. würde dazu leicht einen Zugang bekommen, er hatte Sympathien für Hitler gehegt, das ist bekannt. Also schickte »Papa« Hearst meinen Großonkel als amerikanischen uniformierten Kriegskorrespondenten nach Berlin.

Wann die Nachricht über den Tod seines Vaters zu Louis jr. durchdrang, ist nicht bekannt. Fakt ist, dass dieser im Juni 1946 vor den verkohlten Überresten des Hotels seiner Familie stand. Nachdem das Haus wie durch ein Wunder den letzten Ansturm auf Berlin überlebt hatte, war es dann nach Kriegsende von russischen Soldaten ausgeplündert und abgefackelt worden. Nur der Wirtschaftsflügel an der Wilhelmstraße war stehen geblieben. Doch schon im Juli 1945 hatte Hedda den Hotelbetrieb mit sechzehn Zimmern und zwanzig Mitarbeitern wieder aufgenommen. Heddas Schwester Franziska beteiligte sich mit »sechs Armlehnen Stühlen im barock rotem Samt« und »einem kleinen Ecksofa in grüner Seide, zweiteilig« aus ihrer Privatwohnung.

Louis jr. traf sich mit Hedda in Neu Fahrland, um zu sehen, was in der von den Russen besetzten Villa noch für das Hotel verwendbar war. Hedda hatte sich erhofft, dass er als Amerikaner den Zugang bekäme, der ihr selbst verweigert wurde. Der sowjetische Admiral Nikolai Gerassimowitsch Kusnezow, der zwei Tage in der Villa verbrachte, schrieb in seinem Buch *Am Vorabend* über Hedda: »Sie wurde von Tag zu Tag mutiger, und wie mir die Matrosen, die das Haus bewachten, erzählten, fragte sie sogar: wann würden die sowjetischen Truppen das Gelände befreien, aber in der Zwischenzeit bat sie sie, alles in Ordnung zu halten, insbesondere das Dach.«

Tatsächlich schafften Louis jr. und Hedda es, in die Villa zu kommen – aber außer zwei übergroßen Gemälden von Louis und Hedda hoch zu Ross war nichts mehr zu retten. Die Villa war verwüstet. Trotzdem versuchte Hedda mit allen Mitteln, die ihr zur Verfügung standen, den Glanz des Hotels aufrechtzuerhalten, in der Hoffnung, es bald wieder aufbauen zu können. Louis' Lebenswerk. Das hätte ihr Louischen so gewollt.

Louis jr. blieb nicht lange in Berlin. Bewegt von dem, was er in Berlin erlebte, schrieb er mehrere Artikel, die in ganz Amerika von der Hearst-Presse veröffentlicht wurden:

Louis Adlon cables from Berlin:
Can this be the Hotel Adlon?
Gestern kam ich zurück zum Ort meiner Geburt, und zum Stolz meiner Familie. Es ist nur noch ein tragischer, hohler Geist, der das Sprichwort »Mein Heim ist dein Heim« Lügen straft.

Den erhofften Tunnel oder ein geheimes Lager mit Nazi-Dokumenten fand er im Adlon nicht. Und so erlöste »Papa« Hearst Louis jr. von seinen Pflichten als Kriegskorrespondent. Zum Abschied überreichte Hedda ihm die goldenen Manschettenknöpfe, die mittlerweile bei mir angekommen sind und die ich zu sehr besonderen Anlässen trage.

Da das Hotel im russischen Sektor der Stadt stand, erwiesen sich Heddas Mühen mehr als schwierig. Es ging nicht nur um die Anschaffung von all dem, was ein Luxushotel benötigte – das meisterte Hedda mit Bravour. Aber damit sie die Leitung des Adlon überhaupt weiterführen durfte, musste sie der sowjetischen Militäradministration beweisen, dass sie keine überzeugte Nationalsozialistin war. Da half es natürlich nicht, dass sie Parteimitglied gewesen und ihr Ehemann als »General« verhaftet, verhört und – in ihren Augen – zu Tode gefoltert worden war. Obwohl Margarethe von Hase zu Heddas Gunsten aussagte und diese ihren Brief sogar mit »Opfer des Faschismus« unterzeichnete, obwohl mehrere Angestellte bezeugten, dass Herr und Frau Adlon von ihren Angestellten nie ein »Heil Hitler« oder sonstiges Nationalsozialistisches abverlangte, wurde das Hotel mit der amtlichen Bekanntmachung der sowjetischen Besatzungsmacht laut »Liste 3« am 14. November 1949 beschlagnahmt und ins »Volkseigentum« überführt. Der angegebene Grund, dass Hedda und Louis »Naziaktivisten und Kriegsverbrecher« waren, traf Hedda zutiefst. Louis und sie galten zeit ihres Lebens als weltoffene Menschen. Es war bekannt, dass sie nicht an die unmenschliche, ausgrenzende und schlussendlich mörderische Doktrin der Nationalsozialisten geglaubt und schon gar nicht daran teilgenommen hatten. Zählte es denn nicht, dass sie in den sich immer mehr verdüsternden Zeiten Weltoffenheit beschützt und ihr Hotel als höchst gefährdete Insel im Nazi-Berlin zu einem Refugium für Regimegegner, internationale Journalisten, bedrohte Mitarbeiter und Mitarbeiterinnen, Künstler und Wissenschaftlerinnen gemacht hatten? Dass sie mit großem Risiko zur lebensrettenden Flucht einiger ihrer jüdischen Angestellten und Gäste beigetragen hatten? Dass sie das Stauffenberg-Attentat auf Hitler unterstützt hatten? Aber wie sollte sie dies alles beweisen?

Natürlich hatten sie sich die größte Mühe gegeben, sämtliche Spuren zu verwischen. Um zu überleben. Hedda, die unglückliche, trauernde Witwe, zu Unrecht beschuldigt, frustriert und gedemütigt, voller Angst vor der Zukunft, wünschte sich in diesem Moment vielleicht sogar, dass Louis und sie damals aufgeflogen und als Mitwissende verurteilt worden wären ... Dann wäre ihr zumindest diese Schmach erspart geblieben.

Für Hedda brach die Welt zusammen. Ein zweites Mal. Mit letzter Kraft rettete sie aus dem beschlagnahmten Adlon, was zu retten war, bevor sie des Platzes verwiesen wurde. Sie zog sich im Westen Berlins in eine Wohnung im Haus ihrer Schwester Franziska zurück. Ab diesem Zeitpunkt fängt Heddas Spur sich allmählich zu verwischen an. Nur hier und da tauchte sie im Verlauf der nächsten fünfzehn Jahre auf ...

Sie begann, ihre Memoiren zu schreiben, die sich natürlich in erster Linie um das Hotel drehen sollten. Nur hatte sie noch nie ein Buch geschrieben und mächtigen Respekt davor. Einen Verlag schien es schon zu geben, aber der wollte Hedda einen Autor aufzwingen, was ihr nicht gefiel. Auf einer Veranstaltung traf sie zufällig einen frechen, jungen und hungrigen Schriftsteller namens Will Tremper, der ihr anscheinend imponierte, und bestellte ihn kurzerhand in ihre Wohnung. *Wenn Sie mir helfen, meine Memoiren selbst zu schreiben, lasse ich Sie in meinem Atelier unterm Dach mietfrei wohnen.*

Er nahm das Angebot gerne an. Allerdings ging es Tremper eher um die Unterkunft als um den Auftrag. Er hatte Wichtigeres zu tun, als sich »ernsthaft um das Leben der dicken alten Frau zu kümmern«, schrieb er in seinem Buch *Meine wilden Jahre*. So musste er sich immer an Heddas Wohnungstür vorbeischleichen, damit sie ihn nicht nach der ungetanen Arbeit fragte. Geldnot hatte er auch, sodass er sogar seine Schreibmaschine verpfänden musste. Er beschreibt einen besonders schönen Moment, der durch und durch Hedda zeigt: »Meine geliebte Remington Portable stand auf dem Tisch – stand auf dem Tisch, anstatt im Leihhaus! Wieso hatte ich das nicht sofort bemerkt? Wieso den Zettel nicht, der in der Walze steckte? Einen langen Augenblick fürchtete ich ernsthaft um meinen Verstand: Hatte ich die Remington nicht vor einer Woche ins Leihhaus getragen und, wie immer, dreißig Mark dafür bekommen? Der Zettel klärte mich auf: ›Ich habe mir erlaubt, Ihre Schreibmaschine zurückzuholen, damit wir keine Zeit verlieren – Ihre Hedda A.‹ Diese unglaubliche Frau Adlon!«

Schlussendlich ist Herr Tremper unverrichteter Dinge wieder ausgezogen, und Hedda schrieb ihr Buch, das 1955 erschien – immerhin hat es bisher die 32. Auflage erreicht –, allein. Der Filmproduzent Artur Brauner schnappte sich sofort die Verfilmungsrechte – und so durfte Hedda noch im selben Jahr zusehen, wie auf dem Gelände der CCC Filmstudios in Berlin und im Berliner Olympiastadion ihr Hotel Adlon als Filmkulisse wiederauferstand und ihre Memoiren zum Leben erweckt wurden. Es muss sehr aufwühlend für sie gewesen sein, zu verfolgen, wie ein Schauspieler ihren geliebten Louis darstellte. Für mich unvorstellbar.

Natürlich war der Mythos »Hotel Adlon« nicht nur für ein Buch oder einen Film attraktiv. Hedda schrieb in ihren Erinnerungen:

In den letzten Jahren sind mir von verschiedenen Seiten viele Angebote gemacht worden, das Adlon im Westen Berlins oder auch in Westdeutschland aufzubauen. Das nötige Geld sollte mir auch zur Verfügung gestellt werden.

Aber ich habe diese Angebote abgelehnt.

Gewiß, ich möchte dieses Haus wieder erstehen sehen, in ehrendem Gedenken an meinen Mann und seinen verehrten Vater Lorenz Adlon. Ich möchte das Adlon wieder aufbauen – aber nur dann, wenn man nicht mehr von einem »West«- oder »Ostsektor« spricht, und nur dort, wo es gestanden hat und wo ich die glücklichste Zeit meines Lebens verbrachte:

Im Herzen Berlins – Unter den Linden Nr. 1!

Da gab es einige Investoren, die sich die Haare rauften, weil sich Hedda auf diese bestimmt äußerst lukrativen Gelegenheiten nicht einließ. Nein, Hedda blieb ihrem Schwiegervater Lorenz und ihrem geliebten Louis treu. Trotzdem musste sie von irgendetwas leben. Von einem Buch allein ging das schwer. Und die verkauften Filmrechte waren bestimmt auch rasch aufgebraucht, egal, wie sparsam sie lebte.

Und da gelang Hedda etwas, das bis heute seine Auswirkungen zeigt: Sie machte einen Deal mit Friedrich Unger, dem Enkel von Berthold Kempinski, der nach Berlin zurückgekehrt war, um sein von den Nazis arisiertes Erbe einzufordern. Für eine kleine Rente auf Lebzeiten überschrieb Hedda Kempinski das Vorkaufsrecht – wenn Berlin und Deutschland nicht mehr geteilt wären –, ein neues Adlon am Pariser Platz zu bauen. Somit sicherte sie sich zum einen ihren Lebensabend und zum anderen, dass es wieder ein Hotel Adlon ganz im Sinne der Gründerfamilie geben würde. Einfach genial. Die Hoffnung stirbt ja bekanntlich zuletzt. Zum Dank schenkte Hedda Herrn Unger die zwei großen Gemälde von Louis und ihr. Sie hängen heute noch in der Lounge des »Kempi«, dem von Friedrich Unger eröffneten Hotel Bristol am Kurfürstendamm. Manchmal gehen mein Ninchen und ich dort Tee trinken, um bei ihnen zu sein.

Hier und da gab es noch Highlights in Heddas immer stiller werdendem Leben. Obwohl der Name Adlon noch immer die Augen derer, die ihn hörten, zum Glitzern brachte, war das einstige erste Haus am Platz nur noch eine Historie vergangener glamouröser Zeiten. Ich denke, Hedda machte sich große Mühe, den Schein aufrechtzuerhalten. Und genau das liebten die Menschen. Wie muss sie sich gefühlt haben, als sie mit und neben Conrad Hilton und Willy Brandt 1958 das erste Hilton Deutschlands eröffnen durfte? Es muss für die einstige Hotelkönigin wie die Übergabe ihres Zepters gewesen sein. Ich liebe die Fotos, auf denen Hedda im Pelzmantel bei der Eröffnung Conrad Hilton jr. ganz innig ihren Segen gibt und mit Willy Brandt tuschelt, dessen Kampf für ein ungeteiltes Deutschland die beiden eng verband.

Doch danach erlischt ihre Spur. Die Berliner Mauer wurde gebaut und der Kalte Krieg entfacht. Für Hedda sollte der Traum eines neuen Hotel Adlon ein unerfüllter Traum bleiben. Sie starb am 5. Januar 1967. Niemand weiß, ob jemand ihre Hand hielt oder ob sie alleine war.

Hätten wir mal nur unser Leben für uns gelebt! Was für ein Gewinn und wie herrlich hätte es sein können, an der Seite eines solchen edlen, vornehmen Menschen. Na, vorbei … Wer wäre im Stande, mich zu trösten? Dafür habe ich zu viel und zu edles verloren.

21 Jahre, sieben Monate und 29 Tage musste sie ohne ihren geliebten Louis leben.

13

Berlin, heute

Wo genau Hedda begraben wurde, haben wir lange nicht gewusst. Ich bat Erik Flemming, der mittlerweile als *der* Hotel-Adlon-Experte schlechthin gilt, und Susanne Sittig, die eine wahre Königin der Recherche ist – ohne die beiden wäre vieles über Hedda nicht in diesem Buch gelandet –, mir zu helfen, Heddas Grab zu finden. Am 30. Dezember 2020, also ziemlich genau 100 Jahre, nachdem Hedda ihren Louis zum ersten Mal gesehen hatte, fast auf den Tag genau, als bei ihnen der Blitz einschlug, wurde Susanne fündig. Mit dem Sterberegister in der Hand kontaktierte Erik den Berliner Friedhof Wilmersdorf. Leider war das Grab von Hedda knapp zwanzig Jahre zuvor eingeebnet worden. Es existierte also nicht mehr. Wir fielen aus allen Wolken.

»Wie … eingeebnet?«, fragte ich Erik am Telefon. »Mit 'ner Raupe? Das ist ja brutal …«

»Keine Ahnung«, erwiderte Erik hörbar geknickt.

»Frag doch mal, ob die Urne noch im Boden steckt«, hörte ich eine weibliche Stimme im Hintergrund sagen.

»Meine Mutter meint …«

»Habe ich gehört!«

»Ich ruf da mal an …« Mit diesen Worten legte Erik auf.

Das Grab war zwar unmarkiert, weil das Grabrecht ausgelaufen war und keiner daran gedacht hatte, die Familie Adlon diesbezüglich zu kontaktieren, aber Heddas Urne war tatsächlich noch da.

Am 13. April 2022 trafen wir uns an Heddas Grab auf dem Friedhof Wilmersdorf. Herr Mentzel, der Friedhofsgärtner, hatte die von Erik geortete Grabstelle zur Exhumierung der Urne vorbereitet.

»Das ist ein Gemeinschaftsgrab«, meinte Herr Mentzel. »Drei Urnen befinden sich darin, von drei Frauen, die sich die Kosten wohl geteilt haben. Ein Geschwisterpaar namens Edith und Charlotte Gliese. Und Ihre Urgroßmutter. Wir müssen sichergehen, dass wir die richtige Urne ausgraben.« Er nahm den Spaten in die Hand, schaute mich an. »Wollen wir?«

Ich nickte, und der Friedhofsgärtner fing an, die Erde aufzugraben. Nach ein paar Schaufeln wollte ich nicht mehr nur zusehen.

»Darf ich?«, fragte ich, und Herr Mentzel reichte mir den Spaten. Die Erde fühlte sich leicht und locker an. Nach drei oder vier Spatenstichen stieß ich auf etwas Härteres.

»Nun müssen Sie vorsichtig sein. Wir wissen nicht, ob die Urne nach so langer Zeit noch intakt ist«, warnte er mich.

Ich legte den Spaten beiseite, zog mein Sakko aus und kniete mich auf die Erde.

»Dann mache ich mit meinen Händen weiter.«

Behutsam legte ich die Urne mit meinen bloßen Händen frei und hob sie vorsichtig aus der Erde.

Herr Mentzel nahm sie entgegen und öffnete sie behutsam – wobei er darauf achtete, dass nicht das kleinste bisschen Asche aus der Urne fiel – und nahm einen handflächengroßen Stein heraus. Bei jeder Kremation eines verstorbenen Menschen wird ein sogenannter Aschestein mit einer Nummer beigelegt, die wie eine Art Ausweis für den Verstorbenen gilt. Er schaute auf die Nummer, dann zu mir. »Sie ist es.«

Ein unfassbares Gefühl! Wir hatten es geschafft. Alle waren zutiefst gerührt, umarmten sich. Hedda würde nun zu ihrem Louis kommen. So wie Nina und ich es uns für sie gewünscht hatten.

Als mir Herr Mentzel aber den Stein mit der Nummer reichte, verdrehte es mir buchstäblich das Gehirn: 265605. Nicht dass ich an so etwas glaube, aber wenn man die erste Fünf mit der Null vertauscht, deuten die Zahlen zweifellos auf meinen Geburtstag hin, den 26. Juni. Und 2022 – im Fundjahr – stand ich in meinem 55. Lebensjahr! Es war, als wenn Hedda gewollt hätte, dass *ich* sie in meinem 55. Lebensjahr 55 Jahre nach ihrem Tod finde, ausgrabe und zu Louis bringe. Unglaublich, Hedda! Einfach unglaublich!

Zwei Monate später, am 9. Juni 2022, wurde Hedda feierlich in unser Familiengrab auf dem Alten Domfriedhof St. Hedwig beigesetzt. Alle waren da. Familie und enge Freunde. Der General Manager des Hotel Adlon brachte zwei Pagen mit, die an der Kapelle Spalier standen. Ich hielt eine Rede, an die ich mich nicht mehr so recht erinnere, weil ich so nervös war. Ich weiß nur, dass es um Liebe ging. Kurz bevor Nina zum Abschluss singen sollte, stand plötzlich mein Vater auf. Er hatte das Bedürfnis, sich bei Hedda für die Missachtung, für »das Miststück« zu entschuldigen und sich bei ihr zu bedanken. Sie, so sagte er, hätte unsere Familiengeschichte beschützt und unser Erbe verteidigt. Ohne Hedda gäbe es das heutige Adlon nicht.

Es war ein Fest der Liebe und Vergebung. Ich glaube, es hätte Hedda gefallen.

Nina stand auf, schaute mir tief in die Augen und begann, die »Widmung« von Robert Schumann zu singen. Und es war, als ob Hedda wieder für Louis singen würde:

Du meine Seele, du mein Herz,
Du meine Wonn', o du mein Schmerz,
Du meine Welt, in der ich lebe,
Mein Himmel du, darein ich schwebe,

O du mein Grab, in das hinab
Ich ewig meinen Kummer gab.
Du bist die Ruh, du bist der Frieden,
Du bist vom Himmel mir beschieden.

Dass du mich liebst, macht mich mir wert,
Dein Blick hat mich vor mir verklärt,
Du hebst mich liebend über *mich,*
Mein guter Geist, mein bess'res Ich!

Literatur

Adlon, Felix: Ein Hotel, sechs Generationen. Die Geschichte meiner Familie. München 2021

Adlon, Hedda: Hotel Adlon. Das Berliner Hotel, in dem die große Welt zu Gast war. München 1978

Hase, Friedrich-Wilhelm von (Hrsg.): Hitlers Rache. Das Stauffenberg-Attentat und seine Folgen für die Familien der Verschwörer. Holzgerlingen 2014

Horstmann, Lally: Kein Grund für Tränen. Aufzeichnungen aus dem Untergang. Berlin 1943–1946, Berlin 1995, Nothing for Tears, London 1953

Kardorff, Ursula von: Berliner Aufzeichnungen 1942 bis 1945. München 1992

Kolata, Gina: Influenza. Die Jagd nach dem Virus. Frankfurt am Main 2001

Kusnezow, Nikolai Gerassimowitsch: Am Vorabend, Berlin 1973

Tremper, Will: Meine wilden Jahre. Berlin 1993

Bildnachweis

Alle Bilder stammen aus den Privatarchiven der Familie Adlon und Erik Flemming, mit Ausnahme von:

Bildteil:
S. 3 u.: NYC / Frank Cousins Collection
S. 4 o.: Hapag-Lloyd AG, Hamburg
S. 4 u.: Hrsg.: Hamburg-Amerika-Linie. Hamburg, o. J. (1907). Zeichnungen: Architektur und Ingenieurbüro Gustav Schrader, Hamburg. Quelle: Christian Terstegge
S. 5: Hapag-Lloyd AG, Hamburg
S. 16 u. l.: Keystone Press / Alamy Stock Photo
S. 17 o.: Bundesarchiv, Bild 183-L40601 o. Ang.
S. 17 u.: Photo 12 / Alamy Stock Photo
S. 18 o.: dpa / picture alliance / Fotoarchiv für Zeitgeschichte / Archiv
S. 18 u.: akg-images
S. 20 u.: Hagen Koch / Berliner Mauer-Archiv
S. 21 o.: F.C. Gundlach / Stiftung F.C. Gundlach
S. 21 u. l.: F.C. Gundlach / Stiftung F.C. Gundlach
S. 21 u. r.: picture alliance / AP Photo
S. 22 o.: Copyright © CCC Filmkunst GmbH
S. 22 u. l.: ullstein bild
S. 22 u. r.: Harry Croner / ullstein bild
S. 24: ullstein bild / akg-images